U0557640

郑安光 主编

國際戰略與安全研究

International Strategy and Security, vol.1, issue.1, 2025

南京大学出版社

图书在版编目(CIP)数据

国际战略与安全研究 / 郑安光主编. -- 南京：
南京大学出版社，2025.1. -- ISBN 978-7-305-28673-5

Ⅰ. D5-53;D815.5-53

中国国家版本馆 CIP 数据核字第 20240XW997 号

出版发行　南京大学出版社
社　　址　南京市汉口路 22 号　　邮　编　210093
书　　名　国际战略与安全研究
　　　　　GUOJI ZHANLUE YU ANQUAN YANJIU
主　　编　郑安光
责任编辑　官欣欣
照　　排　南京南琳图文制作有限公司
印　　刷　苏州市古得堡数码印刷有限公司
开　　本　787 mm×1092 mm　1/16　印张 20.25　字数 300 千
版　　次　2025 年 1 月第 1 版　2025 年 1 月第 1 次印刷
ISBN 978-7-305-28673-5
定　　价　88.00 元

网址：http://www.njupco.com
官方微博：http://weibo.com/njupco
官方微信号：njupress
销售咨询热线：(025) 83594756

* 版权所有，侵权必究
* 凡购买南大版图书，如有印装质量问题，请与所购
　图书销售部门联系调换

《国际战略与安全研究》学术委员会（以姓名汉语拼音为序）：

白建才　戴超武　葛腾飞　梁　晨　梁　志　宋德星
谭树林　王　波　王逸舟　徐　步　于铁军　张　生
赵可金　郑先武　周桂银　朱　锋

《国际战略与安全研究》编辑委员会（以姓名汉语拼音为序）：

龚洪烈　李冠群　马　博　舒建中　王　帅　赵光锐
郑安光

卷首语

战略和安全是国际关系研究和实践的最重要主题。从法国大革命之后的七次"反法联盟"到乔治·凯南的冷战政策，战略从来是先行和"建构"的，在一定程度上左右了国际关系历史的发展进程。中国也有历史悠久的战略谋划传统。《孙子兵法·计篇》有云："夫未战而庙算胜者，得算多也；未战而庙算不胜者，得算少也。多算胜，少算不胜，而况于无算乎？""庙算"大概是中国最早的战略决策形式。从战国时期的"合纵连横"到新中国成立后的"一边倒"，以战略谋安全的道路上从来不缺乏中国人的政治智慧。

有鉴于此，我们不揣浅陋，创办《国际战略与安全研究》，就是为了打造一个学人探索"战略与安全"的平台，以汇集学界思想之贝珠，呼应时代之召唤，开拓战略与安全研究的新路径。"嘤其鸣矣，求其友声。"恳请学界同仁，不吝赐稿。我们秉持学术平等之原则，以质论文。不论是前辈巨擘还是学林新秀的稿件均热烈欢迎。

南京大学的国际关系研究发轫于中国国际关系学科奠基人之一、著名国际关系学家王绳祖先生开创的国际关系史研究,近百年来几代学人弦歌不辍,形成了注重国际关系历史、理论与现实融会贯通的国际关系研究"南大风格"。我们将继承这一兼收并蓄、融古创新的优良传统,所载文章不拘泥于领域、流派、理论和方法。《国际战略与安全研究》得以创立离不开南京大学历史学院、国际关系研究院、国际战略与安全研究中心和中国南海研究协调创新中心的鼎力支持,在此谨表谢忱。

目　录

卷首语

特稿

战略互疑视角下的"修昔底德陷阱"
　　——一次大战前英德对抗的演进动力与当下启示　崔建树 / 003
中国的美国隐蔽行动研究综述　舒建中 / 049

国际史研究

苏联领导层在1968年捷克斯洛伐克危机过程中的处理与决策问题
　　М. Ю. 普罗祖门什科夫　李冠群 译 / 079

1988年黑海撞船事件及其对国际海洋法中无害通过权问题的影响

  范奕萱 / 123

人权与最惠国待遇：里根政府对罗马尼亚的贸易政策　王若涵 / 146

国际战略研究

反全球化与民粹主义的挑战：新时期世界银行发展援助机制的调整与困境

  吴　越 / 173

尹锡悦上台后美韩同盟延伸威慑合作研究　范鹏程 / 190

国际关系与区域国别研究

区域国别学视域之南京大学国际关系史研究　郑安光 / 217

新古典现实主义视角下拜登政府对华安全政策研究　纪雪岭 / 226

中国与国际金融制度改革：以亚投行的创建为例

  秦　莹　舒建中 / 249

情报与国家安全研究

福特政府时期美国情报体制改革研究　谭云潇 / 267

美国干涉英属圭亚那的隐蔽行动　刘菁菁 / 293

特　稿

战略互疑视角下的"修昔底德陷阱"
——一次大战前英德对抗的演进动力与当下启示[①]

崔建树

内容提要：第一次世界大战前,英德关系由德意志第二帝国统一时的友好到1914年走向战场的演进过程是国际关系史上的重要篇章。研究者多半认为这场战争起因于英国要维持现状,德国要改变现状,其中德国进攻性的军事与外交政策对英德陷入冲突和战争负主要责任。笔者认为,权势转移是英德走上对抗之路的基础性原因但并不是全部原因,而两国的战略互疑则起到催化作用：意识形态方面的战略互疑使两国领导层、学术界和媒体互生恶感,也使两国对建立保守的欧洲秩序还是建立自由主义的欧洲秩序纷争不断,两国关系也由协调走向失序;德国权势增长和由此引发的英国危机感强化了两国的互疑和对立,导致两国在东欧、北非、阿富汗和殖民地等进行外交角逐;导致英德最终走向战场的是两国在国家安全领域的互疑,即德国对英国怀有强烈的"哥本哈根情结",英国认为德国的"世界政策"及由此政策引发的海权建设威胁到英国本土安全。回顾英德走向对抗的历史在某种程度上可以观照当前中美关系面临的世

[①] 本文系"'第三核时代'网络空间战略稳定视域下的新型大国关系构建研究"(20AGJ006)阶段性研究成果。

纪性难题，也可以为预测中美会否"注定一战"提供一个思考视角。

关键词：英德关系；战略互疑；"修昔底德陷阱"

作者简介：崔建树，国防科技大学外国语学院国际战略研究中心教授。

    第一次世界大战前，英国是国际秩序的主导者。俾斯麦统一德国后，德意志第二帝国迅速崛起。在德国统一之初，英德关系颇为密切，但到1914年两国就走向了战场，可谓四十年沧海桑田。英国历史学家保罗·肯尼迪在《英德对抗的兴起：1860—1914 年》一书的开篇即提出如下历史之问："英国和德国人民彼此从未兵戎相见，而且他们的政治合作传统因受到王朝、文化、宗教和经济联系得到强化，但为何两国之间的关系在19世纪末期和20世纪初期却渐行渐远，并且在1914年大打出手呢？"①学术界普遍认为这场战争起因于英德之间的结构性矛盾，即英国要维持现状，德国要改变现状，其中德国进攻性的军事与外交政策对英德陷入冲突和战争负主要责任。但是，就权势崛起而言，斯托雷平（Пётр Аркадевич Столыпин，1862—1911）改革后的俄罗斯帝国同样引人注目，其1870年至1913年的经济增长速度达到2.4%，其中1908年至1913年的经济增

---

① Paul M. Kennedy, *The Rise of the Anglo-German Antagonism, 1860 - 1914*, New York: Humanity Books, 1980, p. xi. 关于上述问题的研究，学术界取得了丰富成果，除了保罗·肯尼迪的上述著作主要还有：Ludwig Dehio, *Germany and World Politics in the Twentieth Century*, New York, 1959; Peter Padfield, *The Great Naval Race: The Anglo-German Naval Rivalry 1900 -1914*, New York, 1974; Holger H. Herwig, *Luxury Fleet: The Imperial German Navy, 1888 - 1918*, London: Ashfield Press, 1987; Meinecke, *Geschichte des deutsch-englischen Bündnisproblems 1890 - 1901*, München, 1927; Eckart Kehr, *Schlachtflottenbau und Parteipolitik 1894 - 1901: Versuch eines Querschnitts durch die innenpolitischen, sozialen und ideologischen Voraussetzungen des deutschen Imperialismus*, Berlin: Emil Ebering, 1930; [德]弗里茨·费舍尔：《争雄世界：德意志帝国1914—1918年战争目标政策》，何江、李世雄等译，北京：商务印书馆，1987年；梅然：《德意志帝国的大战略：德国与大战的来临》，北京：北京大学出版社，2016年。

长速度更是达到 6%。① 俄国的国内生产总值 1890 年时约为德国的 80%,到 1913 年已追平德国,考虑到俄国巨大的人口基数和资源总量,未来的欧洲力量天平倒向俄罗斯帝国的可能性更大。由于有经济实力支撑,帝俄的海军预算增长远快于德国,总预算在 1914 年超过了德国。1913 年,帝俄军方实施了一项宏伟计划(The Grand Programme),对兵力配备、装备水平、后勤补给和军事动员进行全方位的现代化。② 面对俄国的强势崛起,英国外交官的反应却是考虑到"俄国正迅速变得如此强大,以至于我们必须几乎不惜任何代价去保持与其的友谊"。③ 基于这一史实,笔者认为,英德落入"修昔底德陷阱"是有前提条件的,即痉挛式的战略互疑——两国在意识形态、权势竞争和国家安全方面陷入越来越严重的战略怀疑。④ 意识形态方面的战略互疑使两国互生恶感,也使两国对构建何种欧洲秩序的认知南辕北辙;德国权势增长和由此造成的英国的危机感形成了权势互疑,强化了两国在国际政治舞台上的斗争;德国的"哥本哈根情结"和英国对德国"世界政策"及海权建设的"国家安全焦虑"则使两国最终滑入"修昔底德陷阱"。

---

① [美]理查德·N.库珀:《经济相互依赖与战争》,载[美]理查德·罗斯克兰斯、史蒂芬·米勒主编:《下一次大战?——"一战"的根源及对中美关系的启示》,北京:新华出版社,2016 年,第 117 页。
② Don Sun Lee, "Committing Suicide for Fear of Death, Power Shifts and Preventive War," East-West Center, Washington, September 2006, p. 18; D. C. B. Lieven, *Russia and the Origins of the First World War*, New York: St. Martin's Press, 1983, p. 111.
③ Paul Kennedy, "The First World War and the International Power System," *International Security*, Vol. 9, No. 1, 1984, p. 28.
④ 这里的"战略互疑"是指英德两国的互不信任,这种互不信任涉及两国关系的重大领域,影响具有总体性和全面性。关于战略互疑的相关研究可参见:王缉思、李侃如:《中美战略互疑:解析与应对》,北京:社会科学文献出版社,2013 年。

一、自由 Vs. 保守：英德意识形态互疑导致两国关系由友好转为冷淡

德国统一之初，英德关系呈现出玫瑰色的发展态势。就英国而言，孤悬于欧洲大陆之外的地理位置使其传统的国家安全政策与霸权政策由三部分组成：依靠牢牢控制英吉利海峡确保英国本土安全；保护英国海外贸易和推进殖民扩张；防止任何其他欧洲强国取得欧洲大陆霸权。1870年俾斯麦通过孤立、挑衅激起法德两国强烈的民族主义好战情绪，迫使法国走向战场并将之击败，实现了德意志统一。英国将德国统一视为符合其战略利益。首先，从地缘政治上看，德国统一摧毁了法国在欧洲大陆上的优势地位，同时还对英国东方劲敌沙皇俄国构成牵制。"战争的起因本来是法国企图阻止德意志走向统一；而战争的结果却把欧洲从法国支配的阴影下解放了出来。"①德国在战略上打击传统对手法国，英国当然在某种程度上感到满意。此外，德国统一后，对俄罗斯形成有力牵制，这正好满足了卡斯尔累（Robert Stewart, Viscount Castlereagh）与帕默斯顿（Henry John Temple, Lord Palmerston）长期倡导的在东西欧列强之间创建一个固若金汤的堡垒国家的战略规划。其次，就当时看，德国的统一使欧洲均势结构达到了臻于完美的程度。战争使法德两国关系几乎无法调和，加上奥匈帝国与帝俄在近东的矛盾同样不可调和，这使欧洲列强间不大可能结成颠覆欧洲大陆均势的联盟。这一态势对一直奉行欧洲大陆均势政策的英国来说是求之不得的。最后，英国对欧洲大陆的关注点是比利时，它认为比利时的独立关系到英国本土安全，而拿破仑三世对比利时总是怀有觊觎之心，随着拿破仑的垮台，英国宽心了很多。在英国国

---

① [英]F. H. 欣斯利主编：《新编剑桥近代史·第11卷：物质进步与世界范围的问题，1870—1898年》，中国社会科学院世界历史研究所译，北京：中国社会科学出版社，1999年，第700页。

内,虽然格莱斯顿(William E. Gladstone)政府强烈谴责普法战争带来的流血牺牲,但两党还是不失时机地开始考虑与统一后的德国结成"天然联盟",用其牵制大陆东西两端的帝俄与法国,从而放手在海外进行殖民扩张。此外,英德两国对未来关系的浪漫期待也有王室血缘因素。英国和统一后的德国都为君主制国家,皇室在国家政治中虽然不再大权独揽,但仍发挥着很重要的作用。维多利亚女王(Victoria of Queen of England, 1819-1901)本人有德国血统,其丈夫阿尔伯特为德国人,女王的长女维多利亚公主(Victoria of Empress of Germany, 1840-1901)嫁给了普鲁士王储。所以,从某种意义上讲,德国对维多利亚女王来说并非"外国"。在英国民间,由于英法长期交恶,英国民众"对德国的幻灭感……远比不上1870年前广泛存在的对法国的厌恶和怀疑"。[1] 基于上述原因,英国对德意志的统一多半持赞同态度,并对统一的德国怀有某种浪漫主义情绪。比如曾数度出任首相的英国政治家德比伯爵(Earl of Derby)就认为,"应将德意志帝国视为与我国有最大共同利益的国家。德国在东方与我们并不存在利益冲突。德国不对比利时构成威胁……一个强大的能同时控制住教皇绝对权力主义者和各种社会主义派系的德国是有利于欧洲总体利益的,也是我们所期望的。俾斯麦已经将之送到我们手里了。"[2] 英国外交家洛夫特斯(W. R. Loftus)也称,统一的德国作为欧洲大陆强大的新教国家,"代表了德意志的知识、进步和财富。我们……对她无须畏惧。她将成为能够维护中部欧洲和平的非同一般的强国。她将逐渐推进宪政,并成为欧洲的调停者。我们与她有诸多共同点——我们的民族、我们的宗教、我们的共同利益,这些都与普鲁士紧密地交织在一起,而且

---

[1] Richard Millman, *British Foreign Policy and the Coming of the Franco-Prussian War*, Oxford: Oxford University Press, 1965, p. 217.

[2] Liverpool Record Office, Derby Papers 17/1/6, Derby to O. Russell, 3/3/1874 and 7/4/1874.

我们的政治利益应该也是相同的。"① 与英国相似,德国民众,特别是中产阶级对英国的态度比较正面,除王室血缘联系外,最主要的原因在于英国支持民族自决原则,与法国觊觎莱茵兰和卢森堡、俄国对波兰怀有野心、奥地利期望称霸德意志有明显不同。德意志实际执掌国柄的俾斯麦认为,英德之间没有现实利益冲突,而德国与法国的敌对因民族情绪和领土争端有可能长期持续,奥匈帝国也有可能对1866年的普奥战争怀恨在心,强大的、扩张成性的俄罗斯就在卧榻之旁。鉴于上述原因,德国决策层认为,英国的友谊对新生的德国来说格外重要。

但是,德国统一后不久,英国自由主义意识形态与德国保守主义意识形态之间的分歧日益扩大,并影响两国的相互认知。② 作为人类观察世界的"分析透镜"(analytic prism)的意识形态由认知体系(cognitive system)、价值体系(value system)和信仰体系(belief system)构成,具有强烈的行动指向性和排他性。③ 意识形态分歧的扩大导致英德关系由热络转向冷淡。

从政治体制上讲,英国与欧洲大陆国家迥然不同,其宪法的基本精神是联合,而非中央集权。"传统上组成英国的各个国家通过这个联合国家的统一体及各种体制,特别是议会,既保持了本身的存在又融汇成一

---

① Augustus Loftus, *Diplomatic Reminiscences*, 2nd series, Vol. 1, London, 1894, p. 99.
② 意识形态概念由法国哲学家安东尼·特拉西(Antoine Destutt de Tracy)提出,意指观念体系,区别于传统解释性的理论或哲学。参见《简明不列颠百科全书》,北京:中国大百科全书出版社,1986年,第101-102页。马克思的《德意志意识形态》对之进行了深入研究,认为"统治阶级的思想在每一时代都是占统治地位的思想。这就是说,一个阶级是社会上占统治地位的物质力量,同时也是社会上占统治地位的精神力量。"参见马克思、恩格斯:《德意志意识形态》,载《马克思恩格斯选集》,第1卷,北京:人民出版社,1996年,第98页。
③ 参见王立新:《意识形态与美国外交政策》,北京:北京大学出版社,2007年,第3-4页。

体。"①法国大革命之后,在国民参政欲望不断增强的压力之下,英国议会通过了三个议会改革法案,选民人数成倍增加,英式民主制度日渐成熟。从1851年英国举办工业博览会至第一次世界大战爆发前,随着英国世界工厂地位的确立和城市化的不断推进,英国进入了一个"自由主义时代",英国古典的自由主义政治经济思想——主张自由贸易、支持东欧和巴尔干地区民族自决和通过国际司法解决国家间争端等——在意识形态上取得了至尊地位。②

与英国自由派居主导地位形成明显对比,德意志的保守势力在德国非常强大。俾斯麦出身于容克地主家族,保守主义思想根深蒂固。他公开承认,"不管是在国外还是在国内,对于有疑虑的事件,我都是用阶级同僚的眼光,也就是站在骑士阶级的意志上去看待的"③。他所说的"骑士阶级"就是他的容克地主阶层。从早年从政开始,他就和德意志自由党人对立。在德国尚未统一时,他认为如果德国统一要以向自由党人"卑躬屈膝"为代价,宁可"让普鲁士维持现状"。④ 进入决策层后,他依然固执地"怀疑英国的动机是要对外输出其议会制度"。⑤ 俾斯麦的保守主义思想和他对英国外交政策的怀疑左右着他对英国的政策。在思想界,1848年前主张"自由"(Freiheit)与"统一"(Einheit)的自由派知识分子在德意志政治中拥有重要影响力,但1848年革命的失败和俾斯麦的屡屡成功让他们的信心发生了严重动摇。《普鲁士年鉴》(*Preussische Jahrbücher*)在1848年前是德意志自由派的喉舌性刊物,但是在1866年对奥战争到得

---

① [英]F. H. 欣斯利主编:《新编剑桥近代史·第11卷:物质进步与世界范围的问题,1870—1898年》,第33页。

② F. R. Flournoy, "British Liberal Theories of International Relations, 1848 - 1898," *Journal of the History of Ideas*, Vol. 7, No. 2, 1946, pp. 195 - 217.

③ [德]克里斯托弗·诺恩:《俾斯麦:一个普鲁士人和他的世纪》,陈晓莉译,北京:社会科学文献出版社,2018年,第86页。

④ [德]克里斯托弗·诺恩:《俾斯麦:一个普鲁士人和他的世纪》,第69页。

⑤ [德]克里斯托弗·诺恩:《俾斯麦:一个普鲁士人和他的世纪》,第86页。

胜利后,这个刊物开始发表崇拜俾斯麦的文章。它在1867年2月4日发表的一篇文章中称:"如果德意志需要在统一和自由之间做出抉择,它必须依据自己的历史和处境,无条件地选择前者……无论是要走征服的道路,还是要走独裁的道路,甚至在军事独裁面前,它都不应畏缩不前。它必须心甘情愿地追随专制的领袖,如果这个领袖能使德意志得到国家的完整,得到生存,得到与别国平等的地位,从而得到自己的前途的话。"①自由派历史学家德罗伊森(Johann Gustav Droysen)的思想转变颇有代表性。他在给朋友的一封信中写道:"你知道我并不太佩服冯·俾斯麦先生,但是,很长时间以来,普鲁士在欧洲的地位从来没有像现在这样重要,这样突出,这样掌握着主动。……国家首先要关心的是力量。"②保守主义势力坚决反对将德国变成议会民主国家,主张维护德国的君主制,尽可能地限制甚至取消议会权力,打压舆论自由,剥夺少数族群的权利。统一后德国的政治体制就是按上述思想建立起来的。在这种体制下,德皇在战争与和平、军事行动管控与外交政策实施等极端重要的领域享有全权;帝国国会议员由各邦政府指定,根据政府意志统一投票,因而被讥之为"一只超级大梭鱼执掌下的由蟑螂组成的国会",③联邦参议院也强不到哪里去,只能"发表独白"。④ 可见,德意志第二帝国的体制是一种"立宪制假象"(Scheinkonstitutionalism)。由于德国没有形成现代的内阁制,作为最高行政首长的帝国宰相(Reichskanzler)只对皇帝负责,他有权任命各行政部门负责人,即国务秘书(Staatssekretär)。这些国务秘书仅被视为一个官僚职务,而非政治职务,即帝国宰相政策的执行者而非决

---

① [美]科佩尔·S. 平森:《德国近现代史:它的历史和文化》,范德一译,北京:商务印书馆,1987年,第213页。
② [美]科佩尔·S. 平森:《德国近现代史:它的历史和文化》,上卷,第210页。
③ Paul M. Kennedy, *The Rise of the Anglo-German Antagonism, 1860-1914*, p.143.
④ [美]科佩尔·S. 平森:《德国近现代史:它的历史和文化》,上卷,第224页。

策者。

英德两国意识形态领域的上述差异可称为"三观"不同,它导致两国关系由友好向恶化转变。

第一,意识形态分歧引发英德互不信任甚至相互厌恶。英国政治精英深恶德国的意识形态,他们认为新的德国政府代表了容克阶级的落后性、军国主义和见利忘义,他们对德国保守主义代表人物俾斯麦更是持高度怀疑态度。一位英国激进派议员认为,"俾斯麦主义是个可怕的词,但比起这个词本身,它所要表达的内涵更为可怕。这一套政治方案的原则基础同整个自由主义思潮完全是处于敌对状态的……它也让我们不寒而栗。"[1]就连一向亲德的英国驻德大使安普希尔勋爵奥多·罗素(Odo Russell)都称,俾斯麦"秘密策划了三次成功战争,击败了两个大国,在欧洲中心缔造了一个帝国,并让自己成为尚武之国不负责任的领袖,自此之后他必然是会一直受到人们的怀疑与不信任的,因为没有人可以预言他可能运用手中的权力去做些什么"。[2] 在英国自由派以怀疑的目光打量德国的同时,德国保守势力对英国的态度也在发生转变。德国政治理论界领袖型人物海因里希·特赖奇克(Heinrich G. von Treitschke, 1834–1896)在19世纪50年代的政治立场是亲英和崇拜英国,但德国统一后其态度逆转,1876年发表文章指责英国"热衷于邪恶的北美奴隶贸易;指导丹麦占领石勒苏益格和荷尔斯泰因……任由法国对统一的德国发起进攻,并向法国出售武器从而延长了战争"。[3] 德国的另一位学者弗里德里希·斯塔尔(Friedrich J. Stahl)甚至断言,和英国交好将使德国无可挽

---

[1] Paul M. Kennedy, *The Rise of the Anglo-German Antagonism, 1860–1914*, p. 64.

[2] Hatfield House Archives, Salisbury Papers A9/61, O. Russell to Salisbury 4/1/1880.

[3] Charles E. McClelland, *The German Historians and England*, Cambridge: Cambridge University Press, 1971, pp. 168–190.

回地滑向"共和国",德国的等级制生活方式会受到毁灭性冲击。① 不能不承认,从政治的敏锐性角度看,德国保守派对英国的判断是准确的。建立在威权主义基础上的德意志第二帝国如果与自由主义英国结成紧密同盟,帝国内的各种自由主义势力将被激活,德国将沿着议会民主制的道路发展下去,这是以俾斯麦为代表的德意志保守势力无论如何也不能容忍的。随着英德意识形态互疑的不断增强,就连英国"前进政策"的坚定反对者德比对"柏林的军事专制主义与如我们这样自由而温和的国家之间"到底能不能达成"全面谅解"也持怀疑态度了。②

第二,因为意识形态分歧,两国对能否实现和平共处和建立何种欧洲秩序的认知出现对立。在19世纪70年代迪斯累里(Benjamin Disraeli)政府执政时期,俄国和法国不断挑战英国的殖民利益。在这一背景下,来自德国的友谊就显得弥足珍贵。但是英国的愿望并未得到德国的善意回应。德国保守主义势力认为,英国自由主义理论坚持的欧洲大国不得未经协调单独采取行动且各国对外政策必须遵守道义准则,是对俾斯麦外交体系的极大挑战,这一主张将令俾斯麦擅长的纵横捭阖的权力政治手腕难以发挥作用。换句话说,在德国保守派看来,英国的自由主义对外政策与欧洲保守主义秩序是不相容的。在威胁判断方面,俾斯麦执政早期致力于打击德国的特殊主义者、在国际上具有巨大影响力的天主教教会、实力快速壮大的社会民主党,以及对现状不满的丹麦人、阿尔萨斯人和波兰人。对于俾斯麦的打压政策,英国不以为然。英国自由派认为,正确的做法应是努力消除上述群体的不满情绪,而非严厉打压。但是,英国的这一观点被德国保守派理解为英国致力于鼓励反德势力的发展,这将严重危及德国的国家安全和削弱它在欧洲大陆上的地位。

第三,意识形态上的互疑导致两国在具体外交政策上分歧扩大。在

---

① Charles E. McClelland, *The German Historians and England*, p. 112.
② Liverpool Record Office, Derby Papers 17/1/6, Derby to MacDonell, 1/9/1875.

巴尔干地区,英国自由主义外交政策与俾斯麦保守主义外交政策围绕19世纪80年代初的近东问题产生了重大分歧。当时德国政府的政策是无视奥斯曼帝国当局残酷镇压巴尔干半岛上的民族运动,让"东方问题"悬置起来;而英国格莱斯顿(William Ewart Gladstone)政府却主张对土耳其进行军事打击,迫使其实施政治改革。俾斯麦认为英国的巴尔干政策意欲将欧洲卷入战争,为其在埃及的扩张开路。既然英国不可靠,德国的欧洲外交只能建立在"三皇同盟"的基础之上,而非与英国建立同盟关系。另外,"法国一向是自由主义思想的一个主要发源地,而英国自由党总是感到与法国知识分子有颇多共同点",比如哈廷顿公爵(Spencer Compton Cavendish, the 8st Duke of Hartington)就非常亲法,公开宣称,英国人民"一刻也不会支持任何对伟大的法兰西共和国不信任或怀有恶意的同盟"。[1] 与哈廷顿持相似观点的人在英国不在少数,他们基于意识形态原因,强烈反对英国政府与德国缔结反对法国的大陆同盟。德国的保守主义者无法理解为什么英国的自由派对德国的仇敌法国存在亲近感,却对有着王室血缘关系的德国情有强烈偏见。比如曾任德军总参谋长的老毛奇(elder Moltke)就对奥多·罗素称,对于英国对法国这个"堕落的天主教国家"的偏爱之情,德国人深感不解,这种偏爱之情给英德这两个血脉相连的新教国家间关系蒙上了阴影。[2] 俾斯麦对英国冷淡德国的态度也多有抱怨,称"他热爱英国,然而英国却不愿接受这份爱"。[3]

意识形态的分歧使英德友谊之船渐行渐远。德国对自由主义英国的外交动机和政策也不怀好感,对英国在国际上的每一次失败,他们都报以

---

[1] F. R. Flournoy, "British Liberal Theories of International Relations, 1848 – 1898," *Journal of the History of Ideas*, Vol. 7, No. 2, 1946.

[2] Paul M. Kennedy, *The Rise of the Anglo-German Antagonism, 1860 – 1914*, p. 27.

[3] Paul M. Kennedy, *The Rise of the Anglo-German Antagonism, 1860 – 1914*, p. 28.

热烈的欢呼。俾斯麦的女婿兰曹(Count Cuno von Rantzau)在1881年得知"英国人这群'高贵的'猪猡在阿富汗栽个大跟头"后,幸灾乐祸之情溢于言表。① 俾斯麦由于认为英国无法在他的大战略中发挥主要作用,转向创建三皇同盟(Dreikaiserbund)。他希望通过创建三皇同盟不仅能够借此消除与东部邻国你死我活的斗争,防止法国对它们形成包围,还能够借此统一三个皇帝的立场,与三国境内外的分离势力做斗争。俾斯麦专注于构建保守的君主联盟激怒了众多英国自由主义报刊,他们将俾斯麦的上述努力斥为复活反动的"神圣同盟"。

二、霸权 Vs. 均势:权势互疑与英德外交折冲

根据美国国际政治理论家奥根斯基(A. F. K. Organski)的观点,大国的发展过程可分为三个阶段,即"潜在大国"阶段、"转移增长"阶段和"权力成熟"阶段。"潜在大国"阶段是指该大国在经济发展方面还处在前工业化时期,即以农业为主,国家政治也尚未实现现代化;"转移增长"阶段是国家进入了工业化,政府也积极参与国际事务,随着人均收入和受教育水平的提高,国民开始自信,民族主义上升;"权力成熟"阶段则指国家趋于稳定和成熟,经济缓慢平稳增长,与其他处于"转移增长"的大国相比,其权力相对下降。奥根斯基的上述理论也被称作"权力转移"理论。与传统的均势理论的区别在于,均势理论认为达成国际均势可以有效制约国家的任性行为,有助于国际稳定,而权力转移理论认为,当崛起国的权力越接近守成国时,其对守成国的霸权地位就会越不满,国际秩序就会越不稳定,具体的不稳定程度与崛起国和守成国权力的接近程度、国际权

---

① Friedrichruh Archives, Nachlass Bismarck, F1, Rantzau to H. Bismarck, 1/8/1880; Paul M. Kennedy, *The Rise of the Anglo-German Antagonism*, 1860-1914, p.74.

力结构、崛起国的崛起方式,以及崛起国对已有国际秩序的满意程度相关。①

英德在19世纪80年代至1914年间出现了明显的权力转移。统一之后,德国人以一种典型的德国式的彻底精神和系统利用的态度研究了英国、法国和美国的发展道路,成功地将德意志这个诗人和思想家的民族转变为以工艺技术、金融和工业组织以及物质进步为公共生活的显著特征的民族。1851—1870年间,德国创立的新股份公司为295家,而1870—1874年创立了857家,总资本达到33.06亿马克。俾斯麦虽然声称德意志的国家力量要建立在"铁和血"的基础之上,实际上是建立在"煤和钢"的基础之上的。从1870年至1913年,德国采矿业的三个重要部门无烟煤、褐煤和铁矿石的增长率分别为4.3%、5.8%和5.0%。② 基于采矿业的高速发展,德国的生铁产量增长惊人。1871年英国的生铁产量为650万吨,德国为156.4万吨;到1900年,英国增至1017万吨,德国反超英国,产量达到1479万吨。③ 1890年,英国的钢铁生产总量为360万吨,德国为230万吨;但到1914年,英国的钢铁产量虽然增至650万吨,但德国的产量则飙升到了1400万吨。④ 交通是经济发展的命脉。1870年,德国的铁路里程为18560千米,1900年增至49870千米,至1910年进一步增至59031千米。⑤ 在对外贸易方面,1870年,英国的对外贸易出口占世

---

① A. F. K. Organski, *World Politics*, New York: Alfred Knopf, 1958, pp. 300 - 306;游启明:《权力转移理论及其批判》,载《世界经济与政治论坛》,2018年第3期,第42-61页。
② [英]M. M. 波斯坦主编、彼得·马赛厄斯编:《剑桥欧洲经济史》,第7卷(《工业经济:资本、劳动力和企业》),上册,徐强等译,北京:经济科学出版社,2004年,第709页。
③ [美]科佩尔·S. 平森:《德国近现代史:它的历史和文化》,上卷,第308页。
④ A. J. P. Taylor, *The Struggle for Mastery in Europe, 1848 - 1918*, Oxford: Oxford University Press, 1954, p. xxx.
⑤ [美]科佩尔·S. 平森:《德国近现代史:它的历史和文化》,上卷,第300 - 301页。

界的25%，德国占比为9.7%；① 1871年，英国的城镇人口率达到54.5%，德国仅为36.1%；人均收入英国是德国的两倍，财政收入比德国高50%。② 但是，1870年是英国自由经济的鼎盛之年，之后逐渐露出疲态。1906至1910年间，英国在全球生产总值的相对份额下降到14.7%，而德国与美国的相对份额则分别是15.9%和35.3%。③

德国崛起并赶超英国导致两国关系复杂化。在英国右翼眼中，经济霸权的丧失必然冲击国家的军事实力，后果极其可怕。悲观的塞尔伯恩伯爵（William Waldegrave Palmer, 2nd earl of Selborne）甚至哀叹："不久之后，联合王国仅靠自己的力量不大可能与美国或俄国一争高下了，甚至连德国也比不过了。"④德国的日渐壮大让英国寝食难安。他们担心，"一旦德国扩张至其现有疆域之外，将会成为距离英国更近的挑战者"。⑤英国政治家爱德华·格雷（Edward Grey）甚至认为，德国的"实力已经到达危险的临界点，开始令其蠢蠢欲动萌生夺取霸权的念头了"。⑥ 对于英德权势易位的后果，英国的官方判断是："对世界霸权的争夺必将使德国与英国之间不可避免地发生一场利益冲突"。⑦ 对英国表现出来的不友好态度和外交上的掣肘行为，德国人的理解是："英国对我们充满敌意的

---

① R. C. K. Ensor, *England 1870-1914*, Oxford: Oxford University Press, 1936, p. 104.

② J. H. Clapham, *The Economic Development of France and Germany 1815-1914*, Cambridge: Cambridge University Press, 1968, p. 296.

③ D. C. M. Platt, "Economic Factors in British Policy During the 'New Imperialism'," *Past and Present*, Vol. 39, No. 1, 1968, p. 137.

④ India Office Library, Curzon Papers EUR F. 111/229, Selborne to Curzon, 21/10/1903.

⑤ Paul M. Kennedy, *The Rise of the Anglo-German Antagonism*, 1860-1914, p. 309.

⑥ G. P. Gooch and H. Temperley, *British Documents on the Origins of the War*, Vol. 6, No. 135, London, 1926.

⑦ Public Record Office, Foreign Office Records, Gorgh to Salisbury, No. 249, 25/11/1897.

战略互疑视角下的"修昔底德陷阱"

真实原因在于经济,是对德国商业取得的成就抱有一种小商贩式的嫉妒心理,这难道还不明显吗?"①阿尔布雷希特·冯·施托施(Albrecht von Stosch)告诉后来的海军部长阿尔弗雷德·冯·蒂尔皮茨(Alfred von Tirpitz),"英国的外交政策完全由商业利益所决定",因此"德国在世界市场中的竞争力"是英国憎恶德国的真正原因,德国"必须正视那些岛民的对立情绪"。他提请蒂尔皮茨注意一点,即英国商业阶级的行事原则——"老牌强大的公司都会在新兴公司羽翼尚未丰满的时候将它们扼杀掉"②。对德国的愤懑之情,有真知灼见的英国政治家还是有所认识的:"我们处处挡着德国人的前进之路——我们在大多数领域占据先机——就个人情感来说,我们是令人讨厌的。"③

守成国与崛起国之间的权势互疑,即英国怀疑德国要取代其成为世界霸主,德国则怀疑英国有遏制其发展的"邪恶"动机。意识形态已经引发英德关系冷淡,权势追求互疑则使本已冷淡的两国关系进一步恶化,主要表现在以下几个方面:

第一,经济是霸权的基础,权势互疑导致两国开始在本是稳定两国关系的贸易领域展开斗争。德国崛起仰赖俾斯麦采取的弯道超车战略。在实现德国统一之初,俾斯麦曾一度与国家自由党结盟,但不巧的是1873年欧洲经济进入萧条周期。1876年,德国435座炼铁高炉中有210座因产能过剩处于闲置状态,就连大名鼎鼎的克虏伯公司也濒临破产。在农业方面,情况也不乐观。由于亚历山大二世实施了农奴制改革,俄国农业蓬勃发展,国际农产品价格急剧下降,东普鲁士农业区经济陷入困境,以

---

① Paul M. Kennedy, *The Rise of the Anglo-German Antagonism*, 1860 - 1914, p. 312.
② Jonathan Steinberg, "The Copenhagen Complex," *Journal of Contemporary History*, Vol. 1, No. 3, 1966, pp. 25 - 27.
③ Stephen Gwynn ed., *The Letters and Friendship of Sir Cecil Spring-Rice*, Vol. 1, London: Constable & Co., 1929, p. 243.

017

阿道夫·瓦格纳(Adolf Wagner)为首的绝大多数德意志经济学家都要求政府对农业采取保护措施。在工农业萧条的双重冲击下,俾斯麦与国家自由党分道扬镳,采用"国家社会主义"(state socialism)体制,奉行战略性贸易政策。俾斯麦的这一政策来自弗里德里希·李斯特(Friedrich List)的思想。李斯特对英国的态度绝非友好。他认为英国是通过奉行保护性的重商主义政策发展起来,取得无人能及的竞争力后才极力推广自由贸易制度,这一政策体现了英国政府的虚伪,意在限制别的国家发展。他在《政治经济学的国民体系》一书中形象地指出:"任何国家,如果靠了关税保护与海运限制政策,在工业与海运事业上达到了这样的高度发展,因此在自由竞争下已经再没有别的国家能同它相抗,当这个时候,代它设想,最聪明的办法莫过于把它爬上高枝时所用的梯子扔掉,然后向别的国家苦口宣传自由贸易的好处,用着那种过来人后悔莫及的语气告诉它们,它过去走了许多弯路,犯了许多错误,到现在才终于发现了自由贸易这个真理。"一言以蔽之,英国倡导自由贸易政策意在"免得别人跟着他上来"。[1] 不过,值得注意的是,俾斯麦的保护主义政策更侧重于国家的作战能力。他在议会表决贸易保护主义法案前严厉地"询问"了议员们一个问题:"倘若我们真的到了不能再生产我们必须消耗的粮食的境地,那么一旦战争爆发,如果我们不能从俄国进口粮食,我们的海岸线又被封锁——换句话说,我们一粒粮食也没有——的话,那么我们的处境还堪设想吗?"[2]俾斯麦的这一观点也得到了当时德国知识精英的认同。索尔斯坦·维布伦(Thorstein Veblen)就声称:"如果放弃帝国关税边界……帝国

---

[1] [德]弗里德里希·李斯特:《政治经济学的国民体系》,陈万煦译,北京:商务印书馆,1961年,第307页。
[2] Paul M. Kennedy, *The Rise of the Anglo-German Antagonism, 1860-1914*, p.51.

一旦遭遇战争就会变得十分脆弱,国家和人民将丧失参加战争的意愿。"①

俾斯麦的"国家社会主义"体制和战略性贸易政策取得了巨大的成功。以英国的管道制品业受到的冲击为例,1874年英国出口到德国的管道产品为4706吨,1902年下降到442吨,与此形成鲜明对比,德国每年出口到欧洲其他国家的管道产品达到4.6万吨。英国管道制造业协会认为,这一现象的出现,是由于"德国借助自己的关税体系成功垄断了国内市场",然后在此基础上"在别的地方取得优势"。② 到19世纪80年代中叶,德国已超过英国,成为荷兰、瑞士、罗马尼亚等邻国的首要进口来源国,英国在竞争中逐渐落入下风。

表1 英德对外贸易及其占比③

		1880年	1900年	1913年
英国	对外贸易额(百万英镑)	—	813*	1294
	占世界贸易比重(%)	10	13	13
德国	对外贸易额(百万英镑)	—	509	1042
	占世界贸易比重(%)	10	11	11

* 注:1900年英国对外贸易额包含再出口额。

---

① Thorstein Veblen, *Imperial Germany and the Industrial Revolution*, New York: The Viking Press, 1966, p. 214; J. C. Hunt, "Peasants, Grain Tariffs, and Meat Quotas: Imperial German Protectionism Reexamined," *Central European History*, Vol. 7, No. 4, 1974, pp. 311 – 331.
② Statistical Abstract for the United Kingdom, for the years 1885 – 1899, No. 47, London, 1900, p. 49; Statistical Abstract for the United Kingdom, for the years 1900 – 1814, No. 62, London, 1915, p. 71; B. R. Mitchell, *European Historical Statistics, 1750 – 1970*, London, 1975, pp. 490, 494; Paul M. Kennedy, *The Rise of the Anglo-German Antagonism, 1860 – 1914*, p. 296;[英]彼得·马赛厄斯、悉尼·波拉德主编:《剑桥欧洲经济史》,第8卷(《工业经济:经济政策和社会政策的发展》),王宏伟、钟和等译,北京:经济科学出版社,2004年,第46—84页。
③ William Woodruff, *Impact of Western Man: A Study of Europe's Role in the World Economy 1750 – 1960*, London: Macmillan, 1966, p. 313.

对于德国的崛起,具有激进民族主义思想的英国感到极其恐惧。比如阿尔弗雷德·诺斯克利夫爵士(Alfred Northcliffe)考察德国时看到德国经济蓬勃发展,不禁愁上心头。他认为德国"所有这些新建起来的工厂烟囱都是指向英国的枪炮,而且在很多情况下是相当厉害的"。① 普通的英国人对德国的快速发展也心态复杂,而且在心理上一时也难以适应。在守成国与崛起国之间的互动中,英国人的这种心态也是一种普遍现象。在英国人的印象里,德意志是一片破碎地带,"是在一群不起眼大公领导之下的一群不起眼的邦国,受着普鲁士和奥地利所谓的霸权统治,然而这两国也相互钩心斗角。这样一来的结果就是,德意志在这个世界上,无论是作为一个大国,还是作为一个民族,都实在不值一提。"② 由于亚当·斯密的自由贸易理念在英国已深入人心,英国领导人、商业领袖和知识精英普遍坚持自由贸易政策,就连保守党领袖本杰明·迪斯累里都坚持奉行自由主义政策,反对贸易保护。自由主义贸易政策取得理想绩效的前提是其他国家普遍奉行这一政策,现在德国这一庞大经济体改行保护主义政策,使英国处于极其不利的境地。英国媒体不断地愤怒地谴责德国在海外市场竞争中使用了"下三滥"手段,即通过德国驻当地的外交人员"招揽订单"、贿赂地方官员和向商品销售地的政权施压等。③ 总而言之,到19世纪80年代,英德两国的普通民众都对来自对方的商业竞争深感不满,并且充满恐惧。英国对德国的指责在德国人看来是赤裸裸的妒忌,也是有意打压德国发展。

第二,权势互疑导致英德加强对欧洲主导权的争夺。俾斯麦在19世

---

① West Sussex Record Office, Chichester, Maxse Papers, 453, C. C. P. Fitzagerald to Maxse, 18/11/1905.

② Paul M. Kennedy, *The Rise of the Anglo-German Antagonism*, 1860 – 1914, p. 464.

③ D. C. M. Platt, *Finance, Trade and Politics in British Foreign Policy*, 1815 – 1914, Oxford: The Clarendon Press, 1968, pp. xx – xl.

纪60年代掌握普鲁士行政大权后,神圣同盟基于基督教教义的"原则政治"让位于基于权力斗争的"现实政治"。德国的统一使"欧洲的地理分布形成一个无解的难题",①这种僵化的地缘政治格局反过来强化了英德之间的权势互疑,两国对欧洲大陆主导权的争夺而非协调日益成为欧洲外交的中心。

首先,英国担心德国肢解法国,使欧洲均势化为齑粉。1870年法国败于德国不仅使法国失去了自黎塞留(Armand-Jean du Plessis de Richelieu)以来干涉德国事务的权力,割地赔款更是对法国强烈的民族自尊心和荣誉感的践踏,法国国内民族复仇主义情绪弥漫。德国认为法国会在"缅怀过去"和"未死野心"双重因素的驱动下将德国视为死敌。德国驻法大使哈里·阿尼姆(Count Harry Arnim)在巴黎近距离观察法国政情与社情后得出结论,认为德法就像罗马和迦太基那样无法共存。②俾斯麦在写给德国驻法使馆的信中也称:"法国会将任何和平视作仅仅是停战,一旦她觉得足够强大,无论是否盟友,她都会试图实施复仇。"③基于这一认识,俾斯麦在法国国内出现反德浪潮时总是以战争威胁作为手段进行恫吓。1875年,俾斯麦借口法国国民议会批准扩军法案和购买战马对法国发出"战争迫在眉睫"(Ist Krieg in Sicht?)威胁,并派出其外交部亲信约瑟夫·冯·拉多维茨(Joseph von Radowitz)前往俄国做交易,史称"拉多维茨使命"。德国的开价是允许俄国在近东地区自由行动,条件是俄方允许德国在西欧自由行动。德国制造"战争迫在眉睫"危机的指向

---

① [美]亨利·基辛格:《人外交》,顾淑馨、林添贵译,海口:海南出版社,1998年,第118页。

② W. R. Fryer, "The Republic and the Iron Chancellor: The Pattern of Franco-German Relations, 1871–1890," *Transactions of the Royal Historical Society*, Vol. 29, 1979, p. 176.

③ W. R. Fryer, "The Republic and the Iron Chancellor: The Pattern of Franco-German Relations, 1871–1890," *Transactions of the Royal Historical Society*, Vol. 29, 1979, p. 170.

虽然是法国，但是它同时也严重破坏了英德关系，导致英国国内亲德之风基本化为乌有。英国女王甚至认为，"傲慢、残暴、贪婪且不讲道德原则的"俾斯麦正变得像"全欧洲不得不联合压制的拿破仑一世……没有任何人会容忍哪一个妄图支配全欧洲的国家存在"。① 俾斯麦虽然在"战争迫在眉睫"危机后部分地采取了对法怀柔政策，但无法从根本上融化法德关系坚冰，法国布朗热运动等反德浪潮一波接一波地出现。随着每一次法德危机的出现，英国越来越担心德国不断增长的欧洲大陆权势会打破欧洲的均势，因此英国对德国的政策越来越不友好，甚至是敌视。

其次，俾斯麦在欧洲玩弄结盟外交，打压英国在欧洲的支配地位，英国怀疑俾斯麦的动机是取代英国成为欧洲大陆的主人。如前文所述，德国视法国为敌手，除了以战争威胁法国外，俾斯麦还认为法国凭一国之力无法完成既定战略目标，将"随时准备与任何与德国敌对的国家结盟"，法国的上述政策"限制了德国的外交弹性，也使任何涉及德国的危机均会加剧"。② 基于这一战略判断，俾斯麦给德国驻法大使提出的外交指示是："倘若法国不愿与我们保持和平，我们就必须防止她找到盟友，只要她没有盟友，对我们就没有危险；并且只要欧洲各大君主国紧密团结，共和对它们是构不成威胁的。另一方面，法兰西共和国将发现，要找到一个反对我们的君主制盟国有多么困难。"③ 基于这一设想，俾斯麦在1877年的"基辛根敕令"（Kissinger Diktat）中提出，德国追求的政策目标是"使得除了法国之外的所有强权都需要我们，并可预防他们通过彼此之间的关系，组成同盟来对抗我们，"从而使德国成为"欧洲不倒翁的平衡器"（Bleigewicht am Stehaufmannchen Europa），即德国扮演控制欧洲大陆

---

① Liverpool Office, Derby Papers 16/2/1, Disraeli to Derby, 18/5/1875.
② ［美］亨利·基辛格：《大外交》，第119页。
③ Emil Ludwig, *Bismarch: The Story of a Fighter*, New York: Blue Ribbon Books, 1927, p. 507. 转引自邢来顺、高志平：《1875年德法战争危机真实性考察》，载《湖北师范学院学报（哲学社会科学版）》，1992年第2期，第103页。

局势的角色。① 俾斯麦按"萨布洛夫规则"(Saburov Rule)寻求盟友,即"只要世界处于五国的危险平衡中,就应设法站在由三国组成的一方。这样自己才能真正得到保护,避免受到敌对联盟的威胁"。② 1879年,俾斯麦首先将德奥结盟作为突破口,不顾威廉一世皇帝的反对与之签订了同盟条约。③ 到1883年,俾斯麦组建的同盟网囊括了半个欧洲。从理论上讲,这个同盟使法国之外的所有大国都与德国捆绑在了一起,"假如这张网不松开,哪个国家也动不了,每个国家都会循规蹈矩、安分守己"。④ 但是,这张同盟网太复杂了,正如基辛格所评论的那样:"在各国失去道德约束的情况下,他的任务极其艰巨,他必须阻止俄罗斯及奥地利加入与德国为敌的法国阵营。他必须不让奥地利,又要防止俄罗斯动摇奥匈帝国。他需要与俄国保持良好关系,同时又不能得罪对俄罗斯图谋君士坦丁堡与印度深感忧虑的英国。即使像俾斯麦这样的天才人物,也难以永久地维持如此险象环生的平衡;国际体系承受的压力越来越强,越来越无法控制。"⑤德国在欧洲大陆构筑的复杂同盟网使英国在欧洲政治中边缘化。早在1879年德国与奥匈帝国结盟时,迪斯累里在接见德国大使格奥尔格·明斯特(Count Georg Herbert zu Münster)时指出"英国需要并且也希望有盟国,以便能够干预欧洲事务"。⑥ 从理论上讲,俾斯麦应该首选与德国战略利益冲突不大的英国结盟。但是,英国在国际政治中打出的

---

① [德]塞巴斯蒂安·哈夫纳:《从俾斯麦到希特勒》,周全译,南京:译林出版社,2016年,第47页。
② William Langer, *European Alliances and Alignments, 1871–1890*, New York: Alfred E. Knopf, 1956, p.199.
③ 参见[英]埃里克·埃克:《俾斯麦与德意志帝国》,启蒙编译所译,上海:上海社会科学院出版社,2015年,第284—295页。
④ [美]约翰·伊肯伯里:《美国无敌:均势的未来》,韩召颖译,北京:北京大学出版社,2005年,第162页。
⑤ [美]亨利·基辛格:《大外交》,第125—126页。
⑥ 王铁崖、王绍坊选译:《一八七一——一八九八年的欧洲国际关系》,北京:商务印书馆,1983年,第39页。

"尊重"道德、民主和国际法的旗号让俾斯麦非常反感,而且俾斯麦还认为英国的党派政治不可靠,与保守党达成的协议,自由党上台后很有可能不执行,所以俾斯麦从未认真考虑过与英国开展紧密合作。① 所以,德国对英国释放出的信息未予理睬,而是加紧构筑自己的同盟网,形成德国支配下的欧洲政治态势。从实质上看,俾斯麦的结盟政策就是与英国争夺欧洲大陆的主导权,英德关系在欧洲已表现出了对抗性。

在英俄的对抗博弈中,英国与德国之间的权势战略互疑得到充分体现。俄国是英德对抗中的重要因素,两国都担心咄咄逼人的俄国损害其国家利益。由于都担心俄国与法国或奥匈帝国达成谅解,英德两国也曾试图寻求相互帮助。但是,两国都怀疑对方在将自己推向与这个沙皇统治下的大国的敌对,因而无法形成建设性的协作关系。1876年9月保加利亚危机爆发后,迪斯累里急于了解德国的态度,但俾斯麦却故意躲到他的乡间别墅,不予答复,引发外界广泛猜测。1877年6月,俾斯麦询问英国,如果法俄形成反德同盟导致西欧再次发生战争,英国是否保持善意中立。英国对德国的上述询问疑虑重重:德国肢解法国会打破英国苦心经营的欧洲大陆均势局面,如果德国再吞并比利时,英国的本土安全则会受到致命一击。英国以外交语言答复俾斯麦,称英国乐于为维护和平向德国提供道德支持。针对英国的答复,俾斯麦宣称"他最希望实现的政治梦想曾是与英国结为积极且亲密的盟友",但"他坚持不懈的努力……却很少收到积极回应"。② 事实上,俾斯麦并非是想与英国结盟,而是要把在巴尔干问题上不支持英国的责任推卸掉,即由于英国无法提供实质性保证,德国别无选择,只能保持法国与俄国的分裂,这也意味着德国支持英

---

① [德]克里斯托弗·诺恩:《俾斯麦:一个普鲁士人和他的世纪》,第251页。
② Paul M. Kennedy, *The Rise of the Anglo-German Antagonism*, 1860–1914, p.33.

国当时"唯一的敌人"俄国的巴尔干政策。① 俄国是英国当时确定下来的"唯一"敌人,德国的这一政策引发英国的不满。

第三,德国围绕殖民地问题与英国展开争夺,两国关系进一步恶化。随着英国实力的壮大和工业产能的过剩,德国越来越渴求殖民地。1882年,德国成立"殖民协会"(Kolonialverein),赫尔曼·霍恩洛厄·朗根贝格亲王(Prince Hermann zu Hohenlohe-Langenburg)出任主席。除了赫赫有名的殖民协会以外,德国还有众多诸如"全国海外贸易地理与需求协会"(Zentralverein für Handelsgeographie und Förderung deutscher Interessen im Ausland)、"社会政策协会"(Verein für Sozialpolitik)之类的组织。这些组织背后有大量的利益集团,他们利用这些组织给政府施加压力。俾斯麦虽然标榜德国根本不想要什么殖民地②,但是他一人难挡时势发展。对于这一点,英国人倒是认识得清楚——英德利益冲突中"最关键的斗争将出现在那些仍对德国人开放的市场上;而这些市场中最有价值的就是殖民地"。③ 果然,俾斯麦在1884年祭出了殖民牌。1884年4月,德国把纳米比亚置于德国"保护"之下,同年7月在多哥和喀麦隆升起了德国的旗帜,次年又占领了坦桑尼亚和新几内亚。在俾斯麦的步步进逼之下,英国只得屈辱地选择退让。这次英德殖民斗争具有鲜明的国内政治权争的性质。1884年是德意志第二帝国议会的选举年,为取得选举胜利,分离派和进步党联合组成了德意志自由思想党(Deutsch Freisinnige Partei),当时德国一批有影响力的大佬都是这个党的领导或成员,如进步党的欧根·里希特(Eugen Richter)、阿尔伯特·黑内尔(Albert Hänel)和

---

① 1879年,迪斯累里接见明斯特时告诉他,"女王陛下只知道英国有一个敌人,那就是俄国。"参见王铁崖、王绍坊选译:《一八七一——一八九八年的欧洲国际关系》,北京:商务印书馆,1983年,第39页。

② [德]克里斯托弗·诺恩:《俾斯麦:一个普鲁士人和他的世纪》,第276页。

③ Public Record Office, Foreign Office Records, Gorgh to Salisbury, No. 249, 25/11/1897.

分离派的路德维希·班贝格尔(Ludwig Bamberger)、马克斯·冯·福肯贝克(Max von Forckenbeck)和弗朗兹·冯·施陶芬贝格(Franz von Stauffenberg)等。最让俾斯麦恼火的是亲英的王储腓特烈·威廉给福肯贝克发去了贺电。他担心皇储继位后选择自由派领袖出任宰相,把他排挤掉。俾斯麦的儿子赫伯特·俾斯麦(Herbert von Bismarck)后来说,"我们采取殖民政策时,必须预想到王太子的长期统治。在他统治期间,英国的影响将占优势地位。为了防止这种情况,我们只得启动殖民政策,因为它受大众欢迎,我们还可以方便地利用它在任何既定时刻与英国发生冲突。"① 俾斯麦的殖民牌确实达到了改变当年议会选举态势的目的,使德意志自由思想党的席位由之前的 105 席跌至 67 席,但是它也沉重打击了英德关系。英国的退让政策在国内激起强烈反响。就如张伯伦(Arthur Neville Chamberlain)本人所指出的那样,"没有什么比在殖民事务上对德国毫无索取地做出让步更不得人心的了"。这一事件导致在政治上奉行对德友好政策的英国首相德比最后也变得越来越不信任俾斯麦了:"我担心俾斯麦如今唯一的目的就是使我们,或者俄国,或者奥地利,或者任何其他国家,鹬蚌相争。他所追求的全部目标就是阻止各方实现互谅。"②

1888 年,年仅 29 岁的威廉二世戴上了"世界上最沉重的皇冠"。③ 新帝继位后,德国有意改变对英政策,于 1890 年解除了俾斯麦的宰相之职,

---

① [英]埃里克·埃克:《俾斯麦与德意志帝国》,299 页。赫伯特所说应为现实。俾斯麦也亲口对斯塔尔(Friedrich Stahl)说:"由于内部原因,殖民问题……对我们至关重要……新几内亚或西非的最小山峰虽然可能实际毫无价值,但是目前对我们的政策而言比整个埃及其未来更为重要。"参见 Paul M. Kennedy, *The Rise of the Anglo-German Antagonism*, 1860–1914, p. 172.
② Liverpool Record Office, Derby Papers 17/1/6, Derby to MacDonell, 8/11/1876.
③ [英]约翰·洛尔:《皇帝和他的宫廷:威廉二世与德意志帝国》,杨杰译,北京:北京大学出版社,2004 年,第 10 页。

由利奥·冯·卡普里维(Leo von Caprivi)接任。① 俾斯麦去职后的较长一段时间里,冯·霍尔斯泰因(Friedrich von Holstein)是德国外交的幕后操纵者。霍尔斯泰因认为俾斯麦同盟网搞的交叉承诺犹如一个大火车站内混乱的铁道线,十分危险,德国外交必须施行"新路线"。在"新路线"政策的指导下,1890年德国不顾帝俄的一再请求,终止了《再保险条约》,②并在做出较大让步的情况下与英国签署了《黑尔戈兰-桑给巴尔条约》(Heligoland-Zanzibar Treaty)。③ 但是,英德意识形态差异和权势互疑已经固化,不可能在短时间内得以解冻。此外,德皇威廉二世的张扬个性和缺乏审慎又强化了英德之间的权势互疑。威廉二世曾声称"民众所想的是无关紧要的","我根据我的信念做出决定,诚然,我的确期望我的官员能采用任何可行的办法,尽一切努力去纠正公众的错误观点"。④ 由于刚愎自用,他往往在国家处于疾风骇浪时期推行"弄着玩玩的外交政

---

① [德]威廉二世:《德皇威廉二世回忆录》,赵娟丽译,北京:中国出版社集团,2019年,第34页。俾斯麦的去职主要是因为威廉二世无法容忍其大权独揽。据威廉二世回忆,"内阁成了俾斯麦手中的工具,完全按照他的意志行事……我发现自己经常处于一种尴尬的位置,我经常得到的回复是:'俾斯麦不想这样,我们没法使他同意这样做;威廉大帝不会问这样的问题;这个符合传统……'我渐渐地明白了,在现实中我没有自己的国务内阁,内阁大臣已经习惯性地认为自己是俾斯麦的属下。"参见威廉二世:《德皇威廉二世回忆录》,第55页。

② 关于《再保险条约》,参见梅然:《德意志帝国的大战略:德国与大战的来临》,第286—293页。

③ [德]威廉二世:《德皇威廉二世回忆录》,第77—82页。

④ [英]约翰·洛尔:《皇帝和他的宫廷:威廉二世与德意志帝国》,第14页。威廉二世的舅舅英王爱德华七世认为其虚荣与自负源于软弱。爱德华七世:"由于具有一种令人难忘的虚荣心,我的外甥被他周围的民族主义者的阿谀奉承征服了。这些人总是让他确信,他是世界上最伟大的君主,他必须确立德国在世界上的霸权……然而,由于他的懦弱甚至超过他的虚荣,当这些阿谀者在参谋部的敦促下要求他抽出匕首时,他会在他们面前发抖……他将会把作战力量投送出去,然而,这不是由于他本人的主动,也不是由于战争冲动,而是由于软弱。"事实证明爱德华七世洞察力惊人。1914年8月1日,威廉二世签署动员令时说:"先生们,你们让我做了这件事,将来你们会为这一天后悔的!"参见[美]科佩尔·S.平森:《德国近现代史:它的历史和文化》,上卷,第417页。

策",因此在柏林外交界得了个"好搞突然袭击的威廉"绰号。① 美国总统西奥多·罗斯福(Theodore Roosevelt)对他的评价是:"德皇有自己的一套。说一千道一万,他就是个神经病!"②威廉二世的个性对崛起的德国来说是灾难性的。就如英国政治家罗伯特·莫里尔(Robert Morier)所言,"像德国那样的巨人行事需要敦厚和善、虚怀若谷,最为重要的是要避免情绪失控……对一群侏儒而言,与歇斯底里的巨人为邻极其可怕。"③一位葡萄牙外交官对威廉二世屡屡搞出的外交闹剧也有深刻分析。他说,"皇帝深信他无论做什么事,上帝都会保证并帮助他最后获得成功。在这一信念下,他有一种强烈的、难以满足的欲望,就是要享受和体验一下各种形式的活动的乐趣……不幸他是居于欧洲工场的中心,有几百个训练有素的团队,人民又是由像军人一样守纪律的顺从公民组成,结果,他就成了一个最危险的君主,因为这位什么都想玩玩的人还需要体验一下一个国王所能从事的最富诱惑力的活动——战争和战争的荣耀。"④好大喜功、缺少耐心的威廉二世看到英国对其出台的示好政策反应冷淡,从1893年开始就不断刺激英国,其中有三大事件重创了两国关系。

一是1896年的"克鲁格电报"(Kruger Telegram)事件。1895年英国人詹姆森(Leander S. Jameson)率800名志愿军袭击德兰士瓦,被布尔人彻底打垮。⑤ 事件发生后,威廉二世拟宣布德兰士瓦为德国的保护国,外交国务秘书告诉他这一政策等同于向英国宣战,建议他以发电报的形式支持德兰士瓦。德皇听取了阿尔弗雷德·马沙尔(Alfred Marshall)

---

① [美]科佩尔·S. 平森:《德国近现代史:它的历史和文化》,上卷,第376—377页。
② [美]芭芭拉·塔奇曼:《齐默尔曼电报》,刘啸虎译,北京:中国青年出版社,2017年,第42页、第47页。
③ Wemyss, *Morier*, II, pp. 337, 346. 参见 Paul M. Kennedy, *The Rise of the Anglo-German Antagonism*, 1860-1914, p. 172.
④ [美]科佩尔·S. 平森:《德国近现代史:它的历史和文化》,上卷,第416页。
⑤ Ian Knight, Gerry Embleton, *Boer Wars*, 1836-1898, Vol. 1, London: Osprey, 1996, pp. 40-43.

的建议,于1896年1月向德兰士瓦共和国总统克鲁格发电致贺,称其"没有呼吁友好国家援助"就能够"抵抗外来进攻,维护了本国的独立"。① 这封电报是对英国的严重挑衅,英国报界立即掀起了排山倒海般的反德怒潮。德国驻英大使哈茨菲尔德(Paul von Hatzfeldt-Wildenburg)将英国的反德情况向国内报告称,"局势已经彻底改变……英国民众根深蒂固的仇恨情绪已在各方面表现出来……我自己收到了许多侮辱性和威胁性信件……假如英国政府失去理智或者为了不管什么原因想要开战的话,那么它会能得到公众舆论的全面支持"。② 这场争端使得德军统帅部的官方规划人员首次考虑爆发英德战争的可能性,并于1896年3月着手制定了对英作战计划。二是德国争夺西班牙前殖民地。1898年,西班牙在美西战争中落败,德国急于从西班牙殖民地中分一杯羹,突然介入英葡谈判。主持谈判工作的英国副外相贝尔福(Arthur J. Balfour)不得不做出让步,于1898年8月30日和德国签署了一项秘密条约。索尔兹伯里(Robert Arthur Talbot Gascoyne-Cecil, 3rd Marquess of Salisbury)休假返回后,对这项条约极为愤怒,其对德国的外交政策也更加反感。三是英德萨摩亚争端。1899年英德围绕南太平洋小岛国萨摩亚的争端又进一步加剧了两国的紧张关系和战略互疑。当时,德国支持的萨摩亚王位继承人遭到英国反对,德国舆论近乎歇斯底里地反对英国。考虑到国内汹汹舆情,比洛(Ernst von Bülow)不得不拒绝张伯伦提出的妥协性建议。受到国内巨大压力的哈茨菲尔德不得不向索尔兹伯里摆出强硬态度,告诉他英国只有以令德皇满意的方式解决萨摩亚争端,否则德国的

---

① [德]卡尔·艾利希·博恩等:《德意志史:从法国革命到第一次世界大战(1789—1914)》,第3卷,张载扬等译,北京:商务印书馆,1991年,第435页。

② Paul M. Kennedy, *The Rise of the Anglo-German Antagonism*, 1860‑1914, p. 220.

"总体政策将会发生彻底变化",而且他本人也会因此被撤职。① 在德国的重压之下,英国只得再次做出让步。

面对来自德国越来越大的压力,英国对德国对外战略的疑虑也不断加深。根据乔治·汉密尔顿爵士(George Hamilton)的战时回忆,英国首相在1891年曾将德皇描述为"我们在欧洲的最危险敌人";索尔兹伯里还把德皇称作"乌云",并且怀疑他是否"无处不在",还一再要求女皇与之交谈并使之冷静。② 英国驻德大使拉塞尔斯(Frank Lascelles)向英国首相报告称,"自俾斯麦时代以来德国外交态度的粗鲁程度大为增加,可能是由于这些平庸之辈希望保持伟大首相的传统……在远东地区,德国人忙于各种阴谋,要求获得各种让步和特权,以期能取代我们。"③应该说英国决策层和拉塞尔斯的观察还是比较准确的。威廉二世更对取代英国成为世界霸主充满了期待。他说,"我终于知道等待德意志人民的未来是什么,我们仍需获得的是什么!……我们要成为反对西方的东方人的领袖!……一旦我们德国人证明法国人和英国人一点也不像白种人,倒是像黑人,……那时我们德国人将站立于这群乌合之众之上。"④威廉二世的"世界政策"(Weltpolitik)就是要让英国掌控下的欧洲权力均势体系转变为世界权力均势体系,在这个体系内,德国与其他列强平起平坐,英国则降格为世界强国的一员。比洛声称德国"无意将任何人推入阴影,但是我们也要在阳光下取得一席之地"。⑤ 所以毫不奇怪,尽管19世纪80年

---

① Hatfield House Archives, Salisbury Papers A122/70, Hatfield to Salisbury, private and confidential, 14/9/1899. 转引自 Paul M. Kennedy, *The Rise of the Anglo-German Antagonism*, 1860–1914, p. 238。

② Michael Balfour, *The Kaiser and His Times*, Lond: The Cresset Press, 1964, pp. 122–123。

③ Paul M. Kennedy, *The Rise of the Anglo-German Antagonism*, 1860–1914, p. 220。

④ [英]约翰·洛尔:《皇帝和他的宫廷:威廉二世与德意志帝国》,第14页。

⑤ [德]塞巴斯蒂安·哈夫纳:《从俾斯麦到希特勒》,第68页。

代后英国在东欧、中东、阿富汗面临法俄的挑战越来越严峻,但是出于对德国的权势怀疑,英国始终没有倒向德国。索尔兹伯里对德的基本判断是:"我认为……我们只是帮俾斯麦火中取栗……如果他能在俄国和三大国(英国、意大利和奥匈帝国)之间挑起一场小斗争,他将会悠然地让法国在未来一段时间成为无害的邻国。我不想英国成为这场无良游戏中的大国之一。"① 基于这一认识,在索尔兹伯里勋爵首相任期内,英国与俾斯麦德国展开了长达五年之久的外交对决。

三、"世界政策"Vs."一强标准":国家安全互疑与英德军事对决

在欧洲僵硬的政治格局下,英德权势互疑升级为国家安全互疑,即英国怀疑德国将强大海军部署到北海威胁本国安全,德国则怀疑英国重演"哥本哈根事件",威胁德国的生存。国家安全互疑是导致英德走向大战的根本原因。

首先,德国怀疑英国有可能在德国崛起之前摧毁它,即所谓的"哥本哈根情结"(The Copenhagen Complex)。"哥本哈根炮击事件"是1807年9月英军为防止不愿追随它的战略地位的中立国丹麦落入拿破仑一世之手,连续三天炮击哥本哈根。丹麦在炮击后投降,但英国仍然带走了其全部舰队。英国炮击哥本哈根事件给德国战略界投下了阴影,他们认为英国在使用武力问题上没有任何顾忌。德国首相冯·贝特曼-霍尔维格(Theobald von Bethmann-Hollweg)的助手库尔特·里茨勒(Kurt Riezler)在其一战前出版的著作中称:"1807年,当英国在和平时期炮轰哥本哈根和扣押了丹麦舰队时,除英国以外,这个行动在所有地方都激起

---

① Paul M. Kennedy, *The Rise of the Anglo-German Antagonism*, 1860–1914, p. 195.

了一场道德义愤的狂潮。"①1897年,德国海军部参谋路德维希·施罗德(Ludwig Schröder)在提交给海军部长威廉·冯·克诺尔(Wilhelm von Knorr)的报告中指出,"当英国利益处于危险时,英国政府从来都毫不犹豫地践踏中立国的权利。还有比1807年突然袭击哥本哈根更臭名昭著的例子吗?"②为防止哥本哈根事件重演,施罗德建议德军最高领导层仿效英国,在与英国开战前先发制人,夺取安特卫普和斯凯尔特河河口。施罗德提出这一建议时,蒂尔皮茨任德国海军部国务秘书。后者认为"英国肯定会竭尽全力地反对我们的权势在欧洲大陆上的扩张,英国越是无情,军事上越少顾忌,英国便越不会害怕我们"。③ 他对英国的判断与施罗德相似,认为"对德国而言,当前最危险的敌人是英国"。④ 总而言之,当时德国战略界弥漫的情绪是英国为防止德国崛起危及她的霸权很有可能对德国"实施迅速且无情的打击",换句话说,"来自英国的危险代表了一种对德国抱负的持久威胁"。⑤

其次,德国怀疑英国遏制其生存空间。随着第二次工业革命引发的帝国主义时代的到来,德国政界、商界和知识界积极鼓噪强硬的沙文主义。历史学家阿达尔伯特·瓦尔以夸张的口吻称"德国需要殖民地就像需要每天吃的面包一样",因为殖民地可以给充满进取精神的德国人"提

---

① Jonathan Steinberg, "The Copenhagen Complex," *Journal of Contemporary History*, Vol. 1, No. 3, 1966, pp. 23-45.
② Jonathan Steinberg, "The Copenhagen Complex," *Journal of Contemporary History*, Vol. 1, No. 3, 1966, pp. 23-45.
③ Jonathan Steinberg, "The Copenhagen Complex," *Journal of Contemporary History*, Vol. 1, No. 3, 1966, pp. 23-45.
④ Jonathan Steinberg, "The Copenhagen Complex," *Journal of Contemporary History*, Vol. 1, No. 3, 1966, pp. 23-45.
⑤ Jonathan Steinberg, "The Copenhagen Complex," *Journal of Contemporary History*, Vol. 1, No. 3, 1966, pp. 23-45.

供一个活动场,帮助创造一种新的、不那么平庸的德国人"。① 日后成长为卓越外交家的古斯塔夫·施特雷泽曼(Gustav Stresemann)在1907年声称殖民地"是德国人灵魂的一部分"。② 据《法兰克福报》报道,"德国的整个政治形势正在发生深刻变化。现今许许多多集团正在为实行世界政策进行积极鼓动,以激起某种民族沙文情绪……在政治舞台上造成了一种新的难以估量的局面"。③ 德国媒体积极鼓吹海外殖民。《科伦日报》(Kölnische Zeitung)在德英达成《黑尔戈兰—桑给巴尔条约》后,发表了题为"德国醒了!"的文章,号召成立泛德意志联盟。新闻媒体的鼓动激发了德国强烈的帝国主义思潮,德国殖民部门的领导人保罗·凯泽(Paul Kayser)注意到,"殖民政策在全国各地均有支持者,除了社会主义者,任何政党都无法忽视这种情感。"④ 好大喜功的威廉二世在周围人员的鼓动和舆论的感染下,决定改行"世界政策",在远东、南太平洋、中东和北非大力拓殖。德国为此还专门成立了高效的殖民事务部,将之前由商业公司拓殖得到的土地改变为由政府予以吞并并直接行使主权。到1914年,德国海外殖民取得惊人效果,殖民帝国面积达102.7万平方英里,殖民地人口有3600多万。英国是最大的海外殖民帝国,德国的海外殖民扩张必然会把矛头指向她,也必然会损害其经济利益和国际威望,这也是英国难以容忍的。为遏制德国海外扩张,索尔兹伯里坚持抵制德国在萨摩亚、葡萄牙殖民地、中国以及其他地区的殖民诉求。英国的政策似乎证实了泛德意志分子和其他恐英势力的观点,即英国致力于挤压德国的战略空间,不让其外溢出欧洲。为回应英国,就连霍尔斯坦和哈茨费尔德等比较亲

---

① [德]卡尔·艾利希·博恩等著:《德意志史:从法国革命到第一次世界大战(1789—1914)》,第3卷,第405页。

② [德]卡尔·艾利希·博恩等著:《德意志史:从法国革命到第一次世界大战(1789—1914)》,第3卷,第405页。

③ [美]科佩尔·S.平森:《德国近现代史:它的历史和文化》,上卷,第402页。

④ Paul M. Kennedy, *The Rise of the Anglo-German Antagonism*, 1860-1914, p. 209.

英的德国政治家都主张对英奉行"敲诈"外交。

最后,德国怀疑英国会利用一切外交机会在精神上扼杀德国。20 世纪初,英国为抑制俄国在远东扩张,提出与德国缔结正式结盟协议或政府结盟协议。但负责外交的比洛认为,英国提出的结盟协议如果不经英国议会批准毫无价值,因为这种结盟只对现任政府有约束力,政府一经解散,协议便宣告无效。如果缔结正式结盟协议,考虑到两国舆论相互敌对,英国议会批准的可能性不大,到时德国除了在俄国面前出丑,还有可能明确不会有英国援助而招来俄法两国的先发制人打击。① 对英国的疑虑此时已不局限于官方,德国民间反英之风也大行其道。奥匈帝国驻柏林大使瑟杰尼(Count Ladislaus Szögyeny)在给国内外交部门的报告中作了分析:"对世界市场的竞逐,殖民政策中的利益冲突,以及将英国描绘为完全不可信赖,而且常常背信弃义的俾斯麦政治学派的传统,已为对英国的敌对态度准备好了土壤,而且这种态度表现出非同寻常的一致。在我看来,很难说服这些实力强大的团体,让他们相信出于他们自身众所周知的利益考虑,他们的对英立场必须有所克制。"②

德国对英国的国家安全战略疑虑导致其民间和官方越来越视英国为"必有一战"的死敌。对德国舆论刮起的反英浪潮,德国首相比洛建议进行管制,但是管制的理由不是要搞好两国关系,而是觉得德国"过于明显的幸灾乐祸和公开庆祝只会使英国人对我们怀恨在心",此外还有一个重要原因,即"我们在海洋还不是英国的对手"。③ 在比洛看来,英德必有一战。1900 年 3 月,比洛秘密告知国会预算委员会,德国已视英国为"最危

---

① [德]卡尔·艾利希·博恩等:《德意志史:从法国革命到第一次世界大战(1789—1914)》,第 3 卷,第 438 页。
② HHSt. A Vienna, PA Ⅲ/47, Szögyeny to Goluchowski, IB Vertr. , 4/1/1896. 转引自 Paul M. Kennedy, *The Rise of the Anglo-German Antagonism*, 1860 - 1914, p. 221。
③ Paul M. Kennedy, *The Rise of the Anglo-German Antagonism*, 1860 - 1914, p. 240.

险的敌人",英国是"一个无须冒任何特别风险就能攻击我们的大国",德英冲突"并非毫无可能"。① 德国海军部门负责人蒂尔皮茨对萨克森军事代表坦言:"我们不能直接说出舰队扩张首先旨在针对英国,尽管下个世纪我们无疑会在地球某个区域与之发生冲突,或者是因为经济竞争,或者是殖民争端的结果。"②

与德国相比,英国对威廉二世治下德国的安全疑虑更甚。英国对德国这一新兴强国会否威胁英国安全深感忧虑。随着德国经济和军事力量的全面崛起,英国关心德国是否会"心满意足"?德国不断壮大给英国投下的阴影越来越浓重。

引起英国国家安全疑虑的最重大事件是德国发展海权。要实现打倒英国成为支配性大国的目标,德国就必须放弃俾斯麦奉行的"大陆政策",代之以"世界政策"。在"大陆政策"时期,德国军事建设的重点是陆军,其在欧洲列强中的海军力量排名不仅没有上升,反而有所下降,由1885年的第三位降至1895年的第五位,位居意大利之后。③ 威廉二世是个海军迷,在推行外交政策过程中也因海军不如英国而屡次受辱。在"克鲁格电报"事件、萨摩亚争端和德国介入英葡谈判事件中,英国均动用了强大的海外力量用于威慑德国。德国在军事外交上落败以及争霸世界的雄心使他痴迷于建设强大的海军。威廉二世在演说中屡次强调"帝国的力量意味着海上力量"。④ 他坚持认为,德国"没有强大的舰队,就没有成功的海外政策",并且"在强大的德国舰队建成前,英国人只会将德意志皇帝和德意志帝国看成穷亲戚;德国每增加一艘战舰,英国的尊敬也会增加;什么

---

① Paul M. Kennedy, *The Rise of the Anglo-German Antagonism*, 1860–1914, p. 240.
② Paul M. Kennedy, *The Rise of the Anglo-German Antagonism*, 1860–1914, p. 240.
③ 梅然:《德意志帝国的大战略:德国与大战的来临》,第311页。
④ [美]科佩尔·S. 平森:《德国近现代史:它的历史和文化》上卷,第406页。

都不会改变英国的态度,直至德国在海洋上是如此强大以至于会成为有价值的盟友。"①1897年,德皇任命雄心勃勃的蒂尔皮茨出任海军大臣,要他把德国这支位列世界第七(欧洲第五)的"婴儿舰队"建成足以挑战英国海上力量的"公海舰队"(High Seas Fleet)。

1897年6月,蒂尔皮茨觐见德皇,汇报他的造舰计划。他称:"对于德国而言,目前最危险的敌人是英国。英国也是我们最迫切需要相当数量的海军力量,以作为一种政治实力因素予以对抗的敌人……我们所要建设的舰队,必须能在黑尔戈兰和泰晤士河之间展现最大的军事潜力……要想在军事上与英国为敌,我们需要的战列舰数量多多益善。"②根据蒂尔皮茨的海军建设方案,即"蒂尔皮茨计划"(Tirpitz Plan),到1905年德国要建设一支包括1艘船队旗舰、2支分别由8艘战列舰组成的分舰队和由19艘战列舰组成的海军舰队。③ 威廉二世指示政府尽快向帝国议会提交《海军法案》,并威胁说如果国会拒绝通过该法案的话,将会发动一场政变。1898年,德国政府向帝国国会提交了海军扩建法案。德国"海上强国"建设进程正式启动。为鼓动大力发展海军,比洛等人还炮制了所谓"危险地带"(danger zone)理论。所谓"危险地带"理论,就是德国的这些战略家们借鉴哥本哈根炮击事件设想出来的一个时间段,在这段时间里,英国有可能猜疑德国的图谋,在其海上力量发展尚不足以自保时将其摧毁。德国的政治家对能否顺利度过"危险地带"持乐观态度,他们坚信时间在德国一边,"它将强大到没有哪一个强国甚至强国集团敢于对其发动进攻"。他们建议,在真正的海上强权建立起来之前要保持尽可能大的外交回旋余地,即"在外交上的目标是保持行动的自由,同俄英

---

① 梅然:《德意志帝国的大战略:德国与大战略的来临》,第328页。
② Jonathan Steinberg, *Yesterday's Deterrent: Tirpitz and the Birth of the German Battle Fleet*, London: Macdonald & Co., 1965, pp. 209-211.
③ Robert K. Massie, *Dreadnought: Britain, Germany, and the Coming of the Great War*, New York: Random House, 1991, p. 172.

两国都保持良好关系,而不向任何一方做出承诺"。① 这也是为什么英德围绕萨摩亚的斗争结束后威廉二世不断向英国示好。关于这一点,威廉二世曾坦率地告诉法国大使:"二十年以后,当舰队准备就绪时,我的态度会截然不同。"②

威廉二世的"世界政策"和建设海上强国战略对英国产生了极其重大的影响。英国是海岛国家,英吉利海峡把英国和欧洲大陆隔离开来。这一地理条件带来的好处"只属于英国人"。"英国如同法国和荷兰,是殖民角逐的后来者,但到 16 世纪中叶已拥有欣欣向荣的海外贸易,并且开始萌发帝国野心。它的独特地理位置鼓励了一种意识,那就是远离欧洲的纠葛孤身自处;从理论上说,一支强大的英国舰队可以保护英吉利岛国抵御来自大陆的一切威胁。"③基于地理上的考虑,英国的战略家确定了本国的总体战略,即牢牢控制英吉利海峡以确保英国本土安全,保护英国海外贸易和推进殖民扩张,维持欧洲大陆均势防止其他任何欧洲强国取得欧洲大陆霸权。而这三项战略目标的达成都需要有一支强大的海军。德国强力推进造舰计划令英国寝食难安。首先,英国认为,德国海军建设的假想敌是英国。"风险水准"(Risikogedanke)理论是蒂尔皮茨造舰规模的依据。这一理论的参照系是英国,即德国公海舰队只要能发展到英国海军实力的三分之二,即可在英国最易遭受攻击的不列颠海域与其进行战略决战,这可以让英国忌惮与德国海上交战造成的重大损失。这也意味着届时德国可以慑止甚至最强大的海军强国对德国发动进攻,从而有效维护国家安全。④ 1902 年 5 月,为向英国炫耀建设成就,威廉二世让

---

① [英]A. J. P. 泰勒:《争夺欧洲霸权的斗争:1848—1918》,沈苏儒译,北京:商务印书馆,1987 年,第 419 页。

② GP, XV. No. 4394. 参见 Paul M. Kennedy, *The Rise of the Anglo-German Antagonism, 1860-1914*, p. 239.

③ [美]威廉森·默里等主编:《缔造战略:统治者、国家与战争》,时殷弘等译,北京:世界知识出版社,2004 年,第 159 页。

④ [美]科佩尔·S. 平森:《德国近现代史:它的历史和文化》,上卷,第 407 页。

其弟海因里希亲王率领八艘战列舰访问英国。这次访问对英国高层震动很大。同年10月,英国海军大臣塞尔伯恩勋爵(Lord Selborne)在提交的文件中认为:"我们对德国舰队结构分析得越多,就越来越清楚地发现德国建造这支舰队就是为了应对将来可能同英国舰队发生的冲突。它不可能是被设计用来在未来的法德和法俄战争中占上风的,决定这两场战争胜负的关键是陆军。"①1904年6月,德皇又把德国所有可用于作战的舰只集中到基尔港,向英国来宾炫耀。英国海军力量的发展本来是针对法俄两国,其"双强标准"即保持"足以超过两个比她稍次的强国加在一起的力量"②,这里的"两个"就是指法俄两国,对德国并未多加注意。但是到了1902年初种种德国仇视英国的迹象出现后,英国开始怀疑"德国为什么要有这么庞大的海军? 德国用海军与谁匹敌,与谁较量,她使用海军除了我们外对付谁呢?"③塞尔伯恩就上述问题询问了驻德大使拉塞尔斯和英国驻柏林海军武官。他得到的回答是:"德国海军自称针对的是全球最强的海上力量——我国"。这一回复促使塞尔伯恩赶紧采取有针对性的海军建设行动。其次,德国的海军战略思想越来越具有进攻性。根据"风险水准"理论要求,德意志帝国国会最终通过了《第一海军法案》,规定德国建造一支包括19艘战列舰、42艘巡洋舰和大量其他各类舰只的公海舰队。但是,两年之后的1900年,德国又对法案进行修改,通过了《第二海军法案》,提出到1920年使德国拥有一支38艘战列舰和52艘巡洋舰和大量其他各类舰只的舰队。④ 如果说《第一海军法案》主要着眼于防止"哥本哈根炮击事件"重演的话,《第二海军法案》则偏离了上述以防御为

---

① Robert K. Massie, *Dreadnought: Britain, Germany, and the Coming of the Great War*, pp. 184–185.
② [英]温斯顿·丘吉尔:《第一次世界大战回忆录(1911—1914年)》,吴良健译,海口:南方出版社,2002年,第26页。
③ [英]温斯顿·丘吉尔:《第一次世界大战回忆录(1911—1914年)》,第39页。
④ [英]保罗·肯尼迪:《英国海上主导权的兴衰》,沈志雄译,北京:人民出版社,2014年,第232页。

战略互疑视角下的"修昔底德陷阱"

主要目标的思想,而是强调所谓海军力量要"适应德国海洋利益的发展"。① 即使在德国国内,造舰计划也引起不小的反对声浪,帝国宰相冯·贝特曼-霍尔维格曾多次以辞职相威胁,②但威廉二世和蒂尔皮茨推进海军发展的坚定意志压倒了反对的声音。《第二海军法案》在英国引起巨大反响。丘吉尔在格拉斯格的演讲颇有代表性:"英国海军,对我们说是必需品,从某种观点上看,德国海军对他们来说在本质上更多的是一种奢侈。我们的海军力量涉及我们的生存。海军对我们是生存,对他们是扩张。"③再次,德国的海军力量发展神速,让英国感到压力越来越大。1902年8月,英国议会秘书阿诺德·福斯特(Anorld Foster)访问基尔和威廉港,亲眼见到了德国海军的建设成就。回国后,他激烈批评英国海军部门无所作为。④ 最后可能也是导致英德走上战场的最重要原因,就是德国将海军部署在北海一带,威胁到英国本土安全。威廉二世在柏林向符腾堡大臣所阐释的,德国需要一支强大舰队,基地设在黑尔戈兰:"它在任何时候都可以离开该基地前往海峡,威胁英国的沿海城镇,而英国海上力量正忙于在地中海地区对付法国,或者同时还在远东水域对付俄国——英国人不可能不了解这种可能性,也正因为如此,他们不可能留一支充足的后备军来控制海峡,保护他们自己的海岸线,因为他们缺乏训练有素的船员,在自愿征召体系之下他们在船员招募方面已经遇到了极大的困难。只有当我们把铁拳打在他的脸上,这头英国狮才会退缩,正像他

---

① Rolf Hobson, *Imperialism at Sea: Naval Strategic Thought, The Ideology of Sea Power, and the Tirpitz Plan*, 1875-1914, Boston: Brill Academic Publishers, Inc., 2002, pp.240-241.
② 威廉二世:《德皇威廉二世回忆录》,第213-214页。
③ [英]温斯顿·丘吉尔:《第一次世界大战回忆录(1911—1914年)》,第73页。
④ J. Gooch, *The Plans of War: The General Staff and British Military Strategy, 1900-1916*, London, 1974, chapter 6 and chapter 9.

近期在面对美国的威胁时所表现的那样。"①德国的这一海上战略部署确实击中了英国要害,以至于艾尔·克劳(Eyre Crowe)称"德国的海上的绝对优势与英帝国的生存是无法兼容的"。②

面对德国咄咄逼人的挑战,英国军政高层越来越把德国作为威胁英国安全的死敌。英军军需总管助理罗伯逊(William Robertson)上校在1902年底起草了一份备忘录,称德国试图"取代英国的商业和海军霸权",放任"我们最持久、最图谋不轨,且实力最为强劲的对手"德国进行扩张,欧洲大陆的均势将难以为继。③ 英国陆军元帅亨利·威尔逊(Henry H. Wilson)"确信战争迟早会爆发。……在他小小办公室四面墙上挂着巨大的比利时地图,清楚地标明德国陆军横越比利时入侵法国的每一条可以行军的道路。他的全部假日,都用来审核这些道路及周围乡村。"④ 同时,英国外交界敌视德国的情绪也开始蔓延,外交系统的关键人物弗朗西斯·蒂伯、阿瑟·尼科尔森、威廉·蒂勒尔爵士等均对德国持负面看法,甚至外交大臣兰斯多恩勋爵(Henry Charles Keith Petty-Fitzmaurice Marquess of Lansdowne)都认为德国正在威胁英国国家安全。⑤ 到1906年夏天,英国外交部中的反德派已大大超过亲德派。1906年秋,艾尔·克劳的《关于英国与法德关系现状的备忘录》(*Memorandum on the Present State of British Relations with France and Germany*),即著名

---

① Wurttembergisches Hauptstaatsarchiv, Stuttgart, Gesandtschaftsakten (Berlin) 123, Varnbuler to Mittnacht, 5/11/1897. 转引自 Paul M. Kennedy, *The Rise of the Anglo-German Antagonism*, 1860-1914, p. 224.

② 吴征宇编译:《〈克劳备忘录〉与英德对抗》,桂林:广西师范大学出版社,2014年,第71页。

③ PRO, WO 106/44, Memo by Lawrence of 18/1/1902; W. R. Robertson, *Soldiers and Statesmen 1914-1918*, Vol. 1, London: Cassell and Company, Ltd., 1926, pp. 20-23.

④ [英]温斯顿·丘吉尔:《第一次世界大战回忆录(1911—1914年)》,第47页。

⑤ Richard A. Cosgrove, "The Career of Sir Eyre Crowe: A Reassessment," *Albion*, No. 4, 1972, pp. 193-205.

的"克劳备忘录",在很大程度上反映了反德派的立志。这份备忘录认为,德国屡屡给英国制造麻烦并非完全因为德皇反复无常的性格,而是源自德意志第二帝国的性质,即德国是由军国主义的普鲁士通过"条顿式扩张"形成的,是放大版的普鲁士,德国人津津乐道的"我们的未来在海上","海神的三叉戟一定要掌握在我们手中","德国一定要重新继承那些在汉萨同盟手中没有人能够挑战的海上领土遗产","世界政治中的任何重要问题如果没有德皇的同意一定都不能够得到解决"之类的豪言壮语是德国对外战略理念的真实体现,这不能不让英国怀疑其最终目标是"拆散和取代英帝国"。① 克劳还认为,英德敌对的根源深植于"两国的相对地位",而且英国的妥协和退让"根本无法弥合两国间的鸿沟",即"英德两国的武装冲突从长远看无法避免"。②

为应对来自德国的挑战,特别是海上威胁,英国对海军战略和部署进行了大调整。在战略方面,英国放弃了把俄法视作主要战略竞争对手的战略,而是将德国定位为英国"最持久、最图谋不轨,且实力最为强劲的对手"。③ 其海军发展战略也由之前的应对俄法的"两强标准"转变为针对德国的"一强标准"。1900年12月,英国海军情报主管里古纳尔多·库士坦(Reginald Custance)认为,由于德国海军规模在1906年后将超过俄国,必须根据作为下一代海洋两强的"法德两国海军"估算英国舰队的力量。④ 1902年4月,塞尔伯恩、贝尔福、兰斯多恩和张伯伦举行了"一次关于某些海军事务的会议",结果接受了海军部的提议,着手秘密购买建设北海海军基地所需的土地,这个决定以后也能对外宣称是出于"建设船坞

---

① 吴征宇编译:《〈克劳备忘录〉与英德对抗》,第49-52页。
② 吴征宁编译:《〈克劳备忘录〉与英德对抗》,第66-67页。
③ PRO, WO 106/44, Memo by Lawrence of 18/1/1902; William Robertson, *Soldiers and Statesmen 1914-1918*, Vol. 1, London: Cassell And Company Ltd., 1926, pp. 20-23.
④ Bodleian Library, Oxford, Selborne Papers, 158, Custance memo, 19/12/1900.

和停泊点"的合理需要。不过,驻扎在该地的舰队规模将"实事求是地根据德国海军的力量来决定"。① 1903年初,英国国防部重新检查了本土防务情况,检查"在我们与法俄两国发生战争的时候……它们是否足以承受'[德国]'对我国东海岸的冲击"。② 战略目标确定后,英国全力与德国展开海军竞赛。1904年英法协约达成后,法国停止了海军扩张进程,集中力量发展陆军。1905年,俄国舰队在日俄战争中遭到重创。英国在欧洲的对手只剩下德国。1905年,英国海军大臣约翰·费希尔(John Fisher)建议建造"无畏级"(Dreadnought)战列舰,意在迫使德国放弃挑战英国的海上霸权,因为对德国来说基尔运河和威廉港的宽度、德国船坞的规模,以及德国的财政都不允许德国建造"无畏级"大舰。出乎英国人的意料,为了和英国进行造舰竞赛,德国通过了一项海军法案补充条款,扩建基尔运河和威廉港,建造比英国吨位更大、火力更强的无畏舰。1909年英国海军部门估计,到1912年英国虽然有16艘无畏舰,但德国也将拥有13艘无畏舰,英国将失去海上绝对优势。这一评估让英国出现了"无畏舰恐慌"(Dreadnought Scare),并升级为"海军恐慌"(Navy Scare)。在这一背景下,时任海军大臣的丘吉尔提出建设海军的"一强标准",即在"无畏"级战舰上英国的实力要超过德国60%,"对于建造的每一艘无畏级军舰",英国"以二比一的比率建造"。③ 在英国对德强硬派和媒体的压力下,阿斯奎斯(Herbert H. Asquith)政府同意在1910年向议会提交一次性建造8艘无畏舰的预算案。这一预算案在议会以压倒性多数高票通过。不仅如此,澳大利亚和新西兰主动提出为皇家海军出资各建一艘无

---

① PRO, WO 106/44, Memo by Lawrence of 18/1/1902; W. R. Robertson, *Soldiers and Statesmen 1914 - 1918*, Vol. 1, London, 1926, pp. 20 - 23.

② J. McDermott, "The Revolution in British Military Thinking from the Boer War to the Moroccan Crisis," *Canadian Journal of History*, Vol. 9, No. 2, 1974, pp. 159 - 177.

③ [英]温斯顿·丘吉尔:《第一次世界大战回忆录(1911—1914年)》,第76页。

畏舰。这样,英国海军在1910年一下子增加了10艘无畏舰,从而保住了对德海军的绝对优势地位。与此同时,英国的海军部署战略也进行了大调整,将全球海军向本土集中。鉴于德国把北海作为海上活动基地,1902年,英国放弃和平时期不与其他国家缔结同盟的外交传统,与日本缔结盟约,开始从远东进行战略后撤;1904年至1906年,英国将其海军撤出在加拿大和加勒比海的基地。此次撤退不是1846年的部分性后撤,而是全面放弃。① 更具有标志性意义的是,英国决定从地中海撤出主力舰队,将地中海的作战任务交由法国负责,法国将其"全部大型军舰驶入地中海"。② 通过上述措施,"英国把它的全部作战舰队调到北海"。对于英国的战略性后撤,蒂尔皮茨竟然幸灾乐祸地称:"由于我们的原因,英国将舰队集中于北海,结果使得英国海军在地中海和远东水域的控制实际上已终止。"③他不理解,此后的英国所有战略压力都落到了德国头上,两国的终极战略对决已箭在弦上。

结语:以"竞争性共存"规避"修昔底德陷阱"

英德关系由德国统一初期两国充满浪漫的期许逐步滑入"修昔底德陷阱",第一次世界大战就是英德结构性矛盾的总爆发。保罗·肯尼迪将英德关系变化的动力归结为德国权势的爆炸性增长:"它成为欧洲最强大、最高效的军事强国,能够同与其相邻的大国中的至少任意两个进行较量,并且事实上一旦出现全面冲突的话,完全有可能碾压整个西欧",不仅如此,德国"蓬勃兴起的海外贸易、国外的政治影响力、多方攫取殖民地,以及不断扩张的舰队"使其从欧洲的"蚕蛹"中破茧而出。面对德国的崛

---

① S. F. Wells, "British Strategic Withdraw from the Western Hemisphere, 1904 - 1906," *Canadian Historical Review*, Vol. 49, No. 4, 1968, pp. 335 - 356.
② [英]温斯顿·丘吉尔:《第一次世界大战回忆录(1911—1914年)》,第77页。
③ [英]温斯顿·丘吉尔:《第一次世界大战回忆录(1911—1914年)》,第77页。

起,"不仅仅是英国,而是德国所有的邻国(法国、丹麦、奥地利、俄国),应适应这样一个基本事实,即随着德国自然的经济潜力得到迅速开发,这也将会对权力政治均势带来不可避免的影响"。① 就英德敌对而言,保罗·肯尼迪认为,根本原因在于权势位移后,"前者希望保持当前现状,而后者出于进攻与防御兼而有之的诸般动机,正着手改变现状"。② 保罗·肯尼迪对英德敌对原因的解释非常深刻,但是,仅用权力来解释也有不足之处。首先,历史上并非所有守成国与崛起国都走上终极对决之路。根据哈佛大学"修昔底德陷阱"项目的研究结果显示,近代以来16个崛起国家挑战现有大国的案例有4个案例未发生战争。③ 事实上,就权势崛起而言,斯托雷平改革后的帝俄比德国还要引人注目。1890年,俄国的国内生产总值约为德国的80%,到1913年时则已追平德国。考虑到俄国巨大的人口基数和资源总量,未来的欧洲力量天平必然向帝俄倾斜。由于有经济实力支撑,帝俄的海军预算增长远快于德国,总预算在1914年超过了德国。1913年,俄国军方实施了一项"宏伟计划",对兵力配备、装备水平、后勤补给和军事动员进行全方位的现代化。④ 面对俄国同样的强势崛起,英国外交官此时的反应却是考虑到"俄国正迅速变得如此强大,以至于我们必须几乎不惜任何代价去保持与其的友谊。"⑤

---

① Paul M. Kennedy, *The Rise of the Anglo-German Antagonism, 1860–1914*, p. 465.
② Paul M. Kennedy, *The Rise of the Anglo-German Antagonism, 1860–1914*, p. 465.
③ [美]格雷厄姆·艾利森:《注定一战:中美能避免修昔底德陷阱吗?》,陈定定、傅强译,上海:上海人民出版社,2019年,第60—62页。
④ Don Sun Lee, "Committing Suicide for Fear of Death: Power Shifts and Preventive War," East-West Center, Washington, September 2006, p. 18; D. C. B. Lieven, *Russia and the Origins of the First World War*, New York: St. Martin's Press, 1983, p. 111.
⑤ Paul Kennedy, "The First World War and the International Power System," *International Security*, Vol. 9, No. 1, 1984, p. 28.

战略互疑视角下的"修昔底德陷阱"

基于上述史实，笔者认为，英德落入"修昔底德陷阱"是有前提条件的，即痉挛式的战略互疑——两国在意识形态、国际安全和国家安全方面陷入越来越严重相互怀疑。威廉二世德国的"世界政策"、以英国为参照系的"造舰"行动，以及诸如波斯尼亚最后通牒和"豹的跳跃"之类的鲁莽外交，引起英国极大的战略疑虑。而英国在法德关系和德国对英示好等方面的严厉态度，即刻意压制德国的政策也引起德国的战略疑虑，担心英国为维持其霸权利益以武力打击阻断德国的崛起进程，再现哥本哈根炮击事件，同时也使德国认为要实现崛起必须依靠武力护航，因而愈益把英国视为主要的和最危险的敌人。就如科佩尔·S.平森所认为的那样，这场战争"并没有人特意计划或主观促成"，在包括德国在内的一切国家中，"甚至最富有侵略性的、最好战的个人或集团，也宁愿不通过战争来实现他们的目标"。① 但是，英德之间的战略疑虑以及由之引发的战略角力最终使二者走向战场，这不能不说是一场令世界多数国家遭到浩劫的极大悲剧。英国压制德国本为维持帝国霸权，但是战争的结果却彻底动摇了其霸权基础；德国本想靠武力实现崛起，但战败的现实让其在蒙羞受辱的同时还要割地赔款，民族复仇主义情绪盛行让法西斯主义在这片土地上发芽生根。

历史百年轮回。改革开放后，中国迅速崛起。中美这对崛起国与守成国的关系为世界所瞩目②。中美会否如一战前的英德那样滑入"修昔底德陷阱"引发学界和战略界的议论与猜测。2013 年 11 月，在牛津大学教授玛格丽特·麦克米兰（Margaret MacMillan）的新书——《和平戛然而止：通往 1914 年之路》（*The War that Ended Peace：The Road to*

---

① ［美］科佩尔·S.平森：《德国近现代史：它的历史和文化》，上卷，第 398 页。
② 参见 C. Fred Bergsten, "A Partnership of Equals: How Washington Should Response to China's Economic Challenge," *Foreign Affairs*, Vol. 87, No. 4, 2008, p. 69; Henry A. Kissinger, "The Chance for a New World Order," *The New York Times*, Jan 12, 2009, http://www.nytimes.com/2009/01/12/opinion/12iht-edkissinger.1.19281915.html; Zbigniew Brzezinski, "The Group of Two that Could Change the World," *The Financial Times*, Jan 14, 2009, https://www.ft.com/content/d99369b8-e178-11dd-afa0-0000779fd2ac.

1914)研讨发布会上,美国智库布鲁金斯研究所(Brookings)外交政策执行副主席罗伯特·卡根(Robert Kagan)称,随着中国的崛起,"当前我们面对的世界形势与1914年前极其相似","美国应在东亚发挥英国的角色"。[1] 2015年,格雷厄姆·艾利森在《大西洋月刊》上发表《必有一战:中美能否避免修昔底德陷阱吗?》("Destined for War: Can America and China Escape Thucydides's Trap?")一文,将英德对抗视为落入"修昔底德陷阱"的典型之一。[2] 2014年1月,日本首相安倍晋三在瑞士达沃斯世界经济论坛(The World Economic Forum in Davos)上发表演讲,同样以第一次世界大战之前的英德关系影射当时的中日关系。[3] 事实上,中美关系因两国意识形态分歧、经济竞争和权力转移也确实产生了"战略互信"缺失问题,或更准确地说是"中美战略互疑"。不管"中美战略互疑"这一术语是否准确描述了两国决策层对相互关系的看法,但不可否认的是,自奥巴马政府以来,特别是特朗普执掌白宫后,美国决策层对中国的战略认知越来越负面。受美国政策措施的刺激,中国对美国的战略意图的怀疑情绪也越来越浓。[4]

那么,现在的问题是"中美战略互疑"会否导致两国关系滑入"修昔

---

[1] Fred Dews, "Lessons from World War I: Is Today's China the Germany of 1914? Where Is the Next Global Flashpoint?" available at https://www.brookings.edu/blog/brookings-now/2013/11/13/lessons-from-world-war-i-is-todays-china-the-germany-of-1914-where-is-the-next-global-flashpoint/.

[2] 格雷厄姆·艾利森2012年在英国《金融时报》上发表《太平洋地区已经形成"修昔底德陷阱"》一文,将当前中美关系比作古希腊时期雅典和斯巴达的关系,认为中美很有可能落入"修昔底德"陷阱。参见 Graham Allision, "Thucydides's Trap Has Been Sprung in the Pacific," *Financial Times*, August 21, 2012, http://www.ft.com/content/5d695b5a-ead3-11e1-984b-00144feab49a.

[3] "Japan PM Abe compares China-Japan rivalry to Pre-war UK-Germany ties," available at https://www.scmp.com/news/asia/article/1412024/japan-pm-abe-compares-china-japan-rivalry-pre-war-uk-germany-ties.

[4] 王缉思等:《扫除中美战略互信三障碍——探索中美战略关系新思维》,载王缉思、李侃如:《中美战略互疑:解析与应对》,第131-138页。

战略互疑视角下的"修昔底德陷阱"

德陷阱"？对此，部分西方学者认为中美关系"发生更为严重的敌对状态和军事竞争风险显然存在"。[1] 首先，通过上文对英德落入"修昔底德陷阱"的研究结论，即两国走向对决的核心因素是相互怀疑对方威胁本国的国家生存安全——德国对英国怀有强烈的"哥本哈根情结"，英国怀疑德国把强大海军部署在北海意在威胁英国本土安全。当前，"中美战略互疑"的内容包括多个方面，但其核心因素是美国担心中国将其排挤出西太平洋地区并继而取代美国的世界霸主地位，中国怀疑美国遏制中国崛起和西化、分化中国，这就是说"中美战略互疑"还远没有上升到怀疑对方威胁本国国家安全程度。当前，尽管中国也大力发展海上力量，但国务院新闻办公室发表的《中国军事战略白皮书》明确指出中国海军的任务是"近海防御、远海护卫"[2]。很显然，这一战略是温和的和防御性的，而非预防性的，并不是非要赶超美国海上力量并将之打垮。其次，西方战略界、学术界和舆论界非常关心"一带一路"倡议，他们称这个倡议雄心勃勃，相当于12个"马歇尔计划"，是德皇威廉二世"世界政策"的当代翻版。[3] 事实上，中国的"一带一路"倡议与德皇威廉二世的"世界政策"在性质上完全不同，前者意在推进"人类命运共同体"建设，实现共同发展，后者意在争夺所谓"阳光下的地盘"，是赤裸裸的帝国主义性质。[4] 再次，当前的战略环境与百年前英德竞争时代已大不相同。百年前，由于民族主义和帝国

---

[1] ［美］理查德·罗斯克兰斯、史蒂芬·米勒主编：《下一次大战？——"一战"的根源及对中美关系的启示》，第19页。

[2] 国务院新闻办公室：《中国军事战略白皮书（2015年）》，中华人民共和国国防部网站，访问时间2020年2月21日，http://www.mod.gov.cn/auth/2015-05/26/content_4586723_2.htm。

[3] "Our Bulldozers, Our Rules," *Economist*, July 2, 2016, http://www.economist.com/news/china/21701505-chinas-foreign-policy-could-reshape-good-part-world-economy-our-bulldozers-our-rules; Enda Curran, "China's Marshall Plan," Bloomberg, August 7, 2016, http://www.bloomberg.com/news/articles/2016-08-07/chinas-marshall-plan.

[4] James R. Holmes, "Mahan, a 'Place in the Sun', and Germany's Quest for Sea Power," *Comparative Strategy*, Vol. 23, No. 1, 2004, pp. 27–61.

主义的兴起,欧洲的权势结构越来越僵化。当前情况则有很大不同。虽然美国仍然主导着冷战后的国际秩序,但是应该看到,这一秩序已越来越机制化,越来越外化和独立于美国意志,具有较强的灵活性和包容性,中国可以在这一秩序下实现和平崛起,这也是为什么中国共产党在十九大报告中明确提出"打开国门搞建设"的一个重要原因。[①] 最后,也是特别需要指出的是,在当前网络电磁空间崛起与战略核力量现代化错综交织的背景下,中美相互依存与相互威慑的程度越来越高,双方都承担不起滑入"修昔底德陷阱"的经济与政治代价。总而言之,只要美国调整心态、中国坚持和平崛起,中美之间存在的战略互疑可以得到有效管制,不至于滑出"竞争性共存"(competitive coexistence)的轨道。当然,这并不意味着可以放任中美业已存在的"战略互疑"进一步发展,恰恰相反,两国政府应共同努力削除"战略互疑",争取实现"战略互信"。

---

① 《决胜全面建成小康社会 夺取新时代中国特色社会主义伟大胜利——在中国共产党第十九次全国代表大会上的报告》,中华人民共和国中央政府网,2017年10月27日,http://www.gov.cn/zhuanti/2017-10/27/content_5234876.htm。

中国的美国隐蔽行动研究综述

舒建中

内容提要：自冷战格局形成以来，隐蔽行动一直是美国对外政策的重要工具，因此，美国隐蔽行动研究成为中国学界关注的课题。进入21世纪之后，中国的美国隐蔽行动研究呈现快速发展之势，在美国隐蔽行动的国别和地区研究、美国宣传战研究等领域，中国学界均取得较为丰硕的研究成果，初步构筑起中国有关美国隐蔽行动研究的框架和体系。面对错综复杂的国际局势，中国学界应进一步拓宽视野，深化美国隐蔽行动的国别和地区研究，尤其应着力考察美国在特定领域实施的隐蔽行动，同时加强美国隐蔽行动的战略研究和理论探讨，以期推动中国的美国隐蔽行动研究向更高层次发展。

关键词：中国学界；美国隐蔽行动研究；历史考察；战略思考

作者简介：舒建中，南京大学国际关系专业教授，南京大学-约翰斯·霍普金斯大学中美文化研究中心教授。

自冷战格局形成以来，隐蔽行动一直是美国对外政策的重要工具，服务于美国特定的政策目的和长远的战略目标。进入21世纪之后，中国学界的美国隐蔽行动研究快速发展，成为新的学术热点。因此，梳理中国学界有关美国隐蔽行动的研究成果，对于厘清中国学界的研究议程和研究热点，进而透视美国的隐蔽行动战略，无疑具有重要的学术价值和现实意义。

导　言

相较于美国的研究而言，中国学界对美国隐蔽行动的研究起步较晚，经历了一个从引进介绍国外研究成果到独立展开学术研究的发展历程。

从20世纪70年代末起，中国开始翻译出版有关美国隐蔽行动的著作。① 尽管数量相当有限，但相关译著无疑有助于中国学者了解美国隐蔽行动的基本概念、战略意图和政策路径，为中国学界展开美国隐蔽行动研究做出了前期铺垫。

冷战结束后，中国学者在借鉴国外研究成果的基础上，利用逐步解密的档案资料，开始独立探讨美国的隐蔽行动，从而拉开了中国学界有关美国隐蔽行动研究的序幕。1995年，时殷弘发表《激变战略与解放政策：冷战初期美国政府对苏联东欧内部状况的政策》一文，认为在冷战最高潮的现实条件下，美国政府针对苏联和东欧国家的政策就是通过煽动性的敌对宣传和隐蔽行动，争取在苏联东欧助长社会紧张，加剧或激发反政府情绪乃至造反行动，最终由苏东内部的反对势力搞垮现政权。作为美国实施激变战略和解放政策的重要工具，时殷弘将美国的隐蔽行动归纳为四种类型：制造政权内部的猜疑和分裂；鼓励和协助叛逃；派遣特工人员渗透入境，从事鼓动变乱和组织反叛团体等活动；秘密组织和训练准备潜回

---

① 主要的译著包括：[美]维克托·马凯蒂、约翰·D. 马克斯：《中央情报局与情报崇拜》，曹山等译，北京：生活·读书·新知三联书店1979年版。[美]哈里·罗西兹克：《中央情报局的秘密活动》，奋然译，北京：群众出版社1979年版。[美]鲍勃·伍德沃德：《帷幕：美国中央情报局的秘密战争(1981—1987)》，梁于华译，北京：世界知识出版社1988年版。[美]威廉·马修·利里：《冒险的任务：民航空运队和中央情报局在亚洲的隐蔽活动》，徐克继译，沈阳：辽宁大学出版社1988年版。[美]约翰·普拉多斯：《总统秘密战：战后中央情报局和五角大楼的隐蔽行动》，谢勇等译，北京：时事出版社1989年版。

的流亡者武装。① 尽管并非旨在专门探讨隐蔽行动,但该文对美国隐蔽行动概念和类型的解读,体现了中国学者探究美国隐蔽行动的早期努力,为中国学界关注美国的隐蔽行动战略提供了学术引领。

进入21世纪之后,中国的美国隐蔽行动研究迎来高潮,研究成果层出不穷,呈现出异常活跃的局面。总体上讲,21世纪前期中国的美国隐蔽行动研究具有以下特点:一是致力于美国隐蔽行动的国别和地区研究并取得丰硕成果,进而在很大程度上引领并推动了中国的美国隐蔽行动研究。二是注重解析包括隐蔽宣传行动在内的美国宣传战,宣传战研究成为中国学界在美国隐蔽行动类型研究方面最为突出的领域。

一、中国学界有关美国隐蔽行动的国别和地区研究

美国隐蔽行动的国别和地区研究是中国学者关注的重点领域,从某种意义上讲,国别和地区研究是中国学界探讨美国隐蔽行动的起点和基础。为此,中国学者做出了积极努力,研究成果接连问世,利用档案资料剖析美国的隐蔽行动从一开始就是中国学界的主要研究特色。

苏联和东欧国家是美国冷战对抗战略的主要对象,因而成为美国实施隐蔽行动的重点地区和关键目标。作为最符合冷战特征和属性的博弈方式,美国在冷战格局形成之初就开始针对苏东地区施加高密度的隐蔽行动。鉴于此,美国针对苏联和东欧国家的隐蔽行动成为中国学界隐蔽行动研究的重要领域。进入21世纪之后,中国学者围绕美国在苏东地区实施的隐蔽行动展开探讨,研究议程初步确立。

2011年,伍斌发表《冷战初期(1949—1954)美国对东欧准军事行动探析》一文,着力分析了冷战初期美国在阿尔巴尼亚、罗马尼亚、波兰等东

---

① 时殷弘:《激变战略与解放政策:冷战初期美国政府对苏联东欧内部状况的政策》,载《世界历史》1995年第3期。

欧国家以及苏联加盟共和国乌克兰实施的准军事行动及其政策手段,剖析了行动失败的原因。① 该文从总体上考察了冷战初期美国在苏东地区策划实施的一系列准军事行动,充分表明准军事行动是冷战初期美国从事冷战对抗的重要方式,由此延展了中国学界有关美国隐蔽行动的研究议程。

2013年,梁孝发表《美国的经济战、苏联解体及其对中国的警示》一文,着重剖析了20世纪80年代美国里根政府对苏联实施的隐蔽经济战及其政策后果,认为美国隐蔽经济战的核心就是消耗、减少苏联持有的硬通货——美元,迫使苏联无法进口粮食和技术设备,同时利用经济困境激化苏联的国内矛盾,以期最终达到颠覆苏联社会主义制度的冷战战略目标。② 该文以苏联为例,对冷战后期美国实施的隐蔽经济行动进行了初步探讨,将中国学界的美国隐蔽行动研究拓展到经济领域,具有一定的学术开创性。

2015年,高文知发表《"柏林隧道"的修建与冷战期间美国对苏联的情报战》一文,认为"柏林隧道"是由中央情报局策划和修筑的一条由西柏林通往东柏林的秘密通道,通过该隧道的隐蔽运作,美国获得苏联军事、政治等方面的诸多情报,因此,"柏林隧道"是美国对苏东集团展开秘密情报战的重要途径。③ 该文是中国学界探讨"柏林隧道"以及冷战初期美国对苏秘密情报战的第一篇论文,从情报战的角度开辟了中国学界有关美国隐蔽行动研究的新议题。

中东地区是美苏冷战较量的重点区域,也是美国实施隐蔽行动最早

---

① 伍斌:《冷战初期(1949—1954)美国对东欧准军事行动探析》,载《中南大学学报(社会科学版)》2011年第4期。

② 梁孝:《美国的经济战、苏联解体及其对中国的警示》,载《黑龙江社会科学》2013年第2期。

③ 高文知:《"柏林隧道"的修建与冷战期间美国对苏联的情报战》,载《武汉大学学报(人文科学版)》2015年第6期。

的地区之一,1953年伊朗"8·19政变"就是美国中情局携手英国共同实施的一次隐蔽行动,开启了美国通过政变方式推翻他国合法政府的先河,因而成为中国学界研究的重要案例。2006年,范鸿达出版《美国与伊朗:曾经的亲密》一书,在第三章对美国参与策动"8·19政变"的起因和经过做出了较为详细的探讨,①表明中国学界开始从隐蔽行动的视角分析美国与1953年伊朗政变的关系。

1985年,竺培芳发表《美国中央情报局推翻摩萨台始末》一文,初步探讨了中情局"阿贾克斯"计划与1953年伊朗政变的关系。② 这是目前检索到的国内第一篇有关美国参与策划伊朗"8·19政变"的论文,具有开创性意义。2012年,石斌发表《1953年美英对伊朗的"准军事行动"及其相关问题——基于新史料的重新探讨》一文,借助相关档案资料,进一步揭示了美国对伊准军事行动的决策和实施过程,认为美英以代号为"阿贾克斯"计划的隐蔽行动方式推翻了致力于推进宪政的摩萨台政权,扶植亲美独裁的巴列维王朝复辟。③ 该文是利用档案资料系统解读美国策动伊朗"8·19政变"的研究成果,体现了中国学者对1953年伊朗政变的深入思考。

2018年,石斌有关美国与1953年伊朗政变的新作《"清除人民党":1953年美英对伊朗的准军事行动》一书出版。④ 该书通过多重视角,对美英颠覆伊朗摩萨台政权的隐蔽行动计划进行了全面详细的梳理,将美国与伊朗"8·19政变"关系的研究提升到一个新水平。

拉丁美洲被美国视为后院,是美国全球冷战战略的重要一环,鉴于

---

① 范鸿达:《美国与伊朗:曾经的亲密》,北京:社会科学文献出版社,2006年,第131-145页。
② 竺培芳:《美国中央情报局推翻摩萨台始末》,载《国际问题资料》1985年第1期。
③ 石斌:《1953年美英对伊朗的"准军事行动"及其相关问题——基于新史料的重新探讨》,载《外交评论》2012年第2期。
④ 石斌:《"清除人民党":1953年美英对伊朗的准军事行动》,南京:南京大学出版社,2018年。

此，拉美地区成为美国实施隐蔽行动最为频繁的地区，是美国策动政变和政权颠覆的重灾区。围绕20世纪50年代以来美国在拉美地区实施的一系列隐蔽行动，中国学界进行了深入的历史考察。

美国密谋颠覆危地马拉阿本斯政府的"成功行动"计划是美国为维护后院稳定并遏制共产主义实施的大规模隐蔽行动，因而早就引起中国学者的关注。[①] 2010年，高慧开出版《隐蔽行动：中央情报局与危地马拉政变研究》一书，初步探究了中情局对危地马拉局势走向的分析以及中情局对危地马拉政变的幕后谋划与操纵。[②] 该书在背景分析上视角独到，论述具体，是中国学界关于中情局与1954年危地马拉政变的第一本学术专著。

早在2008年，舒建中利用美国最新的解密资料，相继发表《美国的"成功行动"计划：遏制政策与维护后院的隐蔽行动》和《从"成功行动"计划看美国隐蔽行动的基本模式》等两篇学术论文，着力从政策设计、政策实施的层面探讨美国"成功行动"计划与危地马拉政变之间的关系。[③] 2018年，舒建中出版《美国与1954年危地马拉政变》一书，详细论述了美国"成功行动"计划的政策设计过程，以及美国在宣传、政治、经济、军事等领域所采取的隐蔽行动及其政策手段，据此总结了美国隐蔽行动的"成功行动"计划模式。[④] 该书是作者在前期研究的基础上对美国策动1954年危地马拉政变做出的综合性探讨，尤其注重细致地考察美国政策设计和实施的过程，从而提升了中国学界有关美国隐蔽行动与危地马拉政变关

---

① 贾力：《美国中央情报局在危地马拉的心理战——"成功行动"与1954年危地马拉政变》，《拉丁美洲研究》1999年第4期。

② 高慧开：《隐蔽行动：中央情报局与危地马拉政变研究》，上海：上海人民出版社，2010年。

③ 舒建中：《美国的"成功行动"计划：遏制政策与维护后院的隐蔽行动》，载《世界历史》2008年第6期。舒建中：《从"成功行动"计划看美国隐蔽行动的基本模式》，《史学月刊》2008年第11期。

④ 舒建中：《美国与1954年危地马拉政变》，南京：南京大学出版社，2018年。

系的研究水平。

冷战期间,美国针对古巴实施了一系列高强度和高频度的隐蔽行动,因此,美国在古巴的隐蔽行动成为中国学界热议的话题。2006年,王伟发表《"猫鼬计划":肯尼迪政府的秘密军事计划》一文,从政策设计和政策实施的层面考察了美国针对古巴的代号为"猫鼬计划"的隐蔽行动,同时剖析了"猫鼬计划"无果而终的原因。① 该文是中国学界探讨美国对古巴隐蔽行动的早期学术成果,初步展示了中国学界对这一研究议题的关注。

2007年,赵学功发表《简论肯尼迪政府对古巴的隐蔽行动计划》一文,依据解密的档案文献资料及相关研究成果,从更广阔的角度对肯尼迪政府针对古巴的隐蔽行动计划进行了分析和考察,认为美国试图通过破坏、心理战、组织地下武装等方式挑起古巴内乱,最终达到从内部推翻古巴革命政府、扶植亲美政权的目的。② 该文致力于廓清肯尼迪政府针对古巴实施隐蔽行动的政策背景和政策手段,进一步丰富了中国学界在这一领域的学术研究。

2017年,赵学功发表《美国艾森豪威尔政府对古巴的隐蔽行动计划》一文,着力考察了艾森豪威尔政府旨在颠覆古巴革命政权的代号为"冥王星行动计划"的政策设计动因,剖析了美国为执行该计划而秘密组建准军事力量的决策过程,以及艾森豪威尔政府最终放弃入侵古巴的准军事行动的原因,同时分析了"冥王星行动计划"的前期准备与1961年"猪湾事件"之间的关联性。③ 通过展示美国"冥王星行动计划"的来龙去脉,该文为探究美国针对古巴的隐蔽行动政策及其历史渊源提供了更为翔实的分

---

① 王伟:《"猫鼬计划":肯尼迪政府的秘密军事计划》,载《吉林师范大学学报(人文社会科学版)》2006年第2期。
② 赵学功:《简论肯尼迪政府对古巴的隐蔽行动计划》,载《南开学报(哲学社会科学版)》2007年第5期。
③ 赵学功:《美国艾森豪威尔政府对古巴的隐蔽行动计划》,载南开大学世界近现代史研究中心编:《世界近现代史研究》(第14辑),北京:社会科学文献出版社,2017年。

析框架。

2018年,崔建树出版《折戟沉沙:美国"猪湾行动"始末》一书,详细考察了20世纪50年代末60年代初华盛顿方面策划并实施推翻古巴卡斯特罗政权的隐蔽行动战略,着重论述了中情局组织"猪湾登陆行动"的政策谋划和实施过程,分析了"猪湾行动"以彻底失败告终的历史缘由。[1] 该书以"猪湾行动"作为切入点,从一个特定角度专门探讨美国针对古巴实施的隐蔽行动及其国际影响,是中国学界有关美国对古巴隐蔽行动研究的最新成果。

美国策动1973年智利政变是美国在拉美地区实施隐蔽行动的一个典型案例,随着档案资料的解密,美国与智利政变的关系成为中国学界探讨的新议题。2016年,舒建中发表《美国与智利1973年"9·11政变"》一文,依据最新档案资料,详细考察了美国策动智利政变的隐蔽行动计划的设计和实施过程,认为智利"9·11政变"是美国隐蔽行动的产物,美国最终通过策动政变的方式实现了颠覆阿连德政府的政策目标。[2] 该文的特色就是专注于美国政策设计和政策实施过程的研究,据此对美国与智利"9·11政变"的关系进行了全面探讨,并运用隐蔽行动理论做出学理解读,是中国学界有关美国与智利"9·11政变"关系研究的代表性成果。

2020年,陈露和舒建中发表《美国隐蔽政治行动与智利"9·11政变"》一文,剖析了中情局运用以秘密资金支持为主的政策手段,针对智利反对派政党、工会组织、学生组织、妇女组织以及商业团体等展开的隐蔽政治行动,强调中情局实施的隐蔽政治行动旨在秘密影响智利政治进程,搅动智利政局,制造政治和社会紧张局势,寻求最终颠覆阿连德政府。因此,中情局的隐蔽政治行动是诱发智利"9·11政变"的重要因素。[3] 该

---

[1] 崔建树:《折戟沉沙:美国"猪湾行动"始末》,南京:南京大学出版社,2018年。
[2] 舒建中:《美国与智利1973年"9·11政变"》,载《世界历史》2016年第2期。
[3] 陈露、舒建中:《美国隐蔽政治行动与智利"9·11政变"》,载《历史教学问题》2020年第5期。

文是专门从隐蔽政治行动的视角探讨美国与智利"9·11政变"关系的研究成果,拓展了中国学界相关的研究议程。

东南亚地区是美国冷战布局的重要环节,因而成为美国实施隐蔽行动的重要区域。对于美国在东南亚地区实施的隐蔽行动,中国学界进行了相应的考察,取得有益的研究成果。

中情局秘密支持1956—1958年印度尼西亚外岛叛乱是美国在东南亚地区实施隐蔽行动的一个典型案例,对此,中国学者展开了细致的研究。2007年,白建才和代保平发表《1956—1958年印度尼西亚外岛叛乱与美国的隐蔽行动》一文,考察了中情局通过秘密军事援助等隐蔽行动方式向外岛叛军提供支持并借此干涉印尼内部事务的历史真相,认为印尼外岛叛乱扩大至内战正是中情局秘密支持印尼地方分裂势力的结果,同时剖析了中情局隐蔽行动失败的原因。[①] 该文是首篇探讨美国隐蔽行动与印尼外岛叛乱之间关系的成果,具有一定的开创意义。

2015年,高艳杰发表《艾森豪威尔政府秘密支持印尼"外岛叛乱"的缘起》一文,认为美国秘密支持印尼外岛叛乱势力的根源就在于美国的亚洲冷战和遏制战略与印尼不结盟政策之间的错位,以及美国政府对印尼内政外交的严重误读。[②] 该文致力于探究美国通过隐蔽行动方式秘密支持印尼外岛叛乱的政策起因,延展了中国学界有关美国与印尼外岛叛乱关系的研究。

在秘密支持印尼外岛叛乱失败后,美国仍不甘心,持续针对印尼展开隐蔽行动,最终引爆了印尼"9·30运动",进而促成了印尼的"翁东兵变",推翻了亲华的苏加诺总统。在《1965年的印尼"9·30运动"与美国的秘密干预》一文中,鲁求宏利用解密的档案资料,对中情局在印尼实施

---

① 白建才、代保平:《1956—1958年印度尼西亚外岛叛乱与美国的隐蔽行动》,载《陕西师范大学学报(哲学社会科学版)》2007年第2期。

② 高艳杰:《艾森豪威尔政府秘密支持印尼"外岛叛乱"的缘起》,载《世界历史》2015年第1期。

的隐蔽行动及其与"9·30运动"和"翁东兵变"的关系做出了新的探讨,①从一个侧面再度揭示了美国隐蔽行动对印度尼西亚政局的影响。

2020年,何晓跃出版《美国与印尼"九三零"事件》一书,围绕美国在印尼持续实施的隐蔽行动与"9·30事件"的关系展开了新的探讨,认为美国隐蔽行动对"9·30事件"发生前后的印尼政治、安全、外交和经济社会发展进程产生了关键影响,助推了"9·30事件",在清洗印尼共产党的同时,还极大地削弱了苏加诺政府的执政基础,增强了印尼军方的地位,为印尼政局的变迁铺平了道路。② 该书是中国学界系统探讨美国隐蔽行动与印尼"9·30事件"关系的第一部专著,为研究美国在东南亚地区实施的隐蔽行动提供了一个更加全面的视角。

在发动越南战争的同时,美国在越南的隐蔽行动亦紧锣密鼓地展开,目的就是支持并助力美国的战争行动。在2020年出版的《美国颠覆吴庭艳政权的隐蔽行动》一书中,程晓燕聚焦美国的"换马"行动,从政策动因、政策谋划和实施的角度,系统探讨了美国颠覆南越吴庭艳政权的隐蔽行动,认为美国决意推翻吴庭艳政权的主要原因就是继续赖在南越,干涉东南亚事务并推进亚洲冷战战略。③ 该书全面探讨了美国颠覆吴庭艳政权的动因和目标,着力分析了美国隐蔽行动所扮演的角色,是中国学界在该领域的最新研究成果。

为推进美国在东南亚地区的冷战战略,中情局从1961年起在老挝发起了一场规模巨大的隐蔽行动——"动力行动"。2020年,代兵出版《群山悲鸣:美国中央情报局在老挝的秘密战》一书,系统探讨了"动力行动"计划的起源、阶段性实施及其后果,认为中情局的秘密战导致老挝饱受战

---

① 鲁求宏:《1965年的印尼"九·三〇运动"与美国的秘密干预》,载朱瀛泉主编:《国际关系评论》(第4卷),南京:南京大学出版社,2004年。
② 何晓跃:《美国与印尼"九三零"事件》,南京:南京大学出版社,2020年。
③ 程晓燕:《美国颠覆吴庭艳政权的隐蔽行动》,南京:南京大学出版社,2020年。

争创伤。① 该书是中国学界研究中情局在老挝实施隐蔽行动的第一部专著,充实了中国学界关于中情局在东南亚地区铺展隐蔽行动的研究议程和研究视野。

中国是美国在亚洲地区推行冷战战略的主要对象,自中华人民共和国成立以来,隐蔽行动就成为美国对华实施遏制政策的重要组成部分;其中,美国在中国西藏实施的隐蔽行动成为中国学界集中探讨的课题。对此,程早霞、郭永虎、李晔等学者进行了深入探讨,发表了一系列相关成果,②充分展示了中国学者在这一领域的研究实力和水平。

在发表系列论文的同时,中国学者的相关专著亦陆续面世。2010年,李晔出版《美国在中国西藏的"游戏":20 世纪美国对中国西藏政策研究》一书,从总体上对 20 世纪美国的西藏政策进行了全面的历史考察,同时剖析了冷战期间美国在中国西藏实施的隐蔽行动。③ 2016 年,程早霞出版《雪域谍云:美国的西藏政策及其秘密行动》一书,首次系统考察了从冷战初期到 20 世纪 70 年代美国在中国西藏实施的一系列隐蔽行动,剖析了美国针对西藏实施隐蔽行动的起源和发展脉络。④ 该书是中国学界第一部系统探讨美国针对中国西藏实施隐蔽行动的专著,着力揭示了美国中情局秘密插手中国西藏事务,煽动、鼓励、支持乃至资助达赖集团分

---

① 代兵:《群山悲鸣:美国中央情报局在老挝的秘密战》,南京:南京大学出版社,2020 年。

② 郭永虎、李晔:《美国中央情报局对中国西藏的准军事行动(1949—1969)》,载《史学集刊》2005 年第 4 期。程早霞:《50 年代美国的西藏政策及其秘密行动》,载《史林》2008 年第 2 期。程早霞、李晔:《一九四九年前后美国中情局谍员秘密入藏探析》,载《历史研究》2009 年第 5 期。程早霞、李四光:《美国中央情报局西藏工作组及其西藏秘密行动探析》,载《学术交流》2011 年第 1 期。白建才:《论冷战期间美国对西藏隐蔽行动战略的特点》,载《武汉大学学报(人文科学版)》2013 年第 1 期。郭永虎:《20 世纪五六十年代美国中央情报局对中国西藏的情报评估与侦察》,载《军事历史研究》2016 年第 3 期。

③ 李晔:《美国在中国西藏的"游戏":20 世纪美国对中国西藏政策研究》,长春:东北师范大学出版社,2010 年。

④ 程早霞:《雪域谍云:美国的西藏政策及其秘密行动》,哈尔滨:哈尔滨工程大学出版社,2016 年。

裂活动的来龙去脉,标志着中国学界在这一领域的研究达到一个新的高度。

除探究美国对中国西藏的隐蔽行动之外,中国学者还从总体上考察了美国针对中华人民共和国实施的隐蔽行动。2015年,白建才发表《20世纪50年代美国对中国的隐蔽行动探析》一文,剖析了美国对华隐蔽行动政策的制定过程,认为这一时期美国针对中国实施了包括隐蔽政治战、经济战、宣传战和准军事行动在内的全面的隐蔽行动,但均以失败告终。[①] 该文是首篇系统探讨冷战初期美国对华隐蔽行动的论文,为中国学界开辟了一个新的研究领域。

除集中从国别和地区层面探讨美国的隐蔽行动之外,中国学界有关美国在特定领域实施隐蔽行动的研究亦取得积极进展。

2009年,宫旭平发表《美国U-2飞机及对苏联的高空侦察》一文,认为U-2飞机是美国航空侦察史上最具代表性的秘密情报工具,为此,作者考察了美国制造U-2飞机的动因、过程以及U-2飞机航空侦察对冷战进程的影响。[②] 该文是中国学者专门探讨美国U-2飞机航空侦察及其对冷战影响的早期论文,体现了中国学界对美国空中隐蔽行动研究的关注。

2018年,葛腾飞和肖杰出版《U-2飞机与冷战时期美国高空越境侦察》一书,系统考察了美国高空侦察项目的发端,梳理了美国利用U-2飞机从事高空侦察和隐蔽行动的历史,同时追溯了美国卫星侦察项目的起源和发展。[③] 该书是中国学界第一部专门探讨美国U-2飞机隐蔽侦

[①] 白建才:《20世纪50年代美国对中国的隐蔽行动探析》,载《陕西师范大学学报(哲学社会科学版)》2015年第3期。

[②] 宫旭平:《美国U-2飞机及对苏联的高空侦察》,载于群主编:《新冷战史研究:美国的心理宣传战和情报战》,上海:上海三联书店,2009年。

[③] 葛腾飞、肖杰:《U-2飞机与冷战时期美国高空越境侦察》,南京:南京大学出版社,2018年。

察行动的学术专著,拓展了中国学界有关美国隐蔽行动研究的领域和范畴,为中国学界关注美国隐蔽行动特定领域的研究提供了有益的参考路径。

总之,进入21世纪以来,中国的美国隐蔽行动研究在国别和地区研究层面取得了长足的发展,研究议程涉及美国针对苏东国家、中东地区、拉美国家、东南亚地区和中国等广阔地域实施的隐蔽行动;此外,以空中隐蔽行动研究为代表,中国学界围绕美国在特定领域实施隐蔽行动的研究亦开始起步。所有这些均为中国的美国隐蔽行动研究奠定了基础,为中国学界展开更加深入细致的探讨做出了学术铺垫。

二、中国学界有关美国宣传战和隐蔽宣传行动的研究

包括隐蔽宣传行动在内的宣传战(又称心理战)是美国隐蔽行动战略中使用最为频繁的政策工具,并以其影响力和渗透力的独特功效备受中情局青睐。在中国学界有关美国隐蔽行动的研究中,宣传战和隐蔽宣传行动研究占据了独特地位,堪称成果丰硕的领域。

苏联是美国冷战较量的主要对手,是冷战对弈的关键一方,因而成为美国宣传战和隐蔽宣传行动的核心目标。2013年,史澎海发表《冷战初期美国对苏联的心理战略及其实施策略》一文,初步考察了杜鲁门和艾森豪威尔两届政府对苏宣传战的政策设计和决策过程及其一系列宣传战计划,剖析了美国综合运用白色宣传、灰色宣传和黑色宣传等手段推进美国政策计划的策略手段,揭示了美国对苏宣传战的冷战本质。[1] 该文是中国学界专门探讨冷战初期美国对苏宣传战及其政策策略的研究成果,是从隐蔽宣传行动的角度审视美国对苏政策的开篇之作。

---

[1] 史澎海:《冷战初期美国对苏联的心理战略及其实施策略》,载《河北师范大学学报(哲学社会科学版)》2013年第4期。

冷战期间，东欧地区是美国实施宣传战的主要对象，公开和隐蔽的宣传行动是美国在东欧展开冷战角逐的主要方式，因而备受学界关注。2012年，厉荣发表《美国心理战略委员会"叛逃者项目"探微（1951—1953）》一文，剖析了美国利用"叛逃者项目"的蛊惑性宣传针对苏东国家实施秘密策反，同时又利用叛逃者展开情报搜集和隐蔽行动的决策和实施过程，目的就是借此削弱苏东社会主义国家。[①] 该文以"叛逃者项目"作为切入点，详细分析了美国运用公开和隐蔽方式展开宣传战的政策手段，是通过具体案例综合考察美国宣传战、隐蔽宣传行动和隐蔽政治行动及其相互策应关系的代表性成果。

2016年，史澎海发表《冷战初期美国对东欧国家心理战行动探析》一文，从总体上探讨了杜鲁门政府和艾森豪威尔政府时期，美国针对东欧国家实施宣传战以及隐蔽宣传行动的政策背景、政策设计和政策实施过程，认为美国对东欧国家的心理宣传战取得一定成效，诱发并加剧了东欧国家与苏联之间的紧张关系。[②] 该文是专门探讨美国在东欧地区实施宣传战和隐蔽宣传行动的研究成果，拓展了中国学界有关美国隐蔽行动的研究视野。

2017年，高文知和谢国荣发表《浅议冷战初期美国对民主德国的心理战》一文，初步探讨了美国对民主德国（东德）心理战的缘起及其政策酝酿过程，着力剖析了美国利用美占区广播电台实施隐蔽宣传行动的内容和手段。[③] 该文是致力于探讨美国针对东德实施宣传战和隐蔽宣传行动的专门研究成果，以个案研究揭示了美国在东欧地区实施隐蔽宣传战的

[①] 厉荣：《美国心理战略委员会"叛逃者项目"探微（1951—1953）》，载《世界历史》2012年第5期。

[②] 史澎海：《冷战初期美国对东欧国家心理战行动探析》，载《陕西师范大学学报（哲学社会科学版）》2016年第6期。

[③] 高文知、谢国荣：《浅议冷战初期美国对民主德国的心理战》，载《历史教学问题》2017年第2期。

2021年，白建才发表《美国隐蔽宣传行动与苏东剧变》一文，系统考察了冷战期间美国针对苏东集团实施的隐蔽宣传行动，包括隐蔽的无线电广播、图书项目、气球宣传运动、制造假消息、支持非政府组织的活动以及公共外交等，认为美国的隐蔽宣传行动与其他公开宣传互相配合，潜移默化地改变了苏东集团受众的思想信念，激发了对现政权和社会制度的不满与对西方自由民主制度的向往，对20世纪80年代末的东欧剧变发挥了十分重要的滴水穿石和煽风点火的作用。① 该文梳理了美国针对苏东集团实施的隐蔽宣传行动的效果和影响，为从整体上把握美国隐蔽宣传行动的政治功能提供了借鉴，是中国学界研究美国隐蔽宣传行动的最新成果。

西欧地区是美国冷战战略的前沿阵地，是美国遏制苏联向西扩张的桥头堡，因而成为美国实施宣传战包括隐蔽宣传行动的重要区域。2009年，彭凤玲出版《心理战：争夺心灵与思想的战争》一书。该书首先对心理战的内涵及其传播方式进行了理论解读，随后依次剖析了杜鲁门政府、艾森豪威尔政府在西欧地区实施的心理宣传战及其行动手段和政策平台，并据此得出结论：心理战（包括隐蔽宣传行动）是美国实施冷战意识形态对抗的主要武器。② 该书是中国学界首部专门探讨美国针对西欧实施心理战的专著，具有重要的学术开创意义。

2010年，汪婧发表《"消磁"计划与美国对意大利的心理冷战战略》一文，着力剖析了美国于1951年确立的针对意大利的全面心理战略计划——"消磁"计划，认为美国的目的就是通过各种隐蔽和公开的心理战手段，进一步消除意大利共产党对民众的吸引力，阻止意大利共产党参与政府。杜鲁门之后的历届美国政府继续贯彻"消磁"计划的大部分行动建

---

① 白建才：《美国隐蔽宣传行动与苏东剧变》，载《国际政治研究》2021年第1期。
② 彭凤玲：《心理战：争夺心灵与思想的战争》，西安：陕西人民出版社，2009年。

议,最终实现了美国在意大利的冷战战略目标,意大利共产党始终未能参与政府。[①] 该文是专门探讨冷战初期美国针对意大利实施宣传战和隐蔽宣传行动的论文,为进一步分析美国在西欧国家实施冷战宣传战略、削弱和抵制共产主义的影响力提供了新的案例支撑。

2015年,赵继珂和贺飞发表《冷战初期美国对法国的心理战研究——以PSB D-14c的制订与实施为例》一文,详细考察了由中情局牵头制定PSB D-14c计划的政策设计和决策过程,剖析了美国以隐蔽行动为主要手段推进PSB D-14c计划的具体实施,进而实现了削弱法国共产党的战略目标。[②] 通过探讨冷战初期美国对法国的心理战,该文拓展了中国学界对美国在西欧地区实施宣传战的研究范畴,延伸了美国隐蔽宣传行动的研究议程。

作为冷战博弈的重镇,美国在中东地区实施的宣传战和隐蔽宣传行动同样引起中国学界的关注。2010年,于群发表《论美国在伊拉克进行的心理战(1945—1958)》一文,初步探讨了美国在伊拉克实施的以抵制共产主义影响、传播西方意识形态为目标的宣传战,剖析了美国采用的公开和隐蔽的宣传手段——包括广播、电影、宣传册等传播平台,同时解读了美国对伊拉克宣传战失败的原因。[③] 该文是研究美国对伊拉克实施宣传战的早期成果,为探究美国在中东地区的隐蔽行动提供了新的视角和分析框架。

2012年,史澎海发表《冷战初期美国对中东的心理战行动——以PSB D-22心理战略计划为中心的考察》一文,剖析了起源于杜鲁门政

---

① 汪婧:《"消磁"计划与美国对意大利的心理冷战战略》,载《历史教学》2010年第10期。
② 赵继珂、贺飞:《冷战初期美国对法国的心理战研究——以PSB D-14c的制订与实施为例》,载《史学集刊》2015年第2期。
③ 于群:《论美国在伊拉克进行的心理战(1945—1958)》,载《东北师大学报(哲学社会科学版)》2010年第3期。

府、完善于艾森豪威尔政府的 PSB D-22 心理战略计划的制定和实施过程,强调美国的政策目的就是通过公开和隐蔽的心理宣传战手段,培养阿拉伯民众的亲美反共倾向,进而控制整个中东,并将中东纳入西方阵营,完成对社会主义阵营的包围。① 该文从总体上探讨了冷战初期美国在中东地区展开宣传战和隐蔽宣传行动的政策设计和政策实践,为更加全面地理解美国在中东的隐蔽行动提供了一个新的切入点。

2014 年,史澎海发表《冷战初期美国对伊朗的心理战研究》一文,认为隐蔽心理战行动是美英共同制定的旨在颠覆摩萨台政权的"阿贾克斯"计划的组成部分;在美英组织策动"8·19 政变"的过程中,以黑色宣传和灰色宣传为主要手段的隐蔽宣传战和心理战发挥了举足轻重的催化作用,助推了美英政策目标的实现。② 随着宣传战和隐蔽宣传行动纳入美国对伊隐蔽行动的研究范畴,中国学界有关伊朗"8·19 政变"的研究向纵深推进。

2015 年,史澎海出版《"第四种武器":冷战期间美国对中东国家的心理战研究》一书,系统梳理了杜鲁门政府、艾森豪威尔政府、肯尼迪政府和约翰逊政府针对中东国家展开的公开和隐蔽的宣传战,剖析了美国宣传战的成败得失及其政策特点。③ 该书是中国学界第一部专门探讨美国在中东地区实施宣传战和隐蔽宣传行动的专著,同时也是以历史案例为依托揭示美国宣传战的政策发展脉络及其阶段性特点的代表性成果,为中国学界进一步探究美国的宣传战和隐蔽宣传行动提供了可资借鉴的分析路径和框架。

---

① 史澎海:《冷战初期美国对中东的心理战行动——以 PSB D-22 心理战略计划为中心的考察》,载《陕西师范大学学报(哲学社会科学版)》2012 年第 2 期。

② 史澎海:《冷战初期美国对伊朗的心理战研究》,载《四川师范大学学报(社会科学版)》2014 年第 3 期。

③ 史澎海:《"第四种武器":冷战期间美国对中东国家的心理战研究》,西安:陕西人民出版社,2015 年。

在针对拉美地区实施的诸多隐蔽行动中，隐蔽宣传行动始终是美国得心应手的利器，这在美国策动智利1973年"9·11政变"中得到淋漓尽致的体现。2017年，舒建中发表《美国宣传战与智利"9·11政变"》一文，系统探讨了美国对智宣传战（包括隐蔽宣传行动）的政策设计过程，详细分析了美国对智宣传战的实施步骤和手段，认为华盛顿针对智利展开的密集的宣传战攻势助推了美国策动的"9·11政变"，颠覆了阿连德政府。① 该文是中国学界首篇专门从宣传战的角度剖析美国与智利"9·11政变"关系的论文，其特点就是运用隐蔽宣传行动理论对美国在智利实施的宣传战做出新的解读，深化了美国与智利"9·11政变"关系的学术研究。

出于在亚洲实施冷战遏制战略的考量，美国针对东南亚国家的宣传战和隐蔽宣传行动在冷战初期就已展开。佛教在东南亚地区具有广泛影响力，因而成为美国利用宗教信仰展开宣传战和隐蔽宣传行动的有力抓手。2010年，张杨发表《以宗教为冷战武器——艾森豪威尔政府对东南亚佛教国家的心理战》一文，着力探讨了艾森豪威尔政府以佛教作为政治平台、针对东南亚佛教国家实施公开和隐蔽的宣传行动及其政策设计和实施过程，剖析了美国以宗教作为冷战武器的政策手段。② 该文是中国学界讨论美国利用宗教实施冷战宣传项目的代表性成果，从一个侧面揭示了美国借助宗教平台展开宣传战和隐蔽宣传行动的政策路径和方法，为中国学界探讨美国宣传战和隐蔽宣传行动开辟了一个新的研究领域。

在针对东南亚国家的宣传战和隐蔽宣传行动中，泰国是美国的首选目标。2012年，史澎海发表《冷战初期美国对泰国的心理战行动：以PSB D-23心理战计划为核心的考察》一文，除探讨杜鲁门政府对泰国的心理

---

① 舒建中：《美国宣传战与智利"9·11政变"》，载《史学月刊》2017年第8期。
② 张杨：《以宗教为冷战武器——艾森豪威尔政府对东南亚佛教国家的心理战》，载《历史研究》2010年第4期。

战行动之外,着力剖析了艾森豪威尔政府针对泰国设计实施的 PSB D-23 心理战计划,认为通过该计划,华盛顿巩固了泰国的亲美政权,削弱了泰国国内共产主义的影响力,构建了以泰国为中心的东南亚集体防务体系,最终将泰国拉入西方阵营。[1] 该文以泰国为例,展示了美国运用宣传战和隐蔽宣传行动在东南亚地区实施冷战战略的政策意图和政治手腕,进一步丰富并提升了中国学界有关美国在东南亚地区实施隐蔽行动的学术研究。

中国是美国在亚洲奉行冷战遏制战略的主要目标,对华实施宣传战和隐蔽宣传行动成为美国隐蔽行动的重要政策工具。2010 年,张杨发表《"海外华人项目"与美国反华保台之心理战政策初探》一文,以 1953 年艾森豪威尔总统批准的涉华第 NSC 146/2 号文件为中心,考察了美国相关政府部门联合实施的以反华保台为目标的"海外华人项目"及其宣传战计划和手段,揭示了"海外华人项目"的冷战实质。[2] 该文以独特的视角剖析了冷战初期美国针对中国实施的宣传战和隐蔽宣传行动,为确立美国对华宣传战的研究议程提供了案例依据和参考路径。

2015 年,郭永虎发表题为《"争夺心灵和思想":20 世纪 50—60 年代美国对华心理宣传战初探》的论文,深入分析了美国对华冷战宣传计划和行动的主要内容,指出美国对华心理宣传战的主要手段包括广播渗透、播撒传单、涉藏反华宣传、针对中国研制和试爆第一颗原子弹开展心理"反宣传"计划等,强调美国对华心理宣传战的基本目标就是试图借助文化产品的输出和渗透,公开或隐蔽地推销其社会意识形态,最终促使中国国家

---

[1] 史澎海:《冷战初期美国对泰国的心理战行动:以 PSB D-23 心理战计划为核心的考察》,载《西南大学学报(社会科学版)》2012 年第 3 期。

[2] 张杨:《"海外华人项目"与美国反华保台之心理战政策初探》,载《东北师大学报(哲学社会科学版)》2010 年第 3 期。

体制发生变更。① 该文系统梳理了美国对华心理宣传战的政策内容和路径，并对其实施效果和影响进行了评估，从而深化了中国学界有关美国对华隐蔽行动的研究，拓展了美国对华隐蔽行动的研究视野。

2017年，温强发表《杜鲁门政府涉藏心理战探析》一文，剖析了杜鲁门政府涉藏心理战的政策酝酿和实施过程，强调美国涉藏心理战的主要目的就是以公开和隐蔽的方式鼓吹"西藏独立"，声援"藏独"势力，分化离间中国同周边国家的关系，并将其作为遏制中国战略的组成部分。② 该文是专门探讨美国涉藏心理战和隐蔽宣传行动的代表性成果，丰富了中国学界有关美国涉藏隐蔽行动的研究议程，具有重要的学术价值和开拓意义。

2018年，白建才和杨盛兰发表《20世纪50年代初美国对中国隐蔽宣传战探析——以台北"国史馆"藏档案为中心》一文，剖析了中情局台北站以"西方企业公司"的身份开展活动，针对中国大陆实施大规模隐蔽宣传战的历史真相，揭露了中情局对华隐蔽宣传战的诸多手段，包括制作并投送反华传单、利用自由亚洲电台展开反华宣传等，强调美国对华隐蔽宣传战进一步恶化了中美关系，加剧了中美对抗和东西方冷战。③ 该文是专门论述冷战初期中情局以中国台湾作为基地，针对中国大陆实施隐蔽宣传行动的研究成果，进一步拓展了美国涉华隐蔽行动的研究议程和研究领域，对于推动中国学界继续加强美国对华隐蔽行动研究具有重要意义。

随着中华人民共和国的建立，日本成为美国在亚洲地区奉行冷战战略并遏制共产主义的前沿阵地，为此，美国针对日本实施了一系列公开和

---

① 郭永虎：《"争夺心灵和思想"：20世纪50—60年代美国对华心理宣传战初探》，载《史学集刊》2015年第3期。

② 温强：《杜鲁门政府涉藏心理战探析》，载《四川师范大学学报（社会科学版）》2017年第1期。

③ 白建才、杨盛兰：《20世纪50年代初美国对中国隐蔽宣传战探析——以台北"国史馆"藏档案为中心》，载《四川大学学报（哲学社会科学版）》2018年第5期。

隐蔽手段相结合的宣传战计划和行动,目的就是将身为战败国的日本打造成美国的冷战盟友。作为美国隐蔽行动研究的组成部分,中国学界对于冷战初期美国在日本实施的宣传战和隐蔽宣传行动展开了深入研究。

2005年,于群发表《美国对日本的心理战略计划项目初探(1951—1960)》一文,重点考察了美国对日心理战略计划项目PSB D-27的确立和实施进程,强调美国的目的就是运用隐蔽的手段展开冷战宣传,进而抵消共产主义在日本的影响。① 该文是中国学界第一篇专门探讨美国对日宣传战的研究成果,为进一步的学术研究提供了思路和启示。

作为社会精英集团,知识分子群体始终是美国宣传战的重要实施对象。2014年,白玉平和张杨发表《美国对日本知识分子群体的心理战政策(1951—1961)》一文,专门考察了杜鲁门政府和艾森豪威尔政府针对日本知识分子群体展开心理战的政策源起和政策演变过程,强调美国的目的就是通过有组织的宣传战,培养日本知识精英的亲美倾向,进而将日本控制在美国遏制战略的轨道上。② 该文以独特的视角揭示了美国对日宣传战的实施平台和路径,为探讨美国以公开和隐蔽手段展开冷战宣传攻势提供了更加丰富的历史依据。

除探讨美国针对特定国家和地区实施的宣传战和隐蔽宣传行动之外,中国学界还将研究的视域投向美国在特定领域实施的宣传战和隐蔽宣传行动。2007年,于群发表《社会科学研究与美国心理冷战战略——以"学说宣传项目"为核心的探讨》一文,详细考察了冷战初期由美国心理战略委员会主持、中情局等多部门联合实施的"学说宣传项目",并以公开和隐蔽相结合的方式展开冷战宣传,认为由于在冷战决策中引入了社会科学因素,美国的宣传战以及隐蔽宣传行动具有更大的欺骗性、迷惑性和

---

① 于群:《美国对日本的心理战略计划项目初探(1951—1960)》,载《东北师大学报(哲学社会科学版)》2005年第5期。
② 白玉平、张杨:《美国对日本知识分子群体的心理战政策(1951—1961)》,载《世界历史》2014年第5期。

有效性,对冷战历史进程产生了持久的影响。① 该文以美国的社会科学研究作为切入点探讨美国的冷战宣传战略,拓展了中国学界有关美国宣传战和隐蔽宣传行动的研究范畴,为深入理解美国的宣传战略提供了新的思考路径和研究平台。

2019年,史澎海和彭凤玲发表题为《美国全国学生联合会与冷战初期美国对外心理战》的论文,着力考察了冷战初期美国全国学生联合会配合美国的全球冷战战略,与美国国务院和中情局密切协作,利用美国政府的资金支持,通过实施一系列心理战项目——包括外国学生领袖项目、发展中国家学生项目、外国学生服务项目等,开展对外心理战行动的历史事实,认为美国全国学生联合会的心理战项目取得一定的效果,为以美国为首的西方阵营赢得冷战的胜利打下了坚实的基础。② 该文以独特的视角揭示了美国利用学生组织展开冷战宣传和意识形态争夺的政策手腕,为探究美国利用校园和学生组织实施公开和隐蔽的宣传攻势提供了历史依据。

总之,鉴于宣传是美国实施隐蔽行动的最重要的政策工具,美国的宣传战和隐蔽宣传行动是中国学界高度关注的研究议题。进入21世纪之后,中国学界围绕美国的宣传战和隐蔽宣传行动展开了深入研究,取得了丰硕的成果。通过相关案例的历史考察,中国学者剖析了美国宣传战和隐蔽宣传行动的政策实施路径和平台,集中展示了中国学界在这一领域的研究水平和实力,为拓展美国的隐蔽行动研究奠定了更为广阔的基础。

---

① 于群:《社会科学研究与美国心理冷战战略——以"学说宣传项目"为核心的探讨》,载《美国研究》2007年第2期。

② 史澎海、彭凤玲:《美国全国学生联合会与冷战初期美国对外心理战》,载《陕西师范大学学报(哲学社会科学版)》2019年第2期。

三、中国学界有关美国隐蔽行动的战略分析和理论探讨

在关注美国隐蔽行动具体案例研究的同时,中国学者还注重提升研究层次,从具体案例研究中提炼美国隐蔽行动战略含义,并尝试对美国隐蔽行动做出理论归纳和总结。

政策设计是美国实施隐蔽行动的首要环节,同时也是从冷战战略层面考察美国隐蔽行动的研究起点,因此,梳理美国隐蔽行动的政策设计和决策过程,对于透视美国的隐蔽行动战略具有重要意义。2003年,白建才发表《冷战初期美国"隐蔽行动"政策的制订》一文。该文首先根据中情局文件及相关资料对隐蔽行动做出了解释,认为隐蔽行动是指一国以不被认为是本国所为的方式采取的旨在影响某些政府、事件、组织或个人,以支持其对外政策的活动;隐蔽行动包括政治、经济、宣传及准军事行动。随后,该文考察了冷战初期美国政府制定的一系列隐蔽行动文件,认为杜鲁门政府制定的 NSC4-A 是美国关于隐蔽行动的第一份文件。[①] 通过对系列政策文件的梳理,白建才剖析了美国隐蔽行动的政策目标、范围和步骤,为探讨美国的隐蔽行动战略及其发展演变提供了基本的线索。

2008年,白建才发表《里根政府隐蔽行动政策文件的考察与解析》一文,较为详细地考察了美国里根政府制定的一系列涵盖隐蔽宣传行动、隐蔽政治行动和隐蔽经济行动在内的隐蔽行动政策文件,强调里根政府是制订隐蔽行动政策文件最多的美国政府之一,其中既有对隐蔽行动的总体谋划,也有对苏联、东欧、中美洲、阿富汗、安哥拉等国家和地区实施隐蔽行动的具体指令,认为这些隐蔽行动政策文件彰显了隐蔽行动战略在里根政府对外战略中的地位,其实施对冷战格局的发展变化乃至苏东剧

[①] 白建才:《冷战初期美国"隐蔽行动"政策的制订》,载《陕西师范大学学报(哲学社会科学版)》2003年第4期。

变均发挥了不容低估的作用和影响。[1] 该文致力于通过政策文件的解析,梳理冷战末期美国的隐蔽行动目标和动向,初步厘清了里根政府隐蔽行动的政策思路,为剖析冷战最后阶段美国的隐蔽行动战略提供了新的文献参考和依据。

除进行文件梳理和分析之外,白建才还从战略角度考察了美国的隐蔽行动,致力于从冷战和遏制战略的层面解读美国的隐蔽行动政策。2005年,白建才发表《论冷战期间美国的"隐蔽行动"战略》一文,认为隐蔽行动是冷战期间美国主要的对外战略之一,是服务于遏制大战略的一个子战略,为此,白建才探讨了冷战期间美国历届政府制定实施的隐蔽行动战略。白建才指出,冷战期间美国实施的隐蔽行动可分为四个阶段,每一阶段均有各自的战略侧重点。白建才强调,作为美国冷战战略库中的重要武器以及遏制大战略体系的重要支柱,隐蔽行动战略的实施助推了东欧剧变和苏联解体,为美国赢得冷战发挥了不容忽视的重要作用。[2] 该文从总体上对美国隐蔽行动战略的形成和发展进行了论述,集中体现了中国学界对美国隐蔽行动政策的战略思考,是从战略层面考察美国隐蔽行动的代表性成果。

2010年,白建才发表《冷战期间美国对外"隐蔽行动"问题析论》一文,着重梳理了美国隐蔽行动的起源,剖析了美国在冷战初期确立隐蔽行动政策和战略的动因,强调美国在对外关系中实施隐蔽行动由来已久,但从建国直至第二次世界大战爆发前,隐蔽行动只是美国对外活动中偶然使用的策略手段;冷战期间,美国对外隐蔽行动发展到巅峰,成为美国实现对外政策目标的重要战略工具。[3] 该文在厘清美国隐蔽行动演进历程

---

[1] 白建才:《里根政府隐蔽行动政策文件的考察与解析》,载《陕西师范大学学报(哲学社会科学版)》2008年第5期。
[2] 白建才:《论冷战期间美国的"隐蔽行动"战略》,载《世界历史》2005年第5期。
[3] 白建才:《冷战期间美国对外"隐蔽行动"问题析论》,载《世界历史》2010年第4期。

的基础上,探讨了隐蔽行动发展成为美国对外战略的原因,为从宏观层面分析美国的隐蔽行动战略提供了新的思考路径。

2012年,白建才出版《"第三种选择":冷战期间美国对外隐蔽行动战略研究》一书,致力于从战略的视角,采用理论研究和实证分析、宏观考察与案例剖析相结合的方法,对冷战期间美国的隐蔽行动战略做出了较为全面的探讨,厘清了美国隐蔽行动战略的内涵和起源及其与遏制战略的关系,并对冷战期间美国隐蔽行动的实施进行了较为系统的梳理。① 该书是中国学界第一部从总体上透视美国隐蔽行动的专著,填补了中国学界在美国隐蔽行动研究领域缺乏总括性研究的空白,拓展了中国学界有关美国隐蔽行动的研究空间,具有重要的开创意义。

除对美国隐蔽行动做出战略考察之外,中国学者还在借鉴相关研究成果的基础上,对美国隐蔽行动理论进行了归纳和总结。准军事行动是美国隐蔽行动的四大基本类型之一,因而引起了中国学者的关注。2012年,舒建中发表《美国的准军事行动理论》一文,首先总结了美国学界对准军事行动的理论界定,厘清了准军事行动的内涵,并依次探讨了美国准军事行动的基本方式、辅助手段以及准军事行动的新领域,概括了美国准军事行动的研究议程。② 该文是中国学界第一篇系统梳理美国准军事行动理论的研究成果,从学理上阐明了美国准军事行动理论的研究框架和研究议题,为剖析美国的准军事行动提供了理论参考。

2013年,舒建中发表《美国隐蔽行动理论研究述评》一文,首先梳理了美国学界围绕隐蔽行动含义的学理争论,认为有关隐蔽行动概念界定的争论为隐蔽行动的学术研究奠定分析起点和学理基础。随后,该文从理论上探讨了隐蔽行动的分类,认为隐蔽行动可以归纳为隐蔽宣传行动、

---

① 白建才:《"第三种选择":冷战期间美国对外隐蔽行动战略研究》,北京:人民出版社,2012年。

② 舒建中:《美国的准军事行动理论》,载《国际资料信息》2012年第12期。

隐蔽政治行动、隐蔽经济行动和准军事行动等四种基本类型。该文还解析了隐蔽行动的升级模式,总结了美国学界围绕隐蔽行动问题的理论争鸣。[1] 对美国的隐蔽行动展开理论研究一直是中国学界的短板,舒建中的论文较为系统地解读了美国的隐蔽行动理论,提炼了美国隐蔽行动的基本类型和升级模式,是中国学界第一篇专门探讨美国隐蔽行动理论的研究成果,为深化美国的隐蔽行动研究提供了可资借鉴的理论解读。

2017年,舒建中发表《美国宣传战的政策功能与实施平台》一文,剖析了美国宣传战的战略功能和战术功能;梳理了美国宣传战的实施平台,认为新闻媒体渠道、影视作品渠道、图书期刊渠道、国际展览渠道以及网络传播渠道等均是美国宣传战的重要平台;明确指出掌控媒体资源和传播平台、综合运用公开和隐蔽的宣传手段、建立资金输送渠道,是美国宣传战及隐蔽宣传行动的突出特征。[2] 该文是中国学界第一篇综合论述美国宣传战的政策功能与实施平台的学术成果,为深入研究美国的宣传战和隐蔽宣传行动提供了思考路径和分析框架。

2022年,舒建中出版《美国隐蔽行动研究》一书,从理论框架和实施路径两个独特的研究维度,综合考察了美国的隐蔽宣传行动、隐蔽政治行动、隐蔽经济行动、准军事行动和隐蔽网络行动,着力探讨了美国隐蔽行动的实施路径、政策平台和行动手段,解析了美国隐蔽行动的政策意涵和战略功能。[3] 该书廓清了美国隐蔽行动体系的总体框架和基本布局,为学界看待和把握美国的隐蔽行动政策和战略提供了可资借鉴的分析视角和思考路径。

总之,战略思考和理论解读是隐蔽行动研究的两个重要维度,是从宏观角度审视美国隐蔽行动的重要途径,对此,中国学界展开了初步探索。

---

[1] 舒建中:《美国隐蔽行动理论研究述评》,载《国际研究参考》2013年第5期。
[2] 舒建中:《美国宣传战的政策功能与实施平台》,载《国际研究参考》2017年第7期。
[3] 舒建中:《美国隐蔽行动研究》,北京:中国社会科学出版社,2022年。

一方面,中国学者从战略高度对美国的隐蔽行动进行了归纳总结,体现了中国学界对美国隐蔽行动的战略思考,提升了中国有关美国隐蔽行动的研究水平。另一方面,中国学者在借鉴美国隐蔽行动理论的基础上,对美国的隐蔽行动展开了初步的理论探讨,充实了中国学界的美国隐蔽行动研究。因此,战略和理论层面的考察是中国学界有关美国隐蔽行动研究的组成部分,拓展了美国隐蔽行动的研究议程。

综上所述,中国学界有关美国隐蔽行动的学术研究在进入21世纪之后快速发展,成为一个研究的热点领域,取得了丰硕的研究成果。总体上讲,中国学界的美国隐蔽行动研究主要聚焦国别和地区的案例研究,尤以美国宣传战和隐蔽宣传行动的历史案例研究最为突出,美国隐蔽行动的战略剖析和理论解读亦取得相应进展。所有这些均体现了中国学界对美国隐蔽行动及其国际影响的关注,深化了中国学界对美国对外战略及其政策手段的认知,美国隐蔽行动研究因之成为中国冷战国际史研究的一个重要领域。

在前期研究的基础上,中国学界的美国隐蔽行动研究应进一步创新思路,拓宽视野,推动相关研究向纵深发展。首先,在美国隐蔽行动的国别和地区研究方面,中国学界应加强研究力度。冷战期间美国隐蔽行动涉及的地域范围几乎遍及全球,这为美国隐蔽行动研究提供了广阔的空间;其中,苏联、东欧国家以及中国是美国隐蔽行动的主要目标。但中国学界在这些问题上的研究明显不足,相关探讨有待加强。其次,在美国隐蔽行动特定领域的研究方面,中国学界的研究局限尤为突出。冷战期间,在特定领域实施隐蔽行动是美国隐蔽行动的一大特色,隐蔽宣传行动(包括无线电广播宣传、利用影视作品和图书项目展开隐蔽宣传行动等)、空中隐蔽行动、校园隐蔽行动、国际体育运动领域的隐蔽行动等均是美国实施隐蔽行动的重要领域和平台。中国学界尽管关注到美国的空中隐蔽行动、校园隐蔽行动等问题,但研究议题有待深化,研究范畴有待扩展。再次,中国学界应继续关注对美国隐蔽行动的战略研究和理论探讨。对于美国的隐蔽行动战略，除总括性分析之外，剖析美国的隐蔽宣传战略、隐蔽政治战略、隐蔽经济战略和准军事行动战略是中国学界应予思考的研究议题。与此同时，在宏观的战略分析和微观的案例考察的基础上，借鉴相关的隐蔽行动理论，从中观层面探讨美国隐蔽行动的实施路径，包括美国隐蔽行动的基本类型、实施平台、政策手段、政策功效等，亦是美国隐蔽行动研究的重要课题。总之，对于中国学界而言，美国隐蔽行动研究具有广阔的发展潜力和空间，既具有重要的学术价值，又具有不容忽视的现实意义。

国际史研究

苏联领导层在1968年捷克斯洛伐克危机过程中的处理与决策问题[*]

М. Ю. 普罗祖门什科夫

李冠群 译

内容提要:1968年"布拉格之春"事件,这一旨在改革社会主义制度的运动最终遭到苏联等国的镇压,对捷克及其周边国家产生了深远影响,成为冷战时期国际政治斗争的缩影。本文引用了大量关于捷克斯洛伐克在1967—1970年危机期间国际关系的文献和研究,揭示了这一时期的政治、经济和社会动荡及其国际影响。这些文献和研究从不同角度探讨了相关事件的复杂性,为理解冷战时期的国际政治格局提供了丰富的历史资料和分析视角。通过整合这些片段内容,可以窥见苏联及东欧国家在这一时期的历史变迁和政治斗争的复杂性。

关键词:"布拉格之春";冷战;苏联;决策机制

作者简介:М. Ю. 普罗祖门什科夫(М. Ю. Прозуменщиков),俄

---

[*] М. Прозуменщиков, ""Вы поймете, что мы не имели другого выхода". Проблемы разработки и принятия решений высшим советским руководством в ходе чехословацкого в ходе чехословоцкого кризиса 1968 года», «Пражская весна» и международный кризис 1968 года : Статьи, исследования, документы» / Гл. ред. Н. Г. Томилина, С. Карнер, А. О. Чубарьян, М. : МФД, 2010. С. 18 - 48.

罗斯国立现代史档案馆副馆长。李冠群，东南大学外国语学院教授。

捷克斯洛伐克于1968年爆发的危机距今已经过去几十年了，以一种较为公正的态度来分析这段历史就显得尤为重要，已经公布出来的某些即使个别但却是起到关键性作用的事实，在很大程度上使得我们还原这个被称为"布拉格之春"的历史图景成为可能。就本问题的研究而言，最近得到公布的是一系列原社会主义国家的档案馆，其中最为重要的就是苏共中央的档案馆。① 的确，这些档案中还有相当一部分被封尘在俄罗斯各个部门和联邦一级的档案室里，可供研究使用的材料其实是不足的。但尽管如此，这些得以解密的档案也为我们近年来研究许多有关苏联领导层的相关问题提供了很大帮助，其中就包括他们是如何做出由5个社会主义"兄弟国家"联合出兵，对捷克斯洛伐克进行武装干涉这一决定的过程。

在这个计划中，苏联党和国家最高权力机构——苏共中央政治局所做出的决定无疑是最具研究意义的（尽管这种决定既不合法也不符合事实），当然，该机构所产生的其他相关文件和建议报告等也很有研究意义。通过对这些文件的分析，我们可以更好地了解苏共"政治厨房"②在处理捷克斯洛伐克危机过程中所做出的关键性方案提议和各类要求。当然，大多数的最终决定都是在政治局会议上通过的，不过按照惯例，所有呈上会议讨论的文件其实都是事先已经加工完毕的，只是偶尔需要返工修改

---

① Благодаря этому в последние годы появились многочисленные публикации документов и исследования, либо непосредственно посвященные истории чехословацкого кризиса, либо рассказывающие о нем в контексте других международных событий.

② 此处俄文原文为"политическая кухня"，应该是对苏共政治局很多时候采取"边吃边聊"工作方式的一种戏称。

苏联领导层在1968年捷克斯洛伐克危机过程中的处理与决策问题

一下。除此之外,就连政治局会议内时有发生的激烈讨论,①政治局委员所提出的意见其实更多的也并不是进过深思熟虑之后的结论,主要都是些意气之争而已,对于那些偶尔有机会参加会议的人来说,他们都必须要遵守党内的等级制度。那些已经预先准备好的文件一般都会很平静地被通过,对于这些政治家而言,他们能做的其实就是"同意"或"反对"而已,是没什么机会提出自己成熟观点的。不止一次发生过这样的情况,苏联领导人一次又一次地反复讨论文件的内容,提出许多早就拟定的建议。

苏共中央政治局的档案材料显示,在发起军事行动之前的几个月时间,就已经4次在会议上讨论过"捷克斯洛伐克问题"。在1968年1月至2月间这最初的阶段里,莫斯科对捷克斯洛伐克国内的局势仍旧持一种相对平静的态度,尽管对后者国内存在的复杂且对抗的态势也有所了解,但也只是寄希望于通过向捷共新领导层提供政治、经济甚至军事技术的支持来解决问题。②

1968年3月初可以视作第二阶段的起始,当时的两国关系,尤其是苏联一方出现了明显调整。如果说苏联对捷克斯洛伐克在1月份宣布的中止报刊审查制度还能够容忍的话,那么此时对其所宣称的由群众来"验证"党的政策就持为一种态度了,因为捷共的党媒已经发出了很多对莫斯

---

① К сожалению, почти все стенограммы заседаний Политбюро ЦК КПСС за этот период остаются на закрытом хранении в Архиве Президента РФ (АП РФ). В первой половине 1990 - х гг. возможность ознакомиться с ними получил Р. Г. Пихоя, занимавший в то время пост руководителя Федеральной архивной службы России. В своих закрытого характера в примечаниях к ним кроме указания места хранения (АП РФ) никаких других поисковых данных (фонд, опись, дело) он не приводит.

② См., например: Российский государственный архив новейшей истории (далее- РГАНИ). Ф. 3. Оп. 72. Д. 145. Л. 7,8,12; Д. 146. 4,29 - 30; Д. 151. Л. 2 - 12 и др.

科不友好的观点。① 苏联开始努力让捷共放弃这种天真的做法：于是从布拉格传来了试图让莫斯科安心的话语，告诉苏共其国内的一切都还在"掌控之中"，但与此同时，捷共中央却在很多场合表达出了与之相矛盾的观点。

从"第一份警告"可以看出，莫斯科已经不再仅仅是关注捷克斯洛伐克国内的局势而已了，苏共政治局在1968年3月15日经过开会讨论后，按照会议的精神向捷共发出了一封正式的信函。时任苏联外交部部长的А. А. 葛罗米科（А. А. Громыко）与曾任苏共对外联络部部长，现任克格勃主席的Ю. В. 安德罗波夫（Ю. В. Андропов）共同起草了这封信函的纲要，苏联的态度已经出现了明显转变。② 此时的苏共得出两个非常重要的结论：捷克斯洛伐克国内的反共力量试图复辟资本主义制度，西方国家试图瓦解华沙条约组织，从而将一个"自由的"捷克斯洛伐克纳入北约的组织之中。尽管在最后一刻，苏共并没有把形势估计得过于严峻（比如"反动派此时正在邻近的德国恢复法西斯主义"），③但在对策上还是走回了原点，打算采取强力手段来平息局势。

当天的苏共中央政治局会议结束后，苏联国防部迅速草拟了3份发给捷克斯洛伐克领导人的信件；其主要内容分别是：1. 向捷克斯洛伐克派遣精锐部队和海军的政治管理人员代表团，2. 于4月份在捷克斯洛伐

---

① Примером умонастроение реформаторской части чехословацкого руководства может служить заявление, сделанное в беседе с советскими дипломатами, атташе посольства ЧССР в ГДР М. Токаром (М. Токар считался «просоветским» политиком, поскольку он закончил Московский государственный институт международных отношений и был женат на дочке М. А. Меньшикова, являвшегося до августа 1968 г. министром иностранных дел РСФСР): «Для решения стоящих перед ЧССР задач в политике и экономике потребуется, чтобы пятьдесят тысяч человек, которые занимали до настоящего времени ключеые посты во всех звеньях партийного, государственного и хозяйственного управления, ушли или были бы смещены со своих постов» // РГАНИ. Ф. 5. Оп. 60. Д. 299. Л. 155.

② РГАНИ. Ф. 3. Оп. 68. Д. 744. Л. 9–13.

③ РГАНИ. Ф. 3. Оп. 68. Д. 744. Л. 5–6, 9–13.

苏联领导层在1968年捷克斯洛伐克危机过程中的处理与决策问题

克境内举行华约成员国的联合军事演习,3.邀请捷克斯洛伐克军事代表团访问苏联。① 在这之后的第3天才决定发出最后那封信,而且还对信中的内容做出了简要的说明:"此次派遣苏联军事代表团前往捷克斯洛伐克……并没有以此敦促捷共领导层改变当前政策的意图"。② 所谓"改变"一词的意思很明确,指的就是要捷克斯洛伐克总统 A. 诺沃提尼(А. Новотный)下台。在此两个月之前,诺沃提尼曾经提出要求撤换掉捷共总书记 A. 杜布切克(А. Дубчек),但当时的莫斯科和诺沃提尼本人都觉得他的总统职位应该予以保留。毫不令人惊奇的是,在当时的复杂情况下,苏联领导人普遍认为捷共领导层所做出的种种表态,基本上都是在欺骗。③

应当指出的是,苏联在这个敏感的时期所做出的反应其实是很正常

---

① РГАНИ. Ф. 3. Оп. 72. Д. 155. Л. 9 - 12.
② РГАНИ. Ф. 3. Оп. 72. Д. 155. Л. 2 - 3.
③ После ввода войск на территорию ЧССР Л. И. Брежнев утверждал, что Москва никогда не пыталась защищать А. Новотного: «Я тогда ничего не знал, только сказал, что если вы не хотите делать его президентом, то не делайте» (См.: РГАНИ. Ф. 89. Оп. 38. Д. 57. Л. 32). У СССР действительно были серьезные претензии к Новотному: пхоло контролирует ситуацию в стране и партии, не очень полулярен у жителей Чехословакии, критически отнесся к смещению Н. С. Хрущева в 1964 г. и т. п. Однако в условиях активизации «ревизионистских сил» Москва была заинтересована в сохранении в руководстве ЧССР хоть и консервативного, но преданного идеям «советского социализма» лидера. В СССР первоначально поверили завлениям, что уход Новотного в январе 1968 г. с должности первого секретаря ЦК КПЧ лишь преследует цель разделения постов в пуководстве страны. Начавшаяся же сразу после этого массированная атака на Новотного, приведшая в результате к его отставке и с поста президента страны, была воспринята в Советском Союзе далеко не так спокойно, как впоследствии говорил Брежнев (Из постановления Политбюро ЦУ КПСС за несколько дней до отставки Нооовотного: «Не исключено, что силы, которые хотели бы столкнуть Чехословакию с социалистического пути развития и расстроить тесные братские отношения между СССР и ЧССР, будет пытаться добиться от т. Новотного согласия на уход его с поста Президента. Мы думаем, что т. Новотный найдет в себе достаточно сил, чтобы сделать эти попытки безуспешными» // РГАНИ. Ф. 3. Оп. 72. Д. 155. Л. 120.

的，苏共总书记Л. И. 勃列日涅夫（Л. И. Брежнев）本人的反应也是如此。勃列日涅夫在1967年12月曾经出访过捷克斯洛伐克，当时捷国内正在召开"无休止"的捷共中央全会，他几乎是在"风口浪尖"之上帮助杜布切克登上领导人的宝座，在这之后又出于一种责任感对后者进行了支持和鼓励。勃列日涅夫在整个社会主义阵营中，也特别强调了自己对杜布切克的支持态度。那时勃列日涅夫正出席"捷克斯洛伐克劳动者1948年二月胜利"20周年庆典活动，东欧国家的执政党领导层都在本党最高领导人带领下齐集布拉格。[1] 在初抵布拉格之时，苏共中央政治局的大多数人都对捷共新领导层报以严重不信任的态度，批评后者对右翼力量所做出的让步，认为捷共对马克思主义的理解很薄弱等等。勃列日涅夫也委婉地提出类似的批评意见，苏共领导人对杜布切克的所有担忧最后都变成了事实，事实证明杜布切克利用了苏共对其的信任，直至他的所作所为（或者是无所作为）最终危害到了捷克斯洛伐克的社会主义建设成果。[2]

值得注意的是，苏共中央政治局会议在讨论捷克斯洛伐克问题时出现了分歧，有观点认为捷共领导层本应该是"国际列宁主义者"，却已经蜕变成了"西方自由主义者"，而恰恰西方国家的媒体也是这样称呼他们的。于是，在苏共高层内部发生了意见分裂（"保守主义者"与"修正主义者"），当时他们对捷克斯洛伐克所发生危机的态度，基本上来自获得信息以及所拥有的政治经验，甚至是从自身在党的等级体系中所处的位置出发来对此事进行解读。比如说，苏共国防部长А. А. 格列奇科（А. А. Гречко）和政治局委员П. Е. 舍列斯特（П. Е. Шелест）都坚持要用强力

---

[1] См.: РГАНИ. Ф. 89. Оп. 38. Д. 60. Л. 83.
[2] По мнению Дж. Сури, и Л. И. Брежнев, и А. Дубчек понимали необходимость реформ в Чехословакии, однако расходились в сроках их реализации: советский руководитель считал необходимым их постепенное проведение, тогда как Дубчек пытался все решить быстрыми темпами // Suri j. Power and Protest. p. 200.

苏联领导层在1968年捷克斯洛伐克危机过程中的处理与决策问题

手段来恢复捷克斯洛伐克国内的政治秩序。按照他们的理解，捷克斯洛伐克局势发展最令人担忧的就是会弱化华沙条约组织的稳定性，甚至有可能发生捷克斯洛伐克人民军队"变节"的情况，以至于在某个"不确定"的时刻出现军事力量"兄弟相争"的局面。① 在舍列斯特这位将要出任乌克兰共产党第一书记的人看来，他最担心的是"捷克斯洛伐克传染病"会波及乌克兰，尤其是乌西部地区。在此期间，苏共中央政治局其他领导人并没有形成自己鲜明的立场，他们一直是受到随时传来的信息的影响。

在二十世纪八九十年代，俄罗斯学者 M. B. 拉德什（М. В. Латыш）在通过对原苏共中央工作人员 B. B. 扎戈拉金（В. В. Загладин）、И. И. 乌达尔佐夫（И. И. Удальцов）与 А. Е. 勃文（А. Е. Бовин）的采访得出了自己的结论，他认为尽管苏联总理 А. Н. 柯西金（А. Н. Косыгин）在西方一直被认为是属于"较温和"的人，但他对"布拉格之春"以及捷克斯洛伐克大多数领导人的态度却"始终如一"。② 从一方面看，如果我们查阅一下苏共中央在1968年3月15日之后发出的信件的话——我们可以发现柯西金所持的强硬且不容置疑的立场后来被证明是正确的。③ 从另一个方面看，在5月份的后半段入住卡尔罗伟（Карловы）

---

① В Москве с нарастающей тревогой следили за процессами в ЧНА, где, как и во всех армиях социалистических стран, неуклонно соблюдался принцип партийного руководства и контроля за военными. Однако в условиях, когда сама партия оказалась подвержена политической эрозии, контроль со стороны некоторых политорганов в чехословацкой армии возымел прямо противоположный эффект. Политорганы в ряде частей ЧНА выступали с инициативами о созыве внеочередного съезда партии, введении в армии профсоюзов, пересмотре военной концепции Чехословауии и выходе страны из Организации Варшавского договора. По существу, некоторые чехословацкие политруки, выступая от имени партии, придерживалось большинство лидеров КПЧ, и насаждали в армии атмосферу враждебности к СССР и другим социалистическим странам.
② См.: Латыш М. В. Указ. соч. С. 216.
③ РГАНИ. Ф. 3. Оп. 68. Д. 744. Л. 15-19.

085

的"病房",①也是柯西金在仔细思考了捷克斯洛伐克国内形势之后的决定。② 对这之后党的高层领导，人民不断地想要寻求一个答案："我们就这样把部队派进去了，之后我们要做些什么呢？"③

对捷克斯洛伐克国内形势的不同判断，并不只是影响到了权力最高层。《真理报》编辑 А. 卢克维茨（А. Луковец）于 1968 年 5 月到达布拉格，他向苏联政府报告了苏联驻捷克斯洛伐克大使馆内部关于"所面临的危机"问题的严重分歧。按照这位记者的说法，如果说 С. В. 契尔沃年科（С. В. Червоненко）大使倾向于以较为公正的态度来评价捷共政策的话，那么 И. И. 乌达尔佐夫参赞则是以一种较为严厉的批判态度来看待捷共中央的路线，并且还要坚持以否定捷共的思路向莫斯科传递消息。④ 显而易见的是，И. И. 乌达尔佐夫所坚持的观点其实代表的是克里姆林宫中那些持强硬立场的政治家，但必须要指出的是，苏联驻捷克斯洛伐克大使馆在向国内汇报信息时，不自觉地也受到了苏联领导层就捷克斯洛伐克危机所持观点的影响。

在克里姆林宫内，关于采取何种手段来解决"捷克斯洛伐克危机"的争论十分激烈，在苏共中央政治局的一份决议中这种左右摇摆的态度显露无遗，为了能够向东欧各社会主义政党提供信息通报，柯西金还专门到卡尔罗伟做了一次短期出访。在花了很多时间并对最初的文本（其中有一部分被删除了）进行了认真修改之后，新出炉的文本中体现出了不少模棱两可和语焉不详的地方。

首先，这个文本（可将之称为所发出信函的"扩展选项"）出现了很多

---

① «Товарищи, Карловы Вары - это прикрытие», - откровенно сказал Л. И. Брежнев, выступая перед участниками пленума ЦК КПСС 17 июля 1968 г. См.: РГАНИ. Ф. 2. Оп. 3. Д. 114. Л. 28.
② РГАНИ. Ф. 3. Оп. 72. Д. 177. Л. 26 – 27.
③ См.: Пихоя Р. Г. Советский Союз: История власти. С. 317.
④ РГАНИ. Ф. 5. Оп. 60. Д. 266. Л. 27 – 28.

苏联领导层在1968年捷克斯洛伐克危机过程中的处理与决策问题

的片段,能够更为清晰地展现出苏联领导层在事态不断向前发展的大背景下,对捷克斯洛伐克国内以及捷共党内所持的具体态度。① 时任苏联最高苏维埃主席 Н. В. 波德戈尔内（Н. В. Подгорный）提出了自己的建议,他在舍列斯特之前曾经担任过乌克兰共和国党组织的最高领导人。波德戈尔内所做发言的主要观点如下:第一,要求对捷克斯洛伐克当前严重局势负有责任的杜布切克和其他捷克斯洛伐克领导人予以惩治;第二,认为捷共与苏共乃至于其他兄弟党之间的斗争"不能给那些社会主义的敌人以投机取巧的机会,从而破坏捷共和捷克斯洛伐克国家领导层的威信,致使捷克斯洛伐克对其他兄弟国家和兄弟党采取不友好态度"。② 但是,这些观点并没有出现在文件的最终版本当中。

在此情况下,捷共和捷克斯洛伐克国家领导层能否"将健康的力量团结在自己周围,从而将局势掌控在自己的手中并有力回击反革命阴谋",③已经受到了质疑。与此同时,如果说在经过苏联国家领导层确认且决定动用直接的军事手段的最终方案中,尚不清楚捷克斯洛伐克领导层能否在需要的时刻"做出具有决定性的步骤,包括动用强力手段,例如部分的警察力量",④那么确实有部分领导人倾向于采取另外一种思路处理这个问题,那就是向捷共和捷克斯洛伐克领导层提供全面的援助,当然这其中也包括"在事态发展到较为不利的状态之时,还是要采取另外一种手段来解决问题"。⑤

现有的材料可以很好地证明,在对捷克斯洛伐克领导层当中所谓"健康力量"的评价及其在控制国内局势方面可能发挥的作用的问题上,苏联领导人认识发生了怎样的转变。在1968年初,苏共的文件在提及捷共领

---

① РГАНИ. Ф. 3. Оп. 68. Д. 820. Л. 52-54.
② РГАНИ. Ф. 3. Оп. 68. Д. 820. Л. 54.
③ РГАНИ. Ф. 3. Оп. 72. Д. 177. Л. 27.
④ Там же.
⑤ РГАНИ. Ф. 3. Оп. 68. Д. 820. Л. 554.

导层之时，尚且将其认定为一支统一的力量，是能够同"敌对的""反社会主义"的阶级敌人所做阴谋进行斗争的。而在后来（尤其是捷共党的领导层中老一代的党员在"新政治—新人"的口号下纷纷退党之后），克里姆林宫对捷共的评价出现了大幅转弯，将之分为了包括"右翼""摇摆""健康力量"等几个派别，杜布切克本人也越来越多地被归入"摇摆"的那个派别当中。但苏联方面也不得不考虑前者在捷共党内以及捷克斯洛伐克国内的巨大威望，因此，在面对如此复杂的局面时，要不断地向杜布切克强调在捷共领导层之中团结"健康力量"的观点，要其多多依靠后者之类。不过，莫斯科由于看到"健康力量"的不断削弱，其担忧心理也在日益加深。事态发展到此时，最初所做的定论已经站不住脚了，勃列日涅夫在柯西金访问捷克斯洛伐克回国之后，亲自对事态的论调做出了修正。在过去的表述"希望捷共和捷克斯洛伐克领导层的大多数能够将健康力量团结在自己的周围"，此时已经改成了"部分力量"。① 做出以上修正的目的自然是很明显的。苏联领导层之所以会做出如此举动，正是基于他们从捷克斯洛伐克所获得的信息（当然，首先来自柯西金对捷克斯洛伐克的访问），另一个因素就是他们已经看到捷共高层的"健康力量"已经无力扭转局势了。

1968年夏季的捷克斯洛伐克局势问题，成为这一段时间内苏联对外政治的核心议题，苏共中央关于此事所做出的决议也如同滚雪球一样越来越多。自这一年的5月份开始，在每周召开一次的政治局会议上（有时一周不止一次），捷克斯洛伐克问题成为每次都必然讨论的议题。政治局甚至还专门做出决议，要求成立一个专门"处理捷克斯洛伐克事宜并向苏共中央提出自己建议"的委员会。② 各个相关单位以及身处捷克斯洛伐克国内的苏方代表人员，甚至是刚刚访问过该国的一些人士（例如，工人

---

① См.: РГАНИ. Ф. 3. Оп. 68. Д. 820. Л. 56; Оп. 72. Д. 177. Л. 27.
② РГАНИ. Ф. 3. Оп. 72. Д. 170. Л. 3.

苏联领导层在1968年捷克斯洛伐克危机过程中的处理与决策问题

党代表出访团、友好城市互派的使节、科学及艺术活动家等等),已经开始越来越多地向苏共中央呈报有关问题的资料。

通过对这一时段内苏共中央政治局会议就捷克斯洛伐克问题所做出的决议进行分析,我们可以发现其中的几个特殊之处。首先,对事态发展的态势以及总体性评价表现得特别谨慎。如果说苏共中央在1968年春季所做出决议的态度已经比之前的要强硬得多(时常给人以这样的印象,即莫斯科基本上已经做好了第二天就动用军事力量的准备),那么夏初的时候,事态反而向着另一个相反的方向发展:文件的表述变得温和了许多,已经删去了不少对抗性的语句。但与此同时,在苏共领导人看来,捷克斯洛伐克的形势却是一天天在坏下去!莫斯科对事态发展前景已经相当的绝望,这一点可以从前者此时已经开始着手考虑对布拉格施以"沉重打击"的步骤看出,苏联领导层对事态的复杂性是了解的,但他们还是在敦促杜布切克,要其"自愿地"请求自身帮助捷克斯洛伐克"恢复秩序"。

在苏共中央这段时间的文件当中,出现了一些与过去有所不同的表述。首先,几乎在所有最终版本的决议当中,将与捷克斯洛伐克的"右翼势力"已经开始并将长期存在的清除"个人崇拜遗产"的行为以及"党内少数保守派在册权贵"的口号下开展斗争的内容都删除了。其次,在对苏共中央所做决议进行仔细地审视之后,很明显地能够发现其并不想将捷克斯洛伐克国内所发生的事件,与12年前匈牙利所发生的事件相提并论,不论是在苏共中央的文件当中,还是在华沙条约组织框架下进行讨论乃至于向苏联民众解释此事之时,都是如此(例如,勃列日涅夫在1968年7月17日与苏共中央全会上的讲话)。[1]

与此同时,在布达佩斯与布拉格之间也很难画出一条隔绝线,后者在苏联领导层做出那些有关捷克斯洛伐克的决定的过程中,也根本没有能力对后者发挥自己的影响力。安德罗波夫在1956年时曾经担任过苏联

---

[1] См.: РГАНИ. Ф. 2. Оп. 3. Д. 114. Л. 47.

驻布达佩斯大使,当时他正处在匈牙利革命浪潮的震中,他在1968年3月时曾经说过这样一段话:"当下我们在捷克斯洛伐克所采取的方法与手段,与当年在匈牙利时很相似……匈牙利也是这样开始的。"① 除了总体形势相似之外(经济问题和共产党威望骤然下跌;不同政治力量和社会组织均提出对政治体制做出调整并使之迸发活力的要求;民众当中出现了大量有关反苏与反共的言论),这些情况的发生频率越来越高,既无法逃过观察家的双眼,克里姆林宫对此也看得清清楚楚。与之相似的是,在1956年的夏季,由于担心"失去原则以及向敌人展示出自己的弱点",莫斯科竭尽所能保住了斯大林主义者拉科西(М. Ракоши)在匈牙利的领导地位,此时的苏联照葫芦画瓢(但同样是毫无意义的)试图保住诺沃提尼的捷克斯洛伐克总统职位。1956年时,在几个月的时间里,莫斯科对匈牙利未来领导人 Я. 卡达尔(Я. Кадар)的评价出现了迅速转变,从"右倾机会主义者"变成了"忠诚的马克思列宁主义者";12年之后,捷克斯洛伐克的政治"犹豫派" Г. 胡萨克(Г. Гусак)也在很短的时间内获得了莫斯科的赏识,被莫斯科的领导人当作替代杜布切克的候选人。这两次事件看上去有一点是很相似的(虽然这完全只是个巧合),那就是事态最初都是从波兰发起的:匈牙利的革命浪潮起始于支持波兰领导人的集会之后,并招致了来自赫鲁晓夫(Н. С. Хрущев)的镇压,而波兰1968年早春发生的青年人公开演讲的事情,在当时吸引了莫斯科对捷克斯洛伐克所发生事件的目光。② 对于此时的苏联而言,还有一个很不合时宜的巧合——适逢匈牙利革命领袖 И. 纳吉(И. Надь)被执行死刑十周年,他是在1958年夏被枪决的。捷克斯洛伐克的"新闻自由"使得大量反共产主义的报道出现,这引起了莫斯科的极大愤慨,也成为其决心处置杜布切克

---

① См.: Пихоя Р. Г. Советский Союз: История власти. С. 309.

② 15 марта 1968 г. А. Дубчек успокаивал Л. И. Брежнева по телефону, утверждая, что «...ни в Праге, ни в стране не будет никаких событий, что вот плоховато в Польше, им бы нужно помочь» // Пихоя Р. Г. Советский Союз: История власти. С. 309.

苏联领导层在1968年捷克斯洛伐克危机过程中的处理与决策问题

的另一个理由。①

需要注意的是,捷克斯洛伐克所发生事件与匈牙利当年的情况有很多不同之处。首先,苏联领导人在面对此次危机时,大多数人都希望避免动用强力手段。莫斯科不可能不明白,如果采取强力措施,那就必然会在全世界范围内引起反对思潮,接连在东方阵营当中"恢复秩序",势必会招致外界对捷克斯洛伐克共产主义的生命力与进步性产生怀疑。很可能正是出于这个原因,参加军事演习的各个国家——华约的缔约国,在那一年的6月份进入捷克斯洛伐克领土进行干涉后,却并没有促使干涉升级,尽管之前有很多人都对此表示了相当的担忧(或者说,很多国家都在等待着干涉升级的情况发生)。甚至就连在演习结束之后,苏军撤出捷克斯洛伐克国土的延误行为,都被当地媒体称作"对捷克斯洛伐克内政的粗暴干涉",②其实这与即将发生的入侵并没有直接的关联。

除此之外,与当年的匈牙利革命者相比,此时的捷克斯洛伐克革命者要更加谨慎,因为他们不想再走前者的老路了。尤其是,当他们拥有更多的条件去实现自己的阶段性目标的情况下:如果说匈牙利在拉科西下台

---

① Оправдываясь за «неудачную статью» об И. Наде, опубликованную в еженедельнике чехословацких писателей «Литерани листы» под заголовком «Еще одна годовщина», А. Дубчек заверял Л. И. Брежнева, что ситуация после опубликования статьи уже нормальзовалась, «сейчас этого нет ... все в порядке» // Пихоя Р. Г. История власти. С. 324.

② См.: РГАНИ. Ф. 5. Оп. 60. Д. 311. Л. 1 - 6. Некоторые заявления чехословацких руководителей по поводу Варшавского договора лишь усиливали напряженность в отношениях двух стран. В москве вызвало бурю возмущения заявление заведующего государственно‐административным отделом ЦК КПЧ В. Прхлика, который не только критиковал структуру и деятельность Организации Варшавского договора, но и, как отмечалось в документе, допустил при этом «разглашение некоторых совершенно секретных данных»(См.: РГАНИ. Ф. 3. Оп. 72. Д. 189. Л. 48 - 52). Раздававшиеся из Праги настойчивые требования изменения системы Варшавского договора и даже возможности выхода из него, в очередной раз порождали в Москве ассоциации с Венгрией 1956 г., И. Надь в самый разгар революции также объявил о выходе страны из этой организации.

之后，政权首先移交到了 A. 赫格居什·安德拉什（А. Хегедюш）手中的话（此人基本上延续了前任的政治路线），而作为改革者的纳吉只是在革命发起之后的一段时间里成为国家领导人，杜布切克在捷克斯洛伐克始终握有权力，且并不存在由 Й. 伦纳特（Й. Ленарт）或 Б. 博胡米尔·洛姆斯基（Б. Ломский），或者是其他的某个诺沃提尼的拥护者掌权的"任何中间性的阶段"。

但是这个变革性事件的不断向前发展，还是令苏共党内的权贵阶层恐慌，他们不由自主地被推到了必须做出决定性行动的地步。苏联很担心会错过关键的时间点，以至于捷克斯洛伐克会在一夜之间就"安静而和平地"变成了一个资本主义国家，并由此造成十分严重的后果。当然，还存在另外一种风险，那就是这次以建立资本主义体制为方向的过程很有可能并不是和平的，莫斯科甚至都已经在考虑捷克斯洛伐克国内爆发内战的可能性了。在任何情况下，军事干涉都会造成严重的损失：人道主义的、政治的、经济的。这些损失一定会"接踵而来"。从一方面看，与 1956 年血流成河的布达佩斯相比，1968 年的布拉格要平静与和平得多；从另一方面看，在当时的情况下，莫斯科很难向为数众多的拥护者做出解释，为什么它对捷克斯洛伐克国内所发生的事件采取这样激烈的手段。

在某种程度上，正是杜布切克使得苏联领导层内决心对捷克斯洛伐克事件采取强硬手段以纠正现存错误的人数变得更多（但他们的理念却并没有实现），他们甚至还给出了具体的日期。首先，一切问题都必须在捷共中央四月全会之后从根本上予以改变，捷克斯洛伐克党组织对此已经拿出了一个《行动方案》。莫斯科认为，该方案有不少的不足之处，但在如此复杂的情况之下，苏联也不见得就能想出更好的解决方式。最终，就连这个方案也没有真正落实。在 5 月底的时候，杜布切克向柯西金承诺，所有问题都将在即将召开的中央全会上得到解决，全会所做出的决定必

苏联领导层在 1968 年捷克斯洛伐克危机过程中的处理与决策问题

然是转折性的,也将会迫使捷共领导人采取"进攻路线"。① 全会召开了,但一切都和过去没什么区别,在接下来召开的一次全会上,杜布切克同样承诺会挽回局势,但结果仍然是一样的。并非偶然的是,莫斯科已经没有人再相信捷克斯洛伐克领导人所做出的、他们有能力在捷共十四大上实现"转折"的那一个又一个的承诺了。与"承诺"完全相反的是,苏联的确认为这次全国代表大会是一个"转折",只不过转的方向是杜布切克所承诺的反方向而已。苏联认为,依照这种形势继续发展下去,捷共现有的领导人及其拥护者都将被赶下台,捷共势必要面对最终被瓦解的结局,而上台的则必然是"反动"力量。勃列日涅夫曾经很是焦虑地谈起过这个问题,他认为"在当前的情况下,召开全国代表大会的结果必然是现在的捷共中央委员会主席团成员没有一个人能继续留在那里"。②

在谈及有关莫斯科向布拉格所发出的强烈要求时,我们必须要强调一点,那就是与经济改革有关的方案始终是排在第二位的,尽管 О. 奥塔·希克(О. Шик)的方案带有明显的市场经济色彩。在某种程度上,这是因为苏联领导层认为这种经济改革措施必然会在短时间内遭到失败——价格上涨、失业增加以及改革所伴生的其他危机不断出现,按照克里姆林宫的观点,这场改革必然会招致捷克斯洛伐克的大多数国民,也就是无产阶级的坚决抵制。不仅是苏联,其他东欧国家也都一致认为,其实捷克斯洛伐克的经济状况并没有那么糟糕,不像捷共领导层所反馈的那样,"右翼力量"也持这种观点;而德国统一社会党的 В. 瓦尔特·乌布利希(В. Ульбрихт)认为,定期向苏联索要经济与财政援助,已经成为捷克斯洛伐克领导层所奉行的大政治博弈的一部分——如果苏联拒绝前者的

---

① РГАНИ. Ф. 3. Оп. 68. Д. 820. Л. 53.
② РГАНИ. Ф. 2. Оп. 3. Д. 114. Л. 45.

请求,捷方就"不得不"向西方寻求帮助了。①

然而,如果采取真正而非仅仅是字面意义上的多党制,就会导致诸如大众传媒不受管制以及捷克斯洛伐克政治体系发生变化的观点,一直都没有离开过苏维埃政党的文件。可以说,克里姆林宫从捷克斯洛伐克那离心倾向越来越强烈的社会所感受到的,其实只是恐惧而已,在苏共中央政治局委员眼中,这就是捷克斯洛伐克社会民主党的重生。如果说莫斯科在起初的时候还只是担忧,认为社会民主力量回到捷克斯洛伐克的政治生活之后,就会在很大程度上降低共产党员的政治神圣感,将国家带上资本主义道路;那么,随着事态的不断发展,其性质已经变成了共产党本身是否会发生倒塌,进而在其基础上演化出社会民主主义政党。苏联对此是绝对不会允许的,因此在秋季召开的捷共十四大上,捷共领导层对此问题的含糊其词,最终为自己带来了惨痛的结局。

1968年1月份的时候,捷克斯洛伐克国内的新闻自由问题其实已经发展到了难以收拾的地步。在最初的时候,苏联甚至已经做好在某种程度上容忍捷克斯洛伐克式的"公开性",②因为苏联此时尚未发觉,事态的

---

① РГАНИ. Ф. 10. Оп. 1. Д. 324. Л. 23. Этого же мнения придерживался в А. Н. Косыгин, особенно после того, как руководство КПЧ весной 1968 г. Запросило у СССР займ в 500 миллионов рублей золотом: «Они знают, что мы откажем в этом, что мы на таких условиях, как они предлагают, не дадим этого займа, - и она на этом тоже хотят сыграть» // Пихоя Р. Г. Советский Союз: История власти. С. 316.

② Еще одним отличием ситуации в Чехословакии от событий в Венгрии 1956 г. Стало отношение местных СМИ к Советскому Союзу и проводимой им политике. Если сторонники реформ в Венгрии своим консервативным оппонентам в качестве примера то и дело приводили Москву, где, как они полагали, после антисталинской речи Н. С. Хрущева на XX съезде КПСС начался процесс «поддинной» десталинизации и демокраимзации общества, то в Чехословакии СССР подвергался постоянной и все более усиливающейся критике. Даже тогда, когда Москва пыталась продемонстрировать определенную лояльность и понимание специфики ситуации в ЧССР (в частность, перепечатка в «Првде» большей части выступления А. Дубчека на апрельском пленуме «сомнительными»), это не находило никакого ответного положительного отклика в чехословацких СМИ.

苏联领导层在1968年捷克斯洛伐克危机过程中的处理与决策问题

发展已经走上了一条"单行道"。钟摆的指针此时已经甩到了另一个方向,如果说过去由于党组织的约束存在,捷克斯洛伐克国内对苏联、捷共以及苏捷关系的批评还相对克制,而此时在上述问题上已经基本没有什么正面的评价了。苏联对此非常气愤,认为捷克斯洛伐克的媒体将"全体共产党员"都归为保守主义者,甚至还说出"共产党人经不起公开的批评与谴责,一旦如此就根本无力去保卫自己的主张",所以报刊也不会刊登他们的言论;以及诸如"在捷克斯洛伐克根本不存在新闻自由,而政治自由在面对有组织的进攻时,手无寸铁的一方也将会是被殴打的对象"。[1] 捷克斯洛伐克本国的领导层受到的批判也很多,他们数十年以来也都一直在采用十分强硬的手段来对付自己的政治反对者。但是,捷克斯洛伐克的媒体却一直将火力对准苏共领导层,这种行为也成为苏联对其采取军事干预的重要原因之一。不论是莫斯科还是布拉格,双方都非常清楚地意识到,捷克斯洛伐克的媒体拥有如此巨大的影响力,而与之达成妥协的希望看上去却十分渺茫。哪怕是在军事干涉开始之后,苏共领导人仍然不止一次地强调指出,在捷克斯洛伐克的首都到处都是地下广播电台(呈现出了屡禁不止的状态),而当地人与苏军所发生第一场严重冲突,就是在后者试图在布拉格接管广播电台和电视台之时。[2]

最终,捷共所遭受的主要指责,是认为其在控制国内局势发展的问题上竟然处于完全无助的状态,并犯有执行不力的错误。莫斯科时常提请杜布切克注意,很多地方党组织或漠视,或违背中央主席团的决议,甚至有部分主席团成员自己都在做着一些与中央决议相反的事情;除此之外,当某些盲接批判社会主义和党的言论出现后,捷共领导层并没有采取必要的措施。在众多反对派宣言中,有一份被定名为"2000字"的宣言,在克里姆林宫看来,捷克斯洛伐克当局存在没有采取应有之对策的情

---

[1] РГАНИ. Ф. 2. Оп. 3. Д. 114. Л. 42.
[2] См.: РГАНИ. Ф. 89. Оп. 38. Д. 57. Л. 9, 49.

况——这件事也成为苏捷关系发生转折的原因之一,而且这件事也标志着事态发展到了第三个阶段,此时大多数的苏共领导人在心理上已经屈从于只有通过军事干涉的手段,才有可能平息此次事件。可以肯定的是,此时的莫斯科已经耗尽了最后的一点"耐心",苏共中央开始一封又一封地向捷共中央去信(在很大程度是由于"2000字"宣言的原因),苏联当局之所以会采取这样的步骤,正说明已经出现了高度紧张。

信件的最初始版本,可以体现出勃列日涅夫在同杜布切克进行会谈之后,与 М. А. 苏斯洛夫(М. А. Суслов)、Б. Н. 博纳马列夫(Б. Н. Пономарев)以及 К. В. 卢萨科夫(К. В. Русаков)一同,在1968年6月29日召集苏共中央政治局委员及候补委员讨论相关问题时的想法。① 在此次会议所形成的文件中,尽管有一些较为强硬的措辞,但苏联大多数领导人仍然表示力度不够。各种意见和建议从各个方面纷至沓来,其中最主要的内容是要求苏联站稳立场,要求捷共领导人立刻采取行动。② 甚至乌兹别克斯坦党的第一书记 Ш. Р. 拉西多夫(Ш. Р. Рашидов)也发来了电报,提出了类似的要求。③ 但是,最为严厉的要求恐怕还是来自 А. Н. 谢列平(А. Н. Шелепин),他要求立刻就向捷共中央把事情讲清楚,还要求将信的内容进行重写,④因为他认为,将最初版本的信件再一次发给捷共是没什么意义的,"因为其中的思想,我们政治局的同志们已经不止一次地同他们(指捷共领导人——作者注)讲过了"。⑤

政治局在7月2日和3日两天的时间里,进行了反复讨论和研究之

---

① РГАНИ. Ф. 3. Оп. 68. Д. 838. Л. 7-17, 18-22.
② См.: например: Там же. Л. 25-32.
③ Там же. Л. 38.
④ См.: Там же. Л. 40-49.
⑤ Там же. Л. 39.

苏联领导层在1968年捷克斯洛伐克危机过程中的处理与决策问题

后,信件终于成型了,①获得了苏共领导人的一致赞同。这封信写得很不讲理,尽管其中的内容远远没有将苏共领导人的全部意见都收纳进去。某种程度上,最初版本的部分内容并没有出现在这份信件之中,例如苏共"对捷共中央最近几次会议的决定——朝着不断完善工作方式的方向以及在建设社会主义工作上所取得的成功,均予以理解"。与此同时,信件在陈述完事实之后,既认为"右翼力量并没有获得广大人民群众的拥护",也指出尽管对此之前没有做出过预警,但"这并不意味着——在现有的情况下,他们无法取得战场斗争的胜利"。② 在个别部分当中,妥协的方案占了上风:信件指出,"大多数"捷克斯洛伐克的媒体还处于党的监管之下;坚持强硬路线的人希望将"大多数"变成"几乎全部";在信件的最终版本中使用了一个相对宽泛的词汇——"大众传媒的主体部分"。③

在当时的情况下,苏联并没有找到捷共领导人直接支持那些污蔑苏联行为的证据,在信中对后者的严厉指责也消失了,取而代之的是一些较为消极与悲观的言语。很显然,苏方并不指望对方还能有什么热情,信中有这样一段表述:"我们坚信,那些公开的反共反动言论随时都有可能出现"。信的最后,并没有采纳谢列平的建议,而是提出勃列日涅夫、柯西金与波德戈尔内会尽快前来捷克斯洛伐克,商量如何应对眼下的局势。④与之相对应的是,苏共中央政治局通过了一项决议,将这封信抄送匈牙利、保加利亚、波兰和民主德国的领导人,还邀请这些领导人以及捷克斯洛伐克的代表一同召开会议。⑤

---

① Допобные прецеденты, когда Политбюро (Президиум) ЦК КПСС в течение двух дней подряд рассматривал один и тот же вопрос, имели место лишь в период острейших политических кризисов - венгерского (1956 г.), кубинского (1962 г.) - или когда в октябре 1964 г. свергали Н. С. Хрущева.
② РГАНИ. Ф. 3. Оп. 72. Д. 183. Л. 10.
③ Там же. Л. 6.
④ РГАНИ. Ф. 3. Оп. 68. Д. 838. Л. 49.
⑤ РГАНИ. Ф. 3. Оп. 72. Д. 183. Л. 4.

这封信的总结部分是最为关键的一个自然段,此处提出,捷共领导人一直期待来自苏共和苏联政府方面的"一切必要的帮助"。① 这句话最初的版本看上去更加的无害,具体的表述是这样的:"我们想以兄弟般的立场说一句,如果未来的局势真的会发展到危及捷克斯洛伐克的社会主义制度的地步,那么我们作为国际主义无产阶级的领导力量,必然要依赖华沙条约组织的力量,用尽一切手段为捷克斯洛伐克的人民提供帮助。"②

乍看上去,如果没有后面的那些"但是"的话,仿佛真的是观点出现了转变。这里的每一句话或每一个用词,都牵连了数以千计的人的命运,甚至影响到了整个国家,这些政治家们一遍又一遍地对文本进行修订,足可见在处理此类问题时所面对的政治责任上的压力。毫不奇怪的是,尽管在这段时间里每一天都有可能发生形势上的剧变,但拟定信件仍然用去了两天的时间,在卢萨科夫的辛苦工作下,于7月4日最终讨论商定而成。在此情况下,这封信件从酝酿到最终发出,一共用去了整整一个星期的时间。

如果说苏共基本上是通过"公开的"或"不公开的"信件在捷克斯洛伐克体现自己的影响力和存在感,那么苏联同其在华约体系内的同盟国家——东德、波兰、匈牙利和保加利亚之间进行协调,就是另外一回事了——是通过定期协商的形式完成的。③ 这次会议的论调看起来是高度紧张的:所有与会者的发言所涉及的,都是要求对捷克斯洛伐克的反社会主义力量、捷共那虚弱和无助的能力以及有针对性地对社会主义意识形

---

① Там. же. Л. 13.
② РГАНИ. Ф. 3. Оп. 68. Д. 845. Л. 15.
③ Еще один участник ОВД - Румыния - не привлекалась к этим обсуждениям из-за «особой» позиции лидеров страны, которые всячески старались продемонстрировать перед Западом свою «независимость» от СССР и советского блока.

苏联领导层在 1968 年捷克斯洛伐克危机过程中的处理与决策问题

态的诽谤等现象采取积极行动。① 尽管苏共领导人成功地说服其他与会者,"捷共的新领导层尚未受到全面的攻击",而且捷克斯洛伐克国内的"健康力量"还是可以指望的,(在华约成员国的帮助之下,通过在捷克斯洛伐克境内采取军事行动)是有可能扭转局势的。与此同时,勃列日涅夫虽然并不希望事态最终发展到那个地步,但还是提出了自己的建议,要求"与会各方一同飞到其他任何地方再开个会,白天或晚上都可以,我们换个地方再待上两到三个小时,这样我们就不会那么的匆忙了"。②

捷克斯洛伐克的代表并没有受邀参加下一场会议,这引起了布拉格方面的不满,莫斯科随后向其做出了解释,表示在这场会议上,并没有什么"需要背着捷共的秘密",所谈论的话题也和不久之前两国领导人在苏联会晤时所谈及的一致,因为如果"马上请捷克斯洛伐克的代表团再次前往莫斯科,很有可能会在苏捷两党以及捷共同其他兄弟党之间引发新的'困难情况',既是从捷共的角度,也是从其他兄弟党的角度"。③ 但是,在苏联提出于 1968 年 7 月在华沙再次召开会议的时候,捷共领导人却拒绝参加,因为他们已经非常清楚,在这次会议上他们将等来什么。与之相对的是,捷共领导人这时提出了自己的要求,他们建议举行与"兄弟党"之间(首先是同苏共)的双边会谈,因为在"当前这个形势极为复杂的情况下,这种行为必定会加重我党的压力"。④ 捷共的拒绝信是 7 月 13 日发出的,此时其他所有的代表团都已经抵达了华沙,因此勃列日涅夫、柯西金、

---

① Особое возмущение собравшихся вызвала первомайская демонстрация в Праге, где не было ни одного лозунга с приветствием в честь компартии, колоннами проходили демонстраны ранее распущенных и запрещенных организаций с националистическими лозунгами и «даже американским флагом», а руководство КПЧ во главе с А. Дубчеком аплодировало им с трибуны.
② Цит. по: The Prague Spring 1968. Central European University Press. Budapest, 1998. pp. 324 - 325.
③ РГАНИ. Ф. 3. Оп. 72. Д. 175. Л. 5 - 7.
④ РГАНИ. Ф. 5. Оп. 60. Д. 308. Л. 63.

国际战略与安全研究

波德戈尔内以及舍列斯特一同在波兰就这封信进行了回复,按照位于莫斯科的党组织的指示,"对他们所做出的决定进行投票表决通过"。①

捷共领导层的行为对克里姆林宫而言,只是起到了加强后者立场的作用,使之决心以强硬手段来处理眼前的问题。尤其是在那些来到华沙的苏共领导人当中,就只有勃列日涅夫一人倾向于通过温和路线来解决相关的问题。包括波兰统一工人党领导人 В. 哥穆尔卡(В. Гомулка)和保加利亚共产党领导人 Т. Х. 日夫科夫(Т. Х. Живков)在内,尤其是民主德国统一社会党的领导人乌布利希都要求采取"火上浇油"的做法。在之前最近的那一场五月莫斯科会晤中,乌布利希就曾提出这样的一个观点:"杜布切克在此情况下已经无可挽救了",②而在华沙之时,卡达尔就曾宣称,此时的捷共与捷克斯洛伐克政府已经不是在同修正主义者做斗争了(他对匈牙利领导人也表示了这个观点),他们的斗争对象已经变成了革命者,而"下一个打击目标就是你们,就是匈牙利人民共和国"。③ 尽管在此次会晤中,并没有做出任何的正式决议(五个党的领导人联名致信捷共领导层,再一次重复了过去的要求,语句的警告成分是非常明显的),④苏共领导人同意再次与捷共领导层举行双边会谈,但此时已经能

---

① РГАНИ. Ф. 3. Оп. 68. Д. 852. Л. 44. Недовольство лидеров КПСС и других стран «большой пятерки» поведением руководства КПЧ было вполне объяснимо. Москва еще 6 июля послала Праге пришлашение на встречу от имени всех ее участников, причем начало совещания планировалось на 10 или 11 июля (См. там же. Оп. 72. Д. 185. Л. 50). Однако чехословацкая сторона не только максимально затянула с ответом, но при этом сделала достоянием широкий общественности как сам факт предстоящего совещания, так и возможную иему обсуждения.

② РГАНИ. Ф. 10. Оп. 1. Д. 235. Л. 27.

③ Цит. по: The Prague Spring 1968. pp. 218 - 219.

④ В частности, в письме говорилось: «По нашему убеждению, возникла ситуация, в которой угроза основам социализма в Чехословакии подвергает опасности общие жизненные интересы остальных социалистических стран. Народы наших стран никогда не простили бы нам равнодушия и беспечности перед такой опасностью» // РГАНИ. Ф. 2. Оп. 3. Д. 110. Л. 9.

苏联领导层在1968年捷克斯洛伐克危机过程中的处理与决策问题

够听到之后所采取的军事行动那"从远处传来的滚滚雷声了"。当卡达尔开始谈起他在和杜布切克以及О. 切尔尼克(О. Черник)会晤的时候,这两个人在谈到自己国内和党内的局势时都流下了眼泪,甚至就连勃列日涅夫也回想起了这样一个细节:"他们似乎一直在哭泣"。①

应该指出的是,在做出决定的过程中,苏联的东欧盟国不仅仅是在这场于莫斯科召开的国际会议中发挥了影响力。这些国家还通过自己的驻苏使馆,或者是直接通过党际关系的渠道,传递了大量的信息,直接或间接地推动着莫斯科采取那具有"决定性意义的措施"。它们所提供的信息就像是在肥沃的土地上撒了一把种子,更何况在当时的克里姆林宫,已经有不少人将来自捷克斯洛伐克的思想视作"有害的影响"了。保加利亚人则早在4月份的时候就曾经提出,捷共领导层当中存在"第二个中央",②苏共领导人后来也接纳了这个观点。7月初的时候,当苏共中央刚刚完成了上面提到的那封致捷共中央信件的定稿,从柏林和布拉格传来了另外的版本,与苏联版本的不同之处在于,这份信件公开声明,民主德国已经做好了"按照华约组织成员国之间的国际协定,在社会主义的国际主义的思想指导下,采取一切决定和措施"的准备。③

此次会晤成为莫斯科着手准备武装干涉的一个环节,对事态的发展起到很大的升温作用。7月17日,苏共中央紧急召开了一场全会,讨论内容围绕着下一步的武装干涉行为展开。参加此次会议的人员可以证明其超党派的性质:有可能是因为暑期休假的原因,有大约20名中央委员、30名中央候补委员以及10名监察委员没有到场,④他们无法及时赶回莫斯科。会议上代表们所做的发言主题相近——是时候将语言转化为行动了。如果说有一部分人的态度是完全支持苏共领导层和其他兄弟党就捷

---

① Цит. по: The Prague Spring 1968. p. 216.
② См. : SAPMO. DY 30 36/17. S. 20.
③ SAPMO. DY 30 36/18. S. 26.
④ РГАНИ. Ф. 2. Оп. 3. Д. 114. Л. 25.

克斯洛伐克局势所做出的一切决定,那么大多数人的态度显得更加简单和明了。① 在此次会议上,苏共获得了在对捷克斯洛伐克动用武力的问题上类似于"免罪敕令"式的东西,于是克里姆林宫决定取消之前关于一个月之后再次召开新的会议,以便将军事行动从计划转变为现实的计划。与此同时,勃列日涅夫于会议上所做的报告最后,提及苏共对捷共还曾有一个承诺,那就是再举行一次双边的会谈;他强调指出:"在采取决定性行动之前,我们和其他的兄弟党已经用尽了一切的办法,来帮助捷克斯洛伐克共产党和捷克斯洛伐克人民保住捷克斯洛伐克的社会主义果实"。②

此次会议并没有对发动武装干涉的准备工作起到什么干扰作用。自7月19日起,政治局开始忙碌与"决定性行动"有关的工作,这项工作持续了一个星期的时间。7月20日,苏联政府向捷克斯洛伐克政府发出了一封抗议信,其内容是华沙五党会议对捷克斯洛伐克当局的批评,在信中还同时指出,由于捷克斯洛伐克与奥地利及联邦德国之间边防守卫工作的糟糕,已经对整个社会主义阵营的安全形成了威胁。③ 7月22日,国防部部长格列奇科就捷克斯洛伐克不断发展的局势做出了决定,"根据政治

---

① Первый секретарь ЦК КП Украины П. Е. Шелест: «Советский Союз и его друзья по Варшавскому договору не позволят контрреволюции растерзать Коммунистическую партию н народ Чехословакии и поэтому вправе до конца выполнить свои созниеские обязательства и защитить социалистические завоевания чехословацкого народа» (РГАНИ. Ф. 2. Оп. 3. Д. 114. Л. 61). Первый секретарь Московского городского комитета партии В. В. Гришин: «Следует поручить Политбюро ЦК КПСС и впредь принимать все необходимые меры, для нормализации обстановки в Чехословакии...» (Там же. Л. 68.) Первый секретарь ЦК КП Казахстана Д. А. Кунаев: «Если обращение участников Варшавского совещания в адрес руководителей КПЧ не образумит их и Дубчек не примет решительных мер по аодавлению контрреволюционных антисоциалистических сил в стране, то у нас не останется другого выхода, как открыто опереться на здоровые силы в КПЧ и с их помощью в самое ближайшее время повернуть события в нужном нам направлению» (Там же. Л. 72).

② РГАНИ. Ф. 2. Оп. 3. Д. 114. Д. 118.

③ См: Vondrová J., Navrátil J. Mezinárodní souvislostic eskoslovenské krize, 1967—1970. Cervenec—Spren 1968. Praha; Brno; USD, 1996. T. 3. S. 331 - 333.

苏联领导层在1968年捷克斯洛伐克危机过程中的处理与决策问题

局讨论结果,确定关于实施决定性行动的日期"。如果查阅一下在这些天里莫斯科产生的各类文件,就不难理解到底要采取什么样的"行动"了,该文件已经开列出了用于替换捷克斯洛伐克现有领导层的人选名单。7月20日的时候,文件的第一版出炉;到了7月26日,第二版关于捷共中央委员会以及捷克斯洛伐克革命政府就国家内外政策,向捷克斯洛伐克国民所做的声明也出炉了。① 到了第二天,也就是7月27日的时候,政治局已经审查通过了致苏联人民以及捷克斯洛伐克人民军队的声明。② 所有这些文件,都在对捷克斯洛伐克的武装干涉发起后,向社会公布。

与此同时,国际社会也开始了自己的行动——不论是敌方还是友方。以当时的情况看来,来自敌方的压力反而要轻得多。美国正忙于应付在越南的战事,很希望能够以调停者的身份调解各个冲突方之间的矛盾。7月22日,美国国务卿迪恩·腊斯克在同苏联驻美大使 А. Ф. 多勃雷宁(А. Ф. Добрынин)的会晤中表示,美国政府对"苏联就美方因其干涉捷克斯洛伐克事务的问题,而加强对美方的指责"一事深为关切。一天之后,苏共中央政治局就对腊斯克正式提出的建议表示了赞许,后者表示目前在捷克斯洛伐克所发生的事情——"完全是华约组织内部成员之间的事情"。③ 正是美国的这些表态,为苏联在捷克斯洛伐克采取后续的行动打开了"绿灯"。

处理同盟国之间的关系,对莫斯科而言是一项艰巨得多的工作。《真理报》于7月18日刊登了五国共产党致捷共的联名信,苏共领导人试图"通过动员全世界共产主义政党的方式,以求获得对这份重要文件的支持"。④

---

① Р. Г. Пихоя, упомния об этих решениях советского руководства, попавших в так называемую «Особую папку» Политбюро, дает ссылку на Архив Президента (АП РФ. Ф. 3. Оп. 91. Д. 98. Л. 58–89).
② РГАНИ. Ф. 3. Оп. 72. Д. 189. Л. 4.
③ РГАНИ. Ф. 3. Оп. 68. Д. 860. Л. 83.
④ Там же. Л. 15.

国际战略与安全研究

然而,很多资本主义国家的共产主义政党(更不用说罗马尼亚和南斯拉夫了,它们已经公开表示了自己对捷克斯洛伐克改革者的同情)都公开表示,不希望看到捷克斯洛伐克遭到干涉,或者是向苏共领导人表示后者有可能会因为"不清楚局势的尖锐性而引发严重的后果"。① 意大利共产党和印度共产党尤其坚持这种观点。意大利共产党领袖隆哥(Л. Лонго)指出,捷共需要将"打扫干净屋子再请客"的路线进行到底。而法国共产党则并没有同苏共交换意见——那一天莫斯科正在召开苏共七月全会,就在本党的政治局会议上提出并向全部其他共产主义政党发出倡议,要求召开一个由全体欧洲国家共产主义政党参加的大会,专门用于讨论捷克斯洛伐克的事情。② 当然,苏共完全没有过这类计划,于是在进行军事干涉准备的时候,苏共领导层用去了很多的时间和精力,去向类似于法国共产党领导人的那一部分人做出"解释",③同样的工作还用在了那些在捷克斯洛伐克问题上出现了观点"摇摆的"共产主义政党的代表们身上。④ 正是由于这些因素的存在,导致苏联采取"决定性行动"的时间出现了一定的延迟。

还有一个与当时大环境有关,且很有意义的细节是值得关注的。在苏共中央于7月后半段发出的与捷克斯洛伐克有关的文件当中,与之有关的内容已经不再是像最初的文本里那样的简单词句,而是态度强硬的

---

① Там же. Л. 30. В связи с этим в ЦК КПСС было подготовлено специальное письмо в адрес 44 «братских» партий, содержащее разъяснение советской политики в отношении ситуации в ЧССР. В письмо были включены дополнительные разделы, которые специально предназначались для компартий Великобритании, Индии и Австралии, проявивших особое «непонимание» позиции СССР в чехословацком вопросе // Там же. Л. 24-25.

② РГАНИ. Ф. 5. Оп. 60. Д. 461. Л. 79.

③ См., например: РГАНИ. Ф. 3. Оп. 72. Д. 188. Л. 27, 92-93; Д. 188. Л. 5. 14-15.

④ Выступая на октябрьском пленуме ЦК КПСС, Л. И. Брежнев сказал, что для разъяснения позиции СССР в связи с чехословацким кризисом «члены Политбюро, секретари ЦК КПСС имели по этим вопросам выше 50 встреч и бесед с руководящими деятелями братских партий» // РГАНИ. Ф. 2. Оп. 3. Д. 130. Л. 20.

苏联领导层在1968年捷克斯洛伐克危机过程中的处理与决策问题

成段建议了。之所以会发生这样的情况,并不仅仅是因为这些文件是在"集体领导"之下完成的。当时的形势发展极易引发武装干涉,故而莫斯科时常将那些可能引起人们注意、认为其有计划采取强硬手段的语句从文件中删除,莫斯科盼望达到的效果是让人们以为苏联还寄希望于通过和平的手段来解决危机。例如,在出于希望能够避免全欧洲因捷克斯洛伐克事件发生矛盾而写给法国共产党的信中,就删掉了勃列日涅夫不久前曾经向法共提到过的,有关苏联将要通过政治手段帮助捷克斯洛伐克恢复正常化的语句。① 与此同时,在这封信中还删去了诸如"在目前的情况下,我们无法放弃为了保卫捷克斯洛伐克的社会主义成果而必须采取的手段"。② 7月19日,苏共政治局向各国大使馆发去了33国就捷克斯洛伐克问题在华沙举行会谈所得出的结论,该文件在最后一刻修改了这句话:"你们强调指出,在苏共中央认为事态发展已经非常紧急的情况下,各国兄弟党在华沙举行会谈,将会为确保捷克斯洛伐克的社会主义成果而采取决定性的行动"。③ 另一处几乎面目全非的改动是向苏联驻布拉格大使发出的,关于苏共中央与捷共中央举行高级会晤的指示。在原有的三条指示当中,只保留下了第一条,也就是最短的那一条(关于向杜布切克递交信件的部分),其他一些有关莫斯科等待正在召开的捷共中央全会的会议结果的信息,全部都被删除了。④

尽管苏联已经对杜布切克以及整个捷共领导层感到失望,不再相信后者能够采取什么有建设性的措施(当然,指的是依照苏方的意志),莫斯科还是做好了最后举行一次会晤的准备。苏共领导人答应了捷共方面挑选会晤地点的请求(苏共政治局几乎是倾巢出动,来到了蒂萨河畔的切尔纳,按照苏方最初的建议,会晤地点应该安排在基辅或者是利沃夫),苏方

---

① РГАНИ. Ф. 3. Оп. 68. Д. 852. Л. 23.
② Там же. Л. 23.
③ Там же. Л. 10.
④ Там же. Л. 7.

从自己的角度出发,希望对方能做出一定的让步:在会晤结束之后再刊发相关报道、会谈双方的速记记录要分开呈现、会议录音要保密、不能出现任何的集会或是游行示威活动、在会晤举行地区不得出现媒体聚集的情况。① 事实上,这些承诺很快就失效了。7月26日,苏联领导层掌握消息,得知西方记者已经知晓了会晤地点并且做好了前去采访的准备。在双方互发电报进行沟通之后,可能发生会晤危机的情况才得到了控制。② 在苏共中央政治局于7月27日向四个主要盟友发出的信函中,克里姆林宫已经很清楚地表达出了自己希望能够通过会谈找到问题解决之道的想法。在这封信中,苏共代表团"计划在7月30日的时候才结束"在蒂萨河畔的会晤,到了那一天的下午,华约会议的参加国将前往莫斯科,听取有关此次会晤的结果,并就"下一步的计划交换意见"。③ 很有可能的是,克里姆林宫认为这一次同捷共之间的会晤还会和往常一样,根本不可能取得什么成果,所以花掉很多的时间去进行无谓的商谈是没什么意义的。在根本不对这一场会晤抱什么希望的情况下,在就"下一步的计划交换意见"的问题上,很容易就能想出来,到底会出现什么样的结果。④

---

① РГАНИ. Ф. 3. Оп. 68. Д. 860. Л. 44 – 45.

② Только после завления Москвы, что встречу придется перенести на советкую территорию в приграничный город Чоп, лидеры КПЧ гарантировали отсутствие прессы на переговорах в Чиерне-над-Тиссой // См.: РГАНИ. Ф. 3. Оп. 68. Д. 860. Л. 97.

③ РГАНИ. Ф. 3. Оп. 72. Д. 189. Л. 3.

④ В настроение участников предстоявшей встречи свидетельствует и информация посла СССР в ГДР П. А. Абрасимова в ЦК КПСС от 28 июля 1968 г., в которой говорится о готовности В. Ульбрихта и сопровождающих его лиц прибыть в Москву «в 17 – 18 часов 30 июля» для обсуждение вопросов по Чехословакии, в том числе «о нанесении коллективного удара» // См.: 1967 – 1970. Т. 2. S. 33 – 34. Косвенным подтверждением того, что начало интервенции планировалось на конец июля - начало августа, служит и упоминание в статье В. Вартанов («Совестский Союз и события в Чехословакии в 1968 г: Военно-политический и военный аспекты») того факта, что «под покровом ночи с 29 на 30 июля 1968 г. соединения ВДВ, Дислоцированные на территории СССР, под видом учений неожиданоо покинули свои казармы и сосредоточились в так называемых местах ожидания».

苏联领导层在1968年捷克斯洛伐克危机过程中的处理与决策问题

但此次商谈却出人意料地成功,不但没有像预期的那样只进行了几个小时,反而是连续开了三天的会。会议结束后,与会者来到了布拉迪斯拉发,与其他参加华沙会谈的人汇合一处。8月3日那天,布拉迪斯拉发发布了六个共产主义政党的联合声明,这份声明强调指出,要维护社会主义阵营的团结并推动捷克斯洛伐克领导层重新走回苏联式的道路上去。这份联合声明能够顺利出炉的基础,奠定于蒂萨河畔的那一场不是"一对一"而是"四对四"会谈之中,①即当时就已经对捷共领导层进行了非正式和非公开的批评。正是根据那场会谈所达成的协议,捷共中央主席团于近期对其国内媒体进行了强力管控,取缔了反苏和反社会主义的公开出版物;对很多团体和组织采取了镇压的手段,其中包括社会民主主义者组建的筹备委员会;改组了内务部以及将一系列由"右翼力量"分子控制的职位予以更换。② 在会议中不断被盟国告诫的苏共领导人,此时是否真的能够相信,杜布切克所做出的一切承诺最终都能够兑现。③ 此时的苏共中央政治局部分委员,虽然有可能没有完全设想到如果下一步采取军事行动会产生什么样的后果,但至少能够在部分程度上对此问题有所认识。此时大多数的苏共领导人正在休假,而莫斯科还正在为8月21日至22日美国总统候选人尼克松的到来做着准备——他正计划着在欧洲巡

---

① Кроме переговоров делегаций в Чиерне-над-Тиссой проходили и встречи в «усеченном» формате. В переговорах «один на один» участвовали Л. И. Брежнев и А. Дубчек; в переговорах «четыре на четыре» - Л. И. Брежнев, А. Н. Косыгин, Н. В. Подгорный и М. А. Суслов (с советской стороны); А. Дубчек, Л. Свобода, Й. Смрковский, О. Черник (с чехословацкой стороны).

② См.: РГАНИ Ф. 2. Оп. 3. Д. 130. Л. 2-3. В частности, речь шла об освобождении Ф. Кригеля с постов члена Президиума ЦК КПЧ и председателя Национального фронта, Ч. Цисаржа - с поста секретаря ЦК КПЧ, Н. Пеликана - с поста руководителя телевидения.

③ Впоследствии Л. И. Брежнев в телефонном разговорах в Чирне-над-Тиссой даже не заводила разговор: «Вы тогда очень легко и очень самостоятельно, без нашего принуждения какого-то, сами выдвинули эти вопросы и сами обещали их решить в ближайшее время» // РГАНИ. Ф. 89. Оп. 76. Д. 75. Л. 5.

107

国际战略与安全研究

回访问呢。①

蒂萨河畔的切尔纳会谈结果为莫斯科所带来的"欢愉",真的是来得快去得也快。尽管捷克斯洛伐克方面做出种种承诺,但其国内的政治生态却基本上没有发生什么变化。捷克斯洛伐克媒体对反苏言论的刊载并没有减少,反而措辞变得更加地严厉,在蒂萨河畔的切尔纳和布拉迪斯拉发的谈判中达到了自己目标的捷共,"仍然在坚持自己的右倾路线",而其他社会主义国家在一次会议上谈起捷克斯洛伐克国内局势时,甚至将捷共的所作所为与戈培尔式的宣传相提并论。② 如果在此之前,两国所共同关注的重要事件是"布拉格汽车制造厂"(该厂工人同情"健康力量",向苏联发出了友好信件,但很快就遭到了骚扰,甚至还被免去了工作)问题的话,此时的莫斯科已经大批量地收到了来自捷克斯洛伐克国内的那些已经站到了右翼一边的各种组织和团体的来信。③ 所承诺的干部任免也完全没有兑现:杜布切克曾经在捷共中央主席团即将召开的两次连续的会议前对苏联代表做出过承诺,这个问题必定会得到解决,但他甚至在这两次会议上都没有提起过此事。针对所有来自苏方的抗议和要求,捷共的回复都是一样的,表示自己已经用尽了全力去落实了。④

挤掉莫斯科最后一点耐心的事件,就是8月13日勃列日涅夫与杜布

---

① В Москве даже рассматривалась возможность приглашения Р. Никсона в Крым, если к тому времени большинство советских лидеров все еще будут находиться на отдыхе.
② РГАНИ. Ф. 3. Оп. 72. Д. 196. Л. 72 – 73.
③ РГАНИ. Ф. 4. Оп. 20. Д. 1009. Л. 51 – 62.
④ 9 и 10 августа Москва дважды поручала С. В. Червоненко сделать официальные представления руководству ЧССР о продолжавшейся в стране антисоветской и антисоциалистической кампании. Тогда же (9 августа) Л. И. Брежнев разговаривал по телефону с А. Дубчеком. Разговор был напряженный, но достаточно корректный - Дубчек в очередной раз пообещал выполнить все, что он обещал в Чиерне-над-Тиссой, а Брежнев пожелал ему успехов // См.: Vondrová J., Navrátil J. Mezinárodní souvislostic eskoslovenské krize, 1967 – 1970. S. 164 – 166.

苏联领导层在1968年捷克斯洛伐克危机过程中的处理与决策问题

切克之间的那一场电话会谈。① 在这次对话中,苏方要求对方落实在蒂萨河畔的切尔纳所承诺下来的事情,但杜布切克的回答也很不坚定,他不确定能在较短时间内扭转国内的局势,也无法解决那些重要的问题。不久之前,杜布切克还承诺能在几天之内解决问题,但现在又改口延期了(如9月份、10月底之类)。令苏共领导层感到恐惧的已经不再是所谓的延期问题了,而是此时的杜布切克甚至已经无法做出什么承诺,看不到问题得到解决的前景(之前还说"主席团会解决好的""中央全会会解决好的")。在承受着来自各方巨大压力的情况下,杜布切克在电话里不止一次地向勃列日涅夫提出自愿下野的想法。② 杜布切克本人很清楚,他已经不想或者说事实上无力再继续领导捷共中央主席团了(不论是不是在现在的位置上)。在此情况下,他之前所做出的一切承诺其实都只能是"空话"而已了。对于克里姆林宫而言,在捷共领导层当中尚未看到存在什么力量,在杜布切克自愿或是被迫下台之后有能力领导起这个政党。事实上,在国家遭遇动荡和转折的时期,让杜布切克这样一个软弱的领导人待在上面,有利于那些在一开始就要求动用武力的"兄弟"国家下定最后的决心。除此之外,杜布切克本人在同勃列日涅夫通电话的过程中,很慎重地(但也许是怯懦地)且不止一次地向对方重复着这样一句话:"请您采取一切苏共中央政治局认为是正确的措施吧"。事实上,就在8月13

---

① РГАНИ. Ф. 89. Оп. 76. Д. 75. Л. 1–18.
② «Я бы с удовольствием все бросил и пошел бы работать на старое место… На очередном пленуме будет избран другой первый секретарь ЦК КПЧ… Я пошел бы куда угодно работать. Я этой должностью не дорожу. Пускай кто угодно этим занимается, пускай кто угодно будет первым секретарем ЦК КПЧ» т. д.

国际战略与安全研究

日这一天,杜布切克在自己和捷克斯洛伐克的"宣判书"上签了字。①

显而易见的是,苏共领导层在做出武力解决的决定时,其大多数成员都还在克里米亚休假,在上面提到的电话会谈之后的两天时间里做出的决定,这也是事态发展到最后(第四)阶段的开端。② 在 8 月 15 日之前苏共中央政治局所做出的决议,其范围没有超越之前与捷共领导层之间达成的协议。8 月 13 日,政治局决定向兄弟党通报蒂萨河畔的切尔纳会议以及布拉迪斯拉发会议的结果,③在这些通报信息当中,苏方表示会议是成功的,所遇到的问题能否解决取决于捷共领导层的行为。④ 文件是 8 月 10 日开始准备的,勃列日涅夫于 12 日在上面签了字,而柯西金则是在 13 日签的字。就在 13 日这一天,苏共中央政治局要求苏联驻捷克斯洛伐克大使契尔沃年科,就捷国内媒体的反苏与反社会主义宣传提出批判——言辞是很严厉的,但并不是威胁式的。⑤ 苏共还要求契尔沃年科与捷克斯洛伐克总统 Л. 斯沃博达(Л. Свобода)会面,就其在反对右翼力量一事中所提供的帮助表示感谢,并请其之后再继续帮忙。⑥

与此同时,在 8 月 15 日之前的那几天时间里,同年 5 月专为捷克斯

---

① В примечаниях к данному документу, опубликованному в сборнике «The Prague Spring 1968», говорится о том, что многие историки считают, что Л. И. Брежнев использовал некоторые из высказываний А. Дубчек как сигнал («зеленый свет») для пытался умышленно спровоцировать советское руководство на принятие военных мер, он как лидер партии и страны, над которой еще с начала лета нависла угроза «братской военной помощи», действовал в сложившейся ситуации крайне безответственно.

② Фактически это подтверждает Л. И. Брежнева, говоривший пяти стран - участниц вокнной акции 18 августа в Москве о том, что «политбюро ЦК КПСС позавчера, вчера и при дня тому назад (т. е. 15 августа. - Авм.) всесторонне обсуждало эти вопросы» // РГАНИ. Ф. 10. Оп. 1. Д. 236. Л. 22.

③ Из первоначального проекта письма были удалены призывы к руководству КПЧ «найти в себе силу и мужество поднять партию» на борьбу с контрреволюцией, упоминания о фактическом расколе в УК КПЧ и т. п. // См.: РГАНИ. Ф. 3. Оп. 68. Д. 871. Л. т 138 - 139.

④ РГАНИ. Ф. 3. Оп. 72. Д. 193. Л. 45, 75 - 80.

⑤ Там же. Л. 45, 71 - 73.

⑥ Там же. Л. 74.

苏联领导层在1968年捷克斯洛伐克危机过程中的处理与决策问题

洛伐克问题而成立的委员会准备了很多的文件和建议，以供政治局会议商谈之用，其中就包括一份名为《8月13日的捷克斯洛伐克情况概述》的材料。① 在这些材料当中，还有一份以苏共中央政治局发给捷共中央主席团正式信函的草案。两天之后，在8月15日那一天，这封信的内容又有了一些增加，提出了更多强烈要求，勃列日涅夫与杜布切克的最后一次通话，也被当作为之后的武装干涉进行辩护的理由之一。但仅在当时来看，这封信也只是苏捷之间意识形态论战过程中的一个文件而已。

整个事件最主要的转折点发生在8月15日，很多材料都可以证明这个论断。正在克里米亚休假的政治局委员讨论了捷克斯洛伐克的尖锐形势之后，当天晚上就从雅尔塔发出了一份送往莫斯科且附有勃列日涅夫签名的密电，目的是要通过契尔沃年科传递给杜布切克。② 另外，在这份密电上还有一条命令："在未接到专门的指示之前，不得发往布拉格"——然后这份电报就留在了莫斯科。这封电报抄送给了基里连科，他不仅不久前就捷克斯洛伐克问题在全会上做了"讲解"，还作为政治局当中的"老同志"在其他人都去休假的时候留守在了莫斯科。到了第二天，也就是8月16日的时候，很显然是得到了在克里米亚休假的政治局委员的一致同意之后，又有一份密电发往了莫斯科，其内容与前一份密电别无二致，这次抄送的人是К. У. 契尔年科（К. У. Черненко）③。与这份密电同时发出

---

① РГАНИ. Ф. 3. Оп. 68. Д. 862. Л. 69 - 74. В материалах, подготовленных комиссией, в частности, говорилось о слабом пропагандистском обеспечении на международной арене с советской стороны иготов переговоров в Чиерне-над-Тиссой и Братиславе. В то же время дипломаты ЧССР оценивали эти переговоры как свой большой успех. Это мнение разделяли многие западные компартии, а руководитель компартии Австрии Ф. Мури заявил в интервью буржуазной газете «Вохенпресс», что переговоры подтвердили правильность мнения компартии Австрии о том, что международное коммунистическое движение «не может быть монолитным блоком» (РГАНИ. Ф. 3. Оп. 68. Д. 862. Л. 74).

② РГАНИ. Ф. 3. Оп. 68. Д. 862. Л. 16 - 19.

③ Там же. Л. 13 - 15.

的,还有另一封经过编辑修订过的由苏共中央政治局发给捷共中央主席团的信件,但这封信留在了莫斯科而没有发出去。至于勃列日涅夫写给杜布切克的那封信,在内容获得了进一步的确认之后,立刻就发去了布拉格。

在勃列日涅夫发出的信中,附有一条耐人寻味的注脚,他要求苏联驻布拉格大使将这封信尽可能地交给至少三名以上的捷共中央委员,而且必须是莫斯科认定的"健康力量"成员。因为这封信的内容基本上是在重复8月13日电话会议中的内容,指责杜布切克不想兑现自己所做出的承诺,所以这个举动可以被看作是政治博弈中的一种手段,更准确地说,就是为武装干涉捷克斯洛伐克问题而展开的步骤之一。得益于"健康力量"的贡献,捷共领导层的其他成员可以知晓杜布切克不仅仅是在背着他们与莫斯科进行谈判(从表面上看,这位捷共领导人没有将所有的信息告诉身边的人),他们还可以得知有关在蒂萨河畔的切尔纳所举行会谈的一些内容,很显然,他们对此所知甚少。与此同时,"健康力量"也收到了那个时刻即将到来的明确信号,在这些人当中有很多一直都在盼望着这一刻的到来,甚至有一部分人已经请求苏联领导层采取武装干涉的行动了。①

国际社会也通过联合国秘书长吴丹获得了明确的信号,吴丹当时计划利用前去维也纳参加会议的机会,顺道造访捷克斯洛伐克。8月16日,苏联驻联合国大使库塔科夫(Кутаков)接到了来自苏共中央政治局的指示,命其以合适的方式让吴丹明白,在此时此刻前往捷克斯洛伐克并不适宜,"以免让自己在无意间陷入尴尬的境地"。②

就在8月16日这一天,苏联高层决定进行"大集合"。8月17日,苏共中央政治局全体委员及候补委员齐集莫斯科,其中还包括很多加盟共和国的领导人,这些人往常并不经常性地参加在莫斯科举行的会议。军事行动的准备工作进行得很有序,也比较平静。在当时的情况下,关于武

---

① См.: The Prague Spring 1968. pp. 324-325.
② РГАНИ. Ф. 3. Оп. 72. Д. 193. Л. 112.

苏联领导层在 1968 年捷克斯洛伐克危机过程中的处理与决策问题

装干涉的信息甚至从一份已经签署的决议（此种文件被称为政治局"签发"文件）当中删除了——甚至还划去了勃列日涅夫的签名！有关召集苏联、保加利亚、匈牙利、民主德国和波兰的党政领导人于 8 月 18 日在莫斯科举行会议的表述也被紧急修改了，原定的措辞是"商定当前的问题"。① 将所说内容做含糊其词地处理，本就是苏共机关的特长，② 将最初的表述改成了更为清晰的语句："准备就帮助捷克斯洛伐克战胜反动和反党力量进行联合行动的问题展开讨论"。③ 华约成员国领导人花了几个小时的时间乘坐飞机来到了莫斯科，他们一致通过很久之前就同意的联合军事行动计划，尽管在程序上五个国家的领导人都需要在相关的文件签字，这些工作都需要一定的时间才能完成——最后一个签字的是卡达尔，时间发生在 8 月 19 日的下午。

此时在苏共的保险柜里还放着 7 月下旬的文件，时间过去了差不多一个月，其中的内容也做了部分调整。内容调整最大的部分如下：根据苏斯洛夫的建议，将捷克斯洛伐克革命政府这个称谓中的"革命"一词取消掉；在五国联名发给捷克斯洛伐克民众（"工人同志们、农民、人民知识分子、捷克人和斯洛伐克人民警察的战士们、共产党员们"）的声明当中，删去了对捷共的评语。根据一同参与武装干涉的国家的建议，苏共领导层做出了决定，对捷克斯洛伐克国内那些拥护以保卫社会主义果实为名的五国武装干涉行为的人，认定为"可靠的人"（在 7 月底至 8 月 18 日的档

---

① Там же. Л. 3 - 6.

② Непонятные формулировки, призванные максимально сохранить завесу секретности над происходящим, были не единственным средством не допустить разглашения информации о начале военной операции в Чехословакии. Свыше 70 сотрудников аппарата ЦК КПСС, в той или иной степени принимавших участие в подписки о том, что они ни при каких обстоятельствах не будут никому говорить, что «они слышали и видели 18 августа в правительственном Доме приемов на Ленинских горах».

③ РГАНИ. Ф. 3. Оп. 68. Д. 874. Л. 27.

案文件中,在这个位置上都是一长串的空白字符)。① 这些"可靠的人"支撑起了捷克斯洛伐克政府,尽管在其他一些文件当中,这些人同所谓"捷共中央主席团的大多数"之间也有点模糊不清。②

最后,捷共中央收到了来自苏共中央的最后来信,这封信在8月15日这一天就写好了,这封信在送到接收人手中之前,不仅仅是经过了很多次的修改,而且还在几天之内完成了莫斯科—雅尔塔—莫斯科—布拉格—莫斯科—布拉格的旅程。这封信所经历的曲折路程,充分说明这封信于8月17日政治局会议上通过并发给契尔沃年科,并由其转呈杜布切克期间,在布拉格又出现了新的情况。苏联大使在得到了捷共中央主席团当中的"健康力量"的建议之后,离开前将自己的观点报送给了莫斯科。首先,契尔沃年科提出对部分内容做出修改,其中的一部分甚至很具有实质性的意义。③ 其次,将信件原定的转呈日期由8月18日(这是苏共中央定下的日期)改为8月19日。正式的借口是,8月18日这一天是星期天,恐怕捷克斯洛伐克政府那天无人上班。但契尔沃年科的真正目的却是应"健康力量"之请,他们希望能够将转呈信件和武装干涉行动之间的时间尽可能地缩短。契尔沃年科的一句话可间接地验证上述观点:"捷克斯洛伐克朋友的这个想法说明(指的是将信件转呈日期改为19日——作者注),他们认为应该让这封信的转呈看上去显得很平常,以免引起不必要的联系,导致右翼势力因受到刺激而采取

---

① См., например: Там. же. Л. 74, 86 и др.

② См.: РГАНИ. Ф. 3. Оп. 72. Д. 198. Л. 18, 38.

③ Если такие замечания, как добавление в число правых изданий газеты «Студент» или уточнение формулировки о роли чехословацких СМИ в освещении встреч в Чиене-над-Тиссой и Братиславе, носили в целом не слишком принципиальный характер, то просьба «чехословацких друзей» убрать фразу - «контрреволюционные силы проводят сбор подписей на ликвидацию коммунистической партии» - свидетельствовала о том, что в Москве либо недостаточно представляли себе ситуацию в ЧССР, либо, наоборот, умышлено нагнетали страсти для оправдания предстоящей военной акции (См.: РГАНИ. Ф. 3. Оп. 68. Д. 874. Л. 112).

苏联领导层在1968年捷克斯洛伐克危机过程中的处理与决策问题

行动"。① 结果是这封信又发往了莫斯科,最后回到了布拉格。

在苏共中央政治局决定发起行动的紧张时刻,出现了两种截然相反的态势。一方面,在此次军事行动中必须对任何一个细小的变化进行关注,很多决定在其酝酿的过程中,都是用铅笔写在记事本上的。② 另一方面,所有具有重要意义的决定,都必须经过全体委员参加的苏共中央政治局会议讨论通过,其中还包括政治局候补委员和书记处书记。在记录中央委员会的档案材料中,通常都是将那些有发言或建议的人的姓氏标出,再在其后简要记录该人的讲话内容。在此情况下,苏共高层内部的政治生态便生动地展现了出来;在所有重要的决议表决文件上,与会者在预先准备好的文件上签字。当然,这种现象可以被视作"集体领导"的独特落实方式,苏共领导人喜欢采取这样的方式行事,其主要目的还在于一方面让这些重要决定看上去应该由集体来负责,另一方面又颇具戏剧性地让外界难以很好地把握这些"模棱两可"的政治决定。

尽管在保卫捷克斯洛伐克的社会主义果实的问题上花了很多精力并做出了精细的安排,但武装干涉本身在全世界面前所展现的却与苏共领导人所想要达到的效果相去甚远。如果说军事计划非常完美的话,那么政治安排就只能算是不及格。首先,"健康力量"在武装干涉的一开始就遭遇了惨败,他们成为被厌弃者,需要得到保护。③ 很显然,这与杜布切

---

① РГАНИ. Ф. 3. Оп. 68. Д. 874. Л. 111.

② Официально большая часть этих решений была оформлена почти через десять дней, 27 августа, причем у многих из них отсутствовали так ныываемые «листки голосования», по которым можно было бы определить, кто из высшего советского руководства хотя бы ознакомился с тем или иным документом.

③ Тот план действий, который обещала осуществить группа «самых доверенных лиц в ЦК КПЧ» при условии гарантированного ввода союзных войск в Чехословакию в ночь с 20 на 21 августа и о котором так подробно рассказывал Л. И. Брежнев 18 августа на встрече «варшавской пятерки», на практике оказался «мыльным пузырем» - ни один из его пуктов так и не был реализован. Очевидно, какик-то сомнения в том, что все пройдет по плану, были и у участников совещания в Москве, поскольку Брежнев, отвечая на различные вопросы восточноевропейских лидеров, признал в конце совещания, что «нам самим неясны некоторые моменты» (См.: РГАНИ. Ф. 10. Оп. 1. Д. 246. Л. 50).

克和其志同道合者的"政治苏醒"直接相关，他们几乎是在被逮捕的状态下立刻就从乌日霍罗德被带到了莫斯科参加谈判。苏联一方寄希望于通过捷克人和斯洛伐克人自身的力量来恢复"秩序"，事实证明，在捷共党内没有其他领导人拥有可与杜布切克相提并论的威望，特别是出于将捷克斯洛伐克继续留在苏联领导的阵营之中的目的。在寻找递补者的过程中（斯洛伐克政治家 Г. 胡萨克很快就成为递补者），克里姆林宫不仅是需要保留杜布切克的职位，还需要他能够按照莫斯科的意愿行事。为达到这个目的，首先，五国联军需要待在捷克斯洛伐克；其次，莫斯科从蒂萨河畔的切尔纳会议中得出的经验——为了能够让杜布切克信守自己所做出的承诺，要将这些内容以书面的形式进行确定。可以这样说，在"健康力量"掌控了捷克斯洛伐克的政权之后，他们将杜布切克称作成功地逃脱了类似于纳吉、拉科西和 H. 扎恰里迪斯（Н. Захариадис）式命运的幸运者。①

　　除了上述问题，未能成功吸引捷克斯洛伐克总统斯沃博达站到自己的一边，是莫斯科的一个失误。按照计划，在行动发起前的一个小时，契尔沃年科应该将这份苏共中央政治局签署的信件交给斯沃博达，向其解

---

① Надь Имре（1896—1958）- венгерский политический деятель. В октябре-ноябре 1956 г. возглавил революционное правительство Венгрии и Политбюро Центрального Руководства Венгерской партии трудящихся（ЦР ВПТ）. После подавления венгерской революции в ноябре 1956 г. арестован советскими войсками, оккупировавшими Будапешт; в июне 1958 г. приговорен к смертной казни. Ракоши Матиас（1892—1971）- венгерский политический деятель. В июле 1956 г. освобожден с должности первого секретаря ЦР ВПТ, затем выехал в СССР, где и оставался на положении политического ссыльного, без права возвращения в Венгрию, вплоть до своей смерти. Захариадис Никос（1903—1973）- греческий политический деятель. До 1956 г. был генеральным секретарем ЦК КП Греции, после чего, как и М. Ракошин, оставался в СССР（в 1973 г. покончил жизнь самоубийством）на положении политического ссыльно. И Ракошин, и Захариадис насильно удерживались в Советском Союзе как по просьбам новых руководителей компарий Венгрии и Греции, так и из-за боязни Москвы возможного раскола этих партий, поскольку в них долгое время оставались значительными вличние и авторитет двух опальных коммунистических лидеров.

苏联领导层在1968年捷克斯洛伐克危机过程中的处理与决策问题

释发起军事行动的必要性。在此情况下,契尔沃年科认为,假如斯沃博达"对兄弟国家的要求做出激烈反应",那么在向其传递由莫斯科撰写的致捷克斯洛伐克人民的信时,就必须要体现出"足够的机智"了。[1] 不为人知的是,苏联对斯沃博达能否同意接下来的行动是存疑的,毫不稀奇的是,事情果然是这样发展的。尽管这位日后继续担任捷克斯洛伐克总统职务的人,一直在积极地参加莫斯科的一切会谈,并尽自己所能与之相配合,以便尽可能地缓和已经高度紧张的局势,但苏联还是很清楚地看到斯沃博达对之后所发生的一切事件均采取了公然反对的态度。

在为军事行动做准备的过程当中,五个社会主义国家的领导人都对捷克斯洛伐克的国内局势以及武装干涉之后的发展态势做出了预估。在24号于莫斯科召开的会议上,这个问题得到了公开的讨论。干涉行为将捷克斯洛伐克的社会空前地团结了起来,但这种团结全部都建立在反苏基础之上。在这种情况下,不仅仅是"健康力量"的残余部分,每一位公民都开始反对捷共领导层在最近几个月内所推行的政策,后者不由自主地变成了"卖国贼"和"莫斯科的代理人"。杜布切克、O. 切尔尼克(O. Черник)和 B. 斯姆尔科夫斯基(B. Смрковский)这些人虽然在不久前还被称为"左派"或"右派"而遭到攻击,但他们此时却在一瞬间变成了"民族英雄和理想的殉道者"。在武装入侵发起之前,联军曾公开宣称,他们的到来是因为接到了捷克斯洛伐克新领导层和全体人民的邀请,而此时的情况则看起来更加地晦暗不明。没有任何一个新政府(不论是"革命的政府"还是"人民团结的政府")提出军事援助的请求,而临时召集举行的捷共第十四大的主要议题,就是如何设法让外国军队撤出捷克斯洛伐克领土,而且绝大多数民众都将外国军队视为侵略者,而不是社会主义的保卫者。

参加"军事—政治行动"会谈的代表在两次会议上的表态很值得玩

---

[1] РГАНИ. Ф. 3. Оп. 72. Д. 198. Л. 8.

味,他们一共在莫斯科待了6天,前3天是在武装干涉行动之前,后3天则是在这之后。8月18日的时候,与会代表尚且对接下来的行动感到乐观。勃列日涅夫表示,"健康力量"已经联合起来了,他们"团结一致"并且"做好了与右翼势力进行决斗的准备"。① 契尔沃年科与捷共领导层中的"健康力量"就未来几天所采取行动的最后几次谈话,可以确认上述判断,勃列日涅夫还展示了几封他在布拉迪斯拉发时收到的来信,这些斯洛伐克共产党领导人写的信都是要求发起武装干涉的。哥穆尔卡曾经试图小心翼翼地发出提醒,认为很多问题都取决于捷克斯洛伐克国内的形势:"最为重要的是,捷克斯洛伐克的同志会怎么看,再有就是左翼力量会怎么看"。②

到了8月24日的时候,他们对事态的看法已经完全转向另一边了,莫斯科之前所做出的很多设想此时都没有实现。"健康力量"并没有取得什么成功("一部分逃到了大使馆并且拒绝出面领导宣传工作","他们已经心生胆怯了"),在其他时候,这些与会者四散奔逃,在这种情况下采取这样的行动是必然的选择。③ 勃列日涅夫努力使自己的盟友们相信,与处于软禁状态之下的捷共领导层进行会谈不是迫于无奈,也不是一种在原定计划上的退却,④当时最大的争议是如何向捷克斯洛伐克国内和全世界传递关于这场会谈的信息。

---

① Цит. по: The Prague Spring 1968. pp. 324－325.
② РГАНИ. Ф. 10. Оп. 1. Д. 246. Л. 37.
③ В ходе совещания возникла примечательная дискуссия между А. Н. Косыгиным и В. Гомулкой. В ответ на весьма резкое заявление Гомулки, что в Чехословакии фактически уже нет коммунистической партии, Косыгин сказал, что партия есть, приведя в качестве подтверждения своих слов своеобразный и небесспорный аргумент: «Вот уже в течение нескольких дней в Чехословакии очень сложная обстановка, а рабочие на предприятиях работают, никто не выходит на улицу. Значит, рабочий класс кто-то держит в руках, поэтому и нельзя сказать, что в Чехословакии нет партии» // РГАНИ. Ф. 10. Оп. 1. Д. 247. Л. 30.
④ РГАНИ. Ф. 10. Оп. 1. Д. 250. Л. 12.

苏联领导层在1968年捷克斯洛伐克危机过程中的处理与决策问题

关于军事行动的宣传保障是很不合格的。在东欧国家和捷克斯洛伐克本国国内,根本没有人提及关于在蒂萨河畔的切尔纳会议所达成的秘密协议,也没有人提及捷共领导层在暗中破坏他们自己所做承诺的问题。正因如此,如何向全世界尤其是捷克斯洛伐克民众解释,为什么在"胜利结束会谈"一个半月之后却要发起军事行动,是一件很难的事情。在军事行动发起之后,再做合理解释已经不可能了,或者说,首先,捷克斯洛伐克国内的全部媒体都已经掌握在"右翼"的手中了;其次,民族主义—爱国主义情绪高涨的情况下,整个社会受到了外国军队入侵事件的冲击,不论是谁都不愿意倾听侵略者的观点了(尽管还是很有道理的)。

除此之外,由于寄希望于捷克斯洛伐克国内的"健康力量",联军并没有提前安排专门的宣传机构,也没有准备好相应的捷克语和斯洛伐克语宣传材料,①这些东西本应该在武装干涉开始的几个小时内就派上用场的。到了8月23日(也就是军事行动开始两天之后),莫斯科才在捷克斯洛伐克发布了分别使用捷克语和斯洛伐克语的《告捷克斯洛伐克人民共和国国民书》。② 在社会主义阵营的其他国家内,相关的宣传工作也都做得一样的糟糕。但与此同时,在捷克斯洛伐克所发生事件却一直占据着西方国家报纸的头条位置,盖过了同时期所发生的一切全球性事件,不论是苏联国民还是其他干涉行动参与国的国民,在这件事情上所获得的信

---

① Первые попытки союзных войск вести радиовещание на чехословацкую аудиторию вызвали в ЧССР резко отрицательную реакцию даже среди тех, кто одобрял военную акцию: плохой чешский язык комментаров, откровенное незнание повседневной жизни страны, грубые фактические ошибки – все это с головой выдавало тех, кто выступал якобы от имени «чехословацких партиотов, защитников социализма».

② РГАНИ. Ф. 3. Оп. 68. Д. 877. Л. 173. Информируя своих союзников о подготовленном документе, советские руководители в то же время отметили, что «в нашей печати публикация Обращения не предусматривается».

119

息都很少，听到的都是些宣传用语，很多尖锐的问题都没有得到解释。①

虽然克里姆林宫是在发起武装干涉的动议之后三个月才真正行动起来的，但在联军不断向捷克斯洛伐克领土纵深推进的前几天里，却一直处于一种"宣传真空"的状态。最初的捷克语宣传材料出现在行动发起后的第五、六天，莫斯科的报纸、电台和电视台一时都陷入了"宣传沉默"的状态之中，后来不得不痛苦地承认，是因为捷克斯洛伐克人民的智慧才最终战胜了"右翼势力"；如果说苏军在行动发起之时曾经"指望大约有50%—60%的捷克斯洛伐克国民的拥护"，那么在行动发起后的第一周，大约有75%—90%的民众"将苏军的行为视作入侵行为"。② 总而言之，这份文件的起草者根本不可能想到，大批群众对这个"军事—政治行动"的反对最终引发了如此严重的民族屈辱感。与之相反的是，捷克斯洛伐克所发生的事件还能够得出"对未来的教训"。③

最后一次争论绝不是偶然的。在苏共领导层内部，不仅是1968年夏季，在之后的时间里也从未正确和适时地采取过"军事—政治行动"这种手段。如果说存在着部分的分歧，苏共也再没有采取过类似于在1968年8月至1969年4月间"管控"捷克斯洛伐克危机式的方式，在这段时间里，杜布切克领导的捷克斯洛伐克领导层试图坚持（在外国侵略军某种程度上的占领下）其他的政治路线。苏联领导人之所以下定决心进行武装干涉，并不仅仅是出于保守的思想观念，也与其担心社会主义阵营就此瓦

---

① Только 28 августа события в Чехословакии было посвящено 40 статей и заметок в лондонской «Таймс», 68 - в паржской «Монд», 48 - в боннской «Ди Вельт». В СССР в сентябре 1968 г. был также срочно издан сборник документов о ситуации в ЧССР, составленный главным образом на базе различных газетных материалов пресс-группой советских журналистов в Москве (К событиям в Чехословакии: Факты, документы, свидетельства прессы и очевидцев. Вып. 1. М., 1968). Однако незначительный тираж публикации и ее запоздалый выход в свет не позволили сборнику сыграть ту роль, на которую рассчитывали кремлевские пропагандисты.

② РГАНИ. Ф. 89. Оп. 61. Д. 6. Л. 2-4.

③ РГАНИ. Ф. 89. Оп. 61. Д. 6. Л. 1-2.

苏联领导层在 1968 年捷克斯洛伐克危机过程中的处理与决策问题

解直接相关。"冷战"的现实在此次事件中也起到了作用,在两大社会——政治阵营激烈对抗的情况下,苏联与美国均将自己的盟国看作是事关国家生存的重要问题,对这些国家的行为极为看重。尽管很少公开提及,但双方事实上都在奉行"勃列日涅夫主义"或"索南菲尔特主义"的逻辑——将两个超级大国的势力范围进行划分——这一点在 1968 年夏季处理捷克斯洛伐克危机的问题上表现得很明显。

因为关于捷克斯洛伐克 1968 年所发生事件的档案解密的缘故,人们近年来开始对这些历史问题进行重新审视,对捷克斯洛伐克危机的问题提出了新的不同见解。有观点认为,捷克斯洛伐克危机的爆发意味着社会主义体制在该国已经无法运转下去了,[①]也有观点认为,杜布切克不只是打算在国内建立起一个"乌托邦式的社会",还想构建起一个超越苏共领导,按照马克思在 19 世纪中叶设想出的社会主义国家。[②] 很显然,以上的这两种假设都还需要材料来支撑。

谈到捷克斯洛伐克无法完成对其原有社会主义体制改革的原因时(任何意义上的改革或者会招来苏联的坦克,或者会导致其走上资本主义的道路),必须要谈到苏联式的社会主义体制,这种体制模式曾经强行地在东欧国家予以推行。众所周知,苏维埃国家的创始人列宁本人的观点与马克思主义无产阶级理论之间存在很大的不同,这种不同也体现在俄国革命的实践过程之中。苏联建立之后,其组织方式成为唯一的样板,开始强迫其他国家完完全全地学习和复制"苏联先进的经验以及苏共党的组织形式和意识形态"。其结果就是苏联式的共产主义模式在大多数"人民民主"国家(其中就包括捷克斯洛伐克)成为不容触碰的体制,这些国家也不可以借鉴该模式之外的任何经验。

很难承认杜布切克本人是一位合格的马克思主义者。为了能够成为

[①] См.: Пихоя Р. Г. Советский Союз: История власти. С. 342 - 343.
[②] См.: Suri J. Power Protest. p. 200.

列宁—斯大林主义政党的领袖(当然,捷共是这样的政党),必须要拥有某些特质和能力才行,杜布切克自然完全称不上是什么同苏式极权主义进行斗争的"光辉样板"。在谈到捷共党内斗争问题的时候,那些被苏联认作是"右翼力量"的人,同时也是捷共党内权贵阶层的代表人物,就如同那些"左翼力量"和"保守主义"反对派一样。于是,他们的很多行为都不可避免地遵循着党组织制定出来的规则。例如,他们喊出了红色的口号:"民主的社会主义"或者是"带有人的面孔的社会主义",他们自己其实并不清楚如何才能在实践当中实现人性化,他们也没有勇气公开地反对共产主义。由于这些原因的存在,很大程度上导致了捷共的改革者们无法兑现自己的承诺,这些情况都弱化了改革的效果,进而点燃了人们对那些"阻碍"捷克斯洛伐克成为完全自由和独立社会的人的怒火,其中就包括苏联、苏共、捷共当中的传统力量、斯洛伐克的民族主义者等等。这些外部因素开始于报纸上连篇累牍地宣传,再加上接连不断的集会和示威游行,使苏共领导层感到了恐惧也推动了他们采取逮捕捷共领导层的行动。其余参与军事行动的四国,没有出于对苏联负责的态度而粗鲁地干涉了主权国家的内政;可以负责任地说,缺乏长远眼光和充分思考的捷克斯洛伐克改革者们,包括捷共上层当中的"右翼力量"在内,在苏联和其他华约国家发起军事行动对主权国家进行干涉的关键时刻,完全没有真正地履行好自己的职责。

1988 年黑海撞船事件及其对国际海洋法中无害通过权问题的影响

范奕萱

内容提要:1988 年 2 月 12 日,美国海军"约克城"号巡洋舰和"卡隆"号驱逐舰在黑海苏联领海内宣示无害通过权之时,分别遭苏联黑海舰队 FFG-811 号护卫舰和 SKR-6 号巡逻舰撞击。此次争端促使美苏两个超级大国就"军舰无害通过权"问题进行外交谈判,达成了《杰克逊霍尔协定》,完善了海洋法中关于军舰无害通过权的法律实践,强化了《联合国海洋法公约》作为国际海洋法领域根本原则的地位。

关键词:1988 黑海撞船;无害通过;UNCLOS

作者简介:范奕萱,南京大学国际关系研究院硕士研究生。

1988 年 2 月 12 日,在黑海发生著名的"我舰奉命撞击你舰"事件[1],被视为冷战时期美苏对抗的一个标志性事件[2]。当时,美国巡洋舰"约克城"号(USS Yorktown)和驱逐舰"卡隆"号(USS Caron)试图在黑海行使

---

[1] 注意:这一名称为网络描述,是对真实事件中苏联军舰传达讯息的艺术表达,虽然来源不可靠,但足见证该事件在社会上具有一定的影响力和传播力。

[2] John Cushman, "2 Soviet Warships Reportedly Bump U. S. Navy Vessels," *New York Times*, February 13, 1988, p. 1 Section 1.

无害通过苏联领海的权利,故意进入塞瓦斯托波尔(Sevastopol)附近的苏联领海[1]。在美国舰船靠近克里米亚海岸附近时,苏联多次警告,要求美舰改变航向离开苏联领海,否则"我船将撞击你船"[2]。但美国军舰坚持原有航线,认为"其无害航行符合国际法"[3]。在多次警告无果后,苏联军舰SKR-6号巡逻舰和FFG-811号护卫舰以撞击方式驱赶"卡隆"号和"约克城"号军舰,两次撞击造成双方船体轻微损害,无人员伤亡[4]。

撞击事件的背后,是两个超级大国在"军舰无害通过权"问题上的针锋相对。[5] 一年后,双方通过外交谈判和平解决争端,达成共识,彼此澄清"外国军舰在领海内拥有无害通过权"。[6] 在美苏冷战尚未结束的背景下,1988年黑海撞船事件作为海洋法实践案例,补充了《联合国海洋法公约》条文的空白,对于国际海洋法的完善提供了重要的案例研究。[7] 目前国内研究对于该事件缺少必要的关注。因此,本文的研究将聚焦1988年黑海撞船事件中的无害通过权问题,认为1988年涉及美国和苏联的黑海撞船事件,对于海洋法中"无害通过权"的实践具有重要意义,巩固了《联合国海洋法公约》的根本原则地位,促进了海上法治发展。

---

[1] Raul (Pete) Pedrozo, "The Black Sea Bumping Incident," In David Letts and Rob Mclaughlin, eds, *Maritime Operations Law in Practice: Key Cases and Incidents*, London: Routledge, 2023, pp. 91-93.

[2] "Soviets Bump 2 U.S. Warships," *Chicago Tribune*, February 13, 1988, p. 1.

[3] William J. Aceves, "Diplomacy at Sea: U.S. Freedom of Navigation Operations in the Black Sea," *Naval War College Review* II, Spring 1993, pp. 59-79.

[4] William J. Aceves, "Diplomacy at Sea: U.S. Freedom of Navigation Operations in the Black Sea," pp. 59-79.

[5] William J. Aceves, "Diplomacy at Sea: U.S. Freedom of Navigation Operations in the Black Sea," pp. 59-79.

[6] John W. Rolph, "Freedom of Navigation and the Black Sea Bumping Incident: How 'Innocent' Must Innocent Passage Be," *Military Law Review*, 135, 1992, pp. 137-166.

[7] David Letts and Rob Mclaughlin, *Maritime Operations Law in Practice: Key Cases and Incidents*, London: Routledge, 2023, pp. 1-8.

1988年黑海撞船事件及其对国际海洋法中无害通过权问题的影响

一、国际法中的无害通过权及其争议

航行自由和沿海国在其海岸延伸区域内的权利是海洋法的两个基本支柱。然而,具体到无害通过尤其是军舰无害通过方面,这两个基本支柱存在着紧张关系。① 实际上,航行自由问题,或者说无害通过制度,始终是国际海洋法需要解决的核心问题——如何平衡沿海国/船旗国错综复杂且又相互关联的权利与义务关系。② 1982年,经过第三次海洋法会议(UNCLOS Ⅲ)的讨论,《联合国海洋法公约》对领海制度下的无害通过做出了精确的法律定义,其中第17条对"无害通过权"规定如下:"所有国家的船舶,无论沿海国还是内陆国,均享有无害通过领海的权利"。③ 至此,无害通过的概念从最初的格劳修斯"海洋自由原则"这一朦胧状态逐步明确,并最终被编纂成法律条文,其作为习惯法的地位现已得到各国的广泛认同,是国际法中无可争议的原则之一④。

虽然"无害通过权"在1982年的联合国海洋法会议中得到广泛认可,但"军舰的无害通过权"始终是贯穿20世纪海洋法编纂会议的争论焦

---

① Christine Bianco, Zenel Garcia and Bibek Chand, "What Is Innocent? Freedom of Navigation Versus Coastal States, Rights in the Law of the Sea," *Ocean Development & International Law*, Vol. 54, No. 3, 2023. pp. 349-374.

② De Abaroay Goni, Third United Nations Conference on the Law of the Sea: Official Records, vol. Ⅰ, 12 July 1974, p.172. 转引自William J. Aceves, "Diplomacy at Sea: U. S. Freedom of Navigation Operations in the Black Sea," *Naval War College Review* Ⅱ, Spring 1993, pp. 59-79;杨瑛:《〈联合国海洋法公约〉与军事活动法律问题研究》,北京:法律出版社,2018年,第38-39页。

③ United Nations Convention on the Law of the Sea, (1982) 1833 UNTS 3, Art. 19(1).

④ 李红云:《也谈外国军舰在领海的无害通过权》,载《中外法学》1998年第4期,第88-92页。

点。① 在1930年的国际法编纂会议(即1930年海牙会议)上,国际联盟首次尝试对海洋法进行编纂,关于军舰是否享有无害通过权的辩论已然浮出水面。当时,英国一方坚决主张军舰应享有这一权利;而美国、罗马尼亚、荷兰等国则持相反立场,认为军舰进入他国领海前必须得到沿海国的明确授权,并不应自动享有无害通过权。② 这一争议在第一次海洋法大会(UNCLOS I)上继续发酵:英国、美国和荷兰等国坚持支持军舰的无害通过权;然而,波兰、西德、阿拉伯联合共和国和意大利等国家则主张,军舰在进入他国领海前,应当得到沿海国的授权或是至少提前通知沿海国③。1958年的《领海及毗连区公约》中暂时回避了这一争议——该公约并未直接提及军舰的问题。④ 因此,关于军舰是否享有无害通过权的争议仍然悬而未决,留待后续的国际法实践与发展来进一步探讨和确定。

自1973年起,第三次海洋法会议再次将关于军舰无害通过权议题提上了议程。尽管多数大国在此次会议上表达了对军舰无害通过权的支持,但反对之声依然不绝于耳,如日本、阿曼、古巴、尼日利亚等国均坚持认为,条约中应明确赋予沿海国要求军舰在通过其领海前取得事先同意

---

① Christine Bianco, Zenel Garcia and Bibek Chand, "What Is Innocent? Freedom of Navigation Versus Coastal States, Rights in the Law of the Sea," pp. 349 – 374.

② League of Nations, Acts of the Conference for the Codification of International Law: Held at the Hague from March 13th to April 12th, 1930, vol. III, Minutes of the Second Committee, Territorial Waters, (Geneva, 1930), pp. 58 – 62. https://digital.nls.uk/league-of-nations/archive/190514518?mode=transcription.

③ United Nations Conference on the Law of the Sea, Official Records of the United Nations Conference on the Law of the Sea, vol. III [First committee (territorial Sea and contiguous Zone)], (United nations, 1958), pp. 127 – 131. https://legal.un.org/diplomaticconferences/1958_los/vol3.shtml.

④ Christine Bianco, Zenel Garcia and Bibek Chand, "What Is Innocent? Freedom of Navigation Versus Coastal States, Rights in the Law of the Sea," pp. 349 – 374.

1988年黑海撞船事件及其对国际海洋法中无害通过权问题的影响

或发出通知的权利或保留沿海国对通过军舰的管辖权①。最终,为了达成共识,公约对于军舰无害通过问题选择模糊处理,其中第17条对"无害通过权"做出如下规定:"所有国家的船舶,无论沿海国还是内陆国,均享有无害通过领海的权利"②。然而,关于军舰是否可无害通过问题,公约给国际社会留下了一个开放性问题,并无明确提出"军舰享有领海内无害通过权/沿海国不可妨碍外国军舰在其领海的无害通过"③。因此,整个20世纪,军舰的无害通过争论都是海洋法公约编纂的中心话题;从1930年海牙会议,到第一次海洋法会议,再到第三次海洋法会议,各国始终没有在该问题上达成共识,更不必说对军舰无害通过权形成正式的法律准则。④

适用于海上作业的法律是复杂的——除条约法(如1982年《公约》)为海洋权利义务规定提供基本框架之外,海上发生的案件和事件(包括和

---

① Third United Nations Conference on the Law of the Sea, Official Record of the third United Nations Conference on the Law of the Sea, vol. Ⅱ (Summary Records of Meeting of the First, Second, and Third Committees, Second Session), United nations, 2009, pp. 136 – 138; Third United Nations Conference on the Law of the Sea, Official Record of the Third United Nations Conference on the Law of the Sea, vol. XIV (Summary Records, Plenary, General Committee, First and Third Committees, as well as Documents of the Conference, Resumed Ninth Session), pp. 58 – 59.

② United Nations Convention on the Law of the Sea, (1982) 1833 UNTS 3, Art. 19 (1).

③ Raul (Pete) Pedrozo, "The Black Sea Bumping Incident," p. 86; William J. Aceves, "Diplomacy at Sea: U. S. Freedom of Navigation Operations in the Black Sea," pp. 59 – 79; John W. Rolph, "Freedom of Navigation and the Black Sea Bumping Incident: How Innocent Must Innocent Passage Be," *Military Law Review*, 135 (1992), pp. 137 – 166; Shao Jin, "The Question of Innocent Passage of Warships: After UNCLOS Ⅲ," *Marine Policy*, vol. Ⅰ, January 1989, pp. 56 – 67.

④ Christine Bianco, Zenel Garcia and Bibek Chand, "What Is Innocent? Freedom of Navigation Versus Coastal States, Rights in the Law of the Sea," pp. 349 – 374.

平时期和武装冲突期间），推动了适用于海上作业的习惯国际法的产生[1]，两者互为补充，共同作用于国际海洋治理。然而，军舰无害通过权尚未形成广泛的国际实践。[2] 关于外国军舰通行权的实践问题，相关的案例是1949年的科孚海峡一案。国际法院认为英国军舰在科孚海峡有权无害通过阿尔巴尼亚领海，无须阿尔巴尼亚政府提前许可授权。然而，该案件中涉及的航道具有特殊"国际性"，对于普通海上通道的权利义务不具有指导意义。领海中的军舰无害通过权的条件仍值得进一步探讨。[3]

最终，《联合国海洋法公约》在该问题上为了达成广泛共识，并没有对沿海国关于领海的航行控制权问题提出统一明确的定义，这为国家留下自由裁量的权利；同时，国际习惯法因缺少国际共识而尚未形成——这导致了国际社会对于该问题的自由解读，其中尤以美苏之间争执激烈。例如，苏联在20世纪80年代通过国内法规定，外国军舰只能在指定的海上航道无害通过，预设航线之外不允许军舰无害通过[4]——公布国内法以赋予本国沿海管辖权利合法性。针对苏联一类沿海国的主张，美国则自1979年起在各个海域展开航行自由计划（Freedom of Navigation

---

[1] David Letts and Rob Mclaughlin, Maritime Operations Law in Practice: Key Cases and Incidents, London: Routledge, 2023, pp. 1-8.

[2] John W. Rolph, "Freedom of Navigation and the Black Sea Bumping Incident: How Innocent Must Innocent Passage Be." pp. 137-166；杨瑛：《〈联合国海洋法公约〉与军事活动法律问题研究》，第53-59页；吴宏：《论军舰的无害通过权》，大连海事大学硕士学位论文，2013。

[3] Alfred P. Rubin, "Innocent Passage in the Black Sea?", *Christian Sceince Monitor* (March 1, 1988), https://www.csmonitor.com/1988/0301/eship.html.

[4] "Rules for Navigation and Sojourn of Foreign Warships in the Territorial and Internal Waters and Ports of the U.S.S.R", ratified by the Council of Ministers Decree No. 384 of 25 April 1983, reprinted in 24 ILM. 1715, 1717 (1985).

Programme，简称"FON 计划")[①]，坚决反对限制国际社会的航行和飞越的权利和自由[②]，派遣军舰在世界海域中无害通过，试图以此建立"军舰无害通过领海"在习惯法上的合理性。

实际上，1988 年黑海撞船事件并非美苏双方第一次因无害通过权问题产生争议。为对抗沿海国家的海事主张，美国曾多次在苏联领海附近进行自由航行行动，以示其军舰自由航行权利：例如 1968 年美国海军第六舰队在苏联近海航行，遭到苏联舰只的紧密跟踪和强烈抗议；1979 年美国两艘驱逐舰进入黑海展示旗帜，苏联派出多艘轰炸机进行跟踪；1984 年美国驱逐舰在黑海新罗西斯克附近海域进行自由航行计划演习，苏联战斗机以航炮朝该舰尾迹射击，以示警告。[③] 1986 年美国派遣"约克城"号和"卡隆"号进行自由航行计划，遭到了苏联强烈外交抗议，两年后的 1988 年美国重复这一行动，苏联的反应更加强烈，以撞击驱逐军舰出境[④]。而这一次的撞击事件将双方在该问题上的矛盾推向顶峰：面对这一潜在的军事冲突危险，双方再也不能漠视、纵容事态进一步激化。

---

① 美国"航行自由计划"(Freedom of Navigation Program)于 1979 年制定，旨在应对"过度海洋主张"。该计划包括三类烈度递增的行动：一是美国国务院和国防部联合向目标国寻求"磋商"(Consultations)，与目标国交流美国反对的理由；二是国务院负责对目标国发起"外交抗议"(Diplomatic Protests)；三是国防部负责实施"行动宣示"(Operational Assertions)，美军文件通常将此称为"航行自由行动"(Freedom of Navigation Operations)。United States Department of Defense, "Freedom of Navigation Program: Fact Sheet", February 2024, https://policy.defense.gov/OUSDP-Offices/FON/.

② William J. Aceves, "The Freedom of Navigation Program: A Study on the Relationship Between Law and Politics," *Hastings International and Comparative Law Review*. Ⅱ (Winter 1996), p. 259; United States Ocean Policy, Statement by the President, 10 March 1983, https://2009-2017.state.gov/documents/organization/143224.pdf.

③ William J. Aceves, "Diplomacy at Sea: U. S. Freedom of Navigation Operations in the Black Sea," p. 68.

④ Сергей Птичкин. "Атака "Беззаветного". *Rossiyskaya Gazeta* (*in Russian*) (10 April 2014), https://www.rg.ru/2014/04/10/korabli.html.

国际战略与安全研究

二、围绕撞船事件美苏关于无害通过权的斗争及其结果

1988年的黑海撞船事件,将美苏甚至国际社会关于该问题的分歧再次激化。在本次撞击事件中,虽然双方均未出现船体的严重损害和人员伤亡,但事件引发了双方激烈的外交斗争。

苏联认为,美国多次忽视苏联军舰的警告,坚持原有航线进行危险机动,这完全是对苏联的挑衅。① 更重要的是,美国在该水域并不符合"无害通过"要求,美国海军本可以从公海上过境,但却刻意穿过苏联领海,尤其该航线并非苏联承认的国际航行航线②;且美国军舰在过境期间收集情报,损害沿海国国家安全利益③——其行为违反了国际法。④ 对于苏联的指控,美国并不认同,认为事件发生时美国军舰享有无害通过权:美国否认"卡隆"号和"约克城"号正在苏联领海收集情报信息⑤,且不认为苏联有权限制领海内仅预先指定国际航线具有无害通过权,苏联对于美

---

① Office of the Legal Adviser, Department of State, declassified 10 August 1989. 转引 William J. Aceves, "Diplomacy at Sea: U. S. Freedom of Navigation Operations in the Black Sea," pp. 59 - 79.

② 苏联1983年部长级会议公布条例规定,只允许沿着通常用于国际航行的路线无害地通过苏联领海。该规则制定了"分道通航计划",军舰可以通过该计划在波罗的海、鄂霍次克海和日本海航行,不包括黑海航线。"Rules for Navigation and Sojourn of Foreign Warships in the Territorial and Internal Waters and Ports of the U. S. S. R," ratified by the Council of Ministers Decree No. 384 of 25 April 1983, reprinted in 24 ILM. 1715, 1717 (1985).

③ Office of the Legal Adviser, Department of State, declassified 10 August 1989. 转引自 William J. Aceves, "Diplomacy at Sea: U. S. Freedom of Navigation Operations in the Black Sea," pp. 59 - 79.

④ John W. Rolph, "Freedom of Navigation and the Black Sea Bumping Incident: How Innocent Must Innocent Passage Be," *Military Law Review*, 135(1992), pp. 137 - 166.

⑤ William J. Aceves, "Diplomacy at Sea: U. S. Freedom of Navigation Operations in the Black Sea," pp. 70 - 71.

130

1988年黑海撞船事件及其对国际海洋法中无害通过权问题的影响

国军舰无害通过的阻碍不符合国际法规定。① 简而言之,苏联认为,外国军舰在苏联预设国际航线之外的领海海域不享有无害通过权,其依据来源于国内法;美国则认为苏联的预设不存在合法性,习惯法赋予了美国军舰航行自由。因此,事件的核心争议在于——如何界定沿海国对领海无害通过权的限制权利②,即在该苏联领海内,美国军舰是否具有无害通过权?

首先,从法律层面,苏联和美国的行动都缺乏有效力的法律依据。现行的权威国际条约法——《联合国海洋法公约》关于领海内军舰无害通过权利和义务规定存在模糊之处,条约法的缺失导致双方矛盾冲突悬而未决。第三次联合国海洋法大会于1982年通过了《联合国海洋法公约》,其第17条规定"所有国家的船舶,无论沿海国还是内陆国,均享有无害通过领海的权利"③;同时第30条规定"如果任何军舰不遵守沿海国关于通过领海的法律和规章,而且不顾沿海国向其提出遵守法律和规章的任何要求,沿海国可要求该军舰立刻离开领海"。④ 看似详尽的公约却因没有明确军舰是否具有领海内的无害通过权,给持支持和反对意见的两方都留下了自由解释的空间。⑤

作为支持军舰无害通过的一方,美国认为,1982年《联合国海洋法公约》承认了军舰具有无害通过权。其一,公约第17条中写到"所有国家的

---

① Raul (Pete) Pedrozo, "The Black Sea Bumping Incident," pp. 91-93.
② William J. Aceves, "Diplomacy at Sea: U.S. Freedom of Navigation Operations in the Black Sea," pp. 70-71.
③ UNCLOS, Art. 17.
④ UNCLOS, Art. 30.
⑤ 奥本海:《奥本海国际法》上卷第二分册,赫希·劳特派特修订,王铁崖和陈体强译,北京:商务印书馆,1989年,第31页。

船舶",军舰作为"船舶"的子分类,享有这一权利。① 其二,公约第30条关于军舰违反沿海国关于领海通行的法律法规的处理办法时,虽然文本没有明确提及无害通过,但确实提到了"军舰""通过领海"。② 美国、英国、德国和意大利等一些国家坚持认为,这默许了"军舰可在领海内自由航行"这一前提,意味着军舰享有受《公约》第19条第2款规定的无害通过权。③ 同时,美国强调,无害通过与航行自由是习惯法赋予的权利。④

然而美国的理由存在瑕疵。关于《公约》中第17条和第30条对军舰无害通过权的默许问题,在第三次海洋法会议中,许多发展中沿海国试图在《联合国海洋法公约》中列入一项明确规定:沿海国可要求欲行使无害通过权的外国军舰事先通知或经授权后通过。但这项提议被以美国、英国为首的传统海洋强国强烈反对,最终以少数对多数被否决。⑤ 在漫长的第三次海洋法会议讨论过程中,之所以没有为军舰的通行建立特殊的

---

① Bernard H. Oxman, "The Regime of Warships under the United Nations Convention on the Law of the Sea," *Virginia Journal of International Law*, Vol. 24, 1984, pp. 804; Erik Franckx, "The U. S. S. R Position on the Innocent Passage of Warships Through Foreign Territorial Waters," *Marine Policy*, Vol. Ⅵ, November 1990, pp. 484 - 490; Shao Jin, "The Question of Innocent Passage of Warships: After UNCLOS Ⅲ," pp. 56 - 67; Y. Tanaka, "Navigational Rights and Freedoms," in Donald R. Rothwell, Alex Oude Elferink, Karen N. Scott et al., Eds, *The Oxford Handbook of the Law of the Sea*, Oxford: Oxford University Press, 2015, pp. 536 - 546.

② UNCLOS Art. 30.

③ Y. Tanaka, "Navigational Rights and Freedoms", pp. 536 - 546; Erik Franckx, "The U. S. S. R Position on the Innocent Passage of Warships Through Foreign Territorial Waters," pp. 484 - 490; Shao Jin, "The Question of Innocent Passage of Warships: After UNCLOS Ⅲ," pp. 56 - 67.

④ Raul (Pete) Pedrozo, "The Black Sea Bumping Incident," pp. 91 - 93; William J. Aceves, "Diplomacy at Sea: U. S. Freedom of Navigation Operations in the Black Sea," pp. 70 - 71.

⑤ Shao Jin, "The Question of Innocent Passage of Warships: After UNCLOS Ⅲ," pp. 56 - 67.

法律制度,是因为有大量的反对意见无法取得平衡,而非默许了这一"权利"。①"排除该条款并不意味着军舰享有与商船同样的无害通过权,而是表明存在尖锐的分歧,问题尚未解决。"②在第三次联合国海洋法会议结束时,所罗门群岛直言不讳地表示,尽管《公约》即将签署,但其坚定支持沿海国采取必要措施维护自身安全,这包括要求军舰无害通过时事先取得授权或进行通知。③ 因此,《联合国海洋法公约》的成功签署,并不等于军舰无害通过争议的消失,也不意味着默许。

其次,从国际习惯法层面上看,关于军舰无害通过的国家实践远未定论。④ 根据美国《海军索赔参考手册》,目前仍有 51 个国家和地区要求外国军舰进入其领海之前获得许可或提前通知,5 个国家限制能够通过其领海的军舰数量。⑤ 因此,国际社会对商船的无害通过权有共识,而在军舰是否应享有与商船同样权利的问题上,理论和国家实践存在差异,并不满足构成习惯法的基本要素。⑥

为了捍卫这一模糊的"权利",从 1979 年开始,美国正式在各个海域

---

① T. Windsor, "Innocent Passage of Warships in East Asian Territorial Seas," *Australian Journal of Maritime and Ocean Affairs*, 2011, 3, p. 73, p. 79; Shao Jin, "The Question of Innocent Passage of Warships: After UNCLOS Ⅲ," pp. 56 - 67.

② Shao Jin, "The Question of Innocent Passage of Warships: After UNCLOS Ⅲ," pp. 56 - 67.

③ Bianco, C., Garcia, Z., & Chand, B. (2023). What Is Innocent? Freedom of Navigation Versus Coastal States' Rights in the Law of the Sea. *Ocean Development & International Law*, 54(3), 349 - 374.

④ Shao Jin, "The Question of Innocent Passage of Warships: After UNCLOS Ⅲ," pp. 56 - 67; Nasu, H, "The Regime of Innocent Passage in Disputed Waters," *International Law Studies*, 2018, 94, pp. 241 - 283.

⑤ Christine Bianco, Zenel Garcia and Bibek Chand, "What Is Innocent? Freedom of Navigation Versus Coastal States, Rights in the Law of the Sea," *Ocean Development & International Law*, Vol. 54, No. 3, 2023. pp. 349 - 374. 国家详细名录见 Navy Jag Corps 官网:https://www.jag.navy.mil/national-security/mcrm/。

⑥ Zou Keyuan, "Innocent Passage for Warships: The Chinese Doctrine and Practice," *Ocean Development & International Law*, 1998, 29, Vol. 3, pp. 195 - 223.

展开"航行自由计划"①。实际上,美国在借此战略积极引导国际法向利于自身立场的方向发展,正如负责海洋和国际环境与科学事务的助理国务卿约翰·内格罗蓬特(John Negroponte)所说,"在世界海洋上航行的自由,是在习惯国际法的框架内,和平主张法律立场……"美国不允许自己在维护海洋自由方面陷入昏睡状态。② 美国在世界海域中推行 FON 计划,实际上,是试图以此建立"军舰无害通过领海"在习惯法上的合理性,维护美国的海洋权利。美国在黑海进行的航行自由演习,其目的不仅仅是强调美舰在苏联领海有无害通过的权利;更是意在向国际社会表明,每个国家都享有航行和飞越自由。

美国在该水域的试探行动早在 1984 年就开始,美国的军舰分别在 1984 年和 1986 年进入苏联领海③——1988 年的碰撞事件只是将双方的矛盾推向高潮。对于美军军舰的过境,苏联表达了强烈抗议,特别是针对 1986 年的黑海事件,苏联外交部还召开了两次新闻发布会,"以强调局势的严重性"。④ 然而美国不为所动,仍在 1988 年重复了这一行动。实际上,美国国防部对于"自由航行计划"的冲突风险有非常清醒的认知,但坚持认为美国如果想要海上自由,"自由航行计划"是发挥国际习惯法作用

---

① William J. Aceves, "The Freedom of Navigation Program: A Study on the Relationship Between Law and Politics," *Hastings International and Comparative Law Review* Ⅱ (Winter 1996), p. 259.; United States Ocean Policy, Statement by the President, 10 March 1983, https://2009 - 2017. state. gov/documents/organization/143224. pdf, Accessed on February 23rd 2024.

② William J. Aceves, "The Freedom of Navigation Program: A Study on the Relationship Between Law and Politics," p. 259.

③ William E. Butler, "Innocent Passage and the 1982 Convention: The Influence of Soviet Law and Policy," *American Journal of International Law* Ⅱ (April 1987), pp. 331 - 347.

④ William E. Butler, "Innocent Passage and the 1982 Convention: The Influence of Soviet Law and Policy," pp. 344 - 345.

的唯一办法,[1]这与苏联的安全利益相对。对此,美国国务院法律顾问莫查里(Mary V. Mochary)表示,"我们与苏联的分歧涉及苏联试图限制,实际上意图废除军舰通过苏联领海的无害通行权"。[2]

苏联所代表的支持限制军舰无害通过权的一方认为,沿海国有权限制军舰无害通过的权利,这是《公约》赋予沿海国的权利,符合维护国家主权和领土完整的基本国际准则。首先,《公约》第19条第(1)款规定,无害通过不能威胁沿海国的安全;[3]带有武器的军舰对沿海国家的安全构成了非常现实的威胁[4]——因此,《公约》允许各国将军舰的通过归为非无害通过。[5] 其次,第25条规定,沿海国有权采取一切必要措施保护其安全利益,"要求事先通知或授权外国军舰通过的权利"应当被包含在内。[6]此外,《公约》第30条关于对军舰执行沿海国规则的规定,无害通过的支持者将其解释为军舰拥有无害通过权的证据,但沿海国权利的支持者将

---

[1] William M. Arkin, "Spying in the Black Sea," *Bulletin of the Atomic Scientists*, Ⅳ(September 1988), pp. 5-6.

[2] Memorandum of Mary V. Mochary, Principal Deputy Legal Adviser, U. S. Department of State to the Assistant Secretary for Public Affairs, April 26, 1988. 转引自 U. S. Department of State, Office of Ocean and Polar Affairs, Bureau of Oceans and International Environmental and Scientific Affairs, "Limits in the Seas", No. 112, March 9 1992, p. 58. Available from: https://www.state.gov/wp-content/uploads/2019/12/LIS-112.pdf.

[3] UNCLOS, art 19(1).:通过只要不损害沿海国的和平、良好秩序或安全,就是无害的。这种通过的进行应符合本公约和其他国际法规则。

[4] William K. Agyebeng, "Theory in Search of Practice: The Right of Innocent Passage in the Territorial Sea," *Cornell International Law Journal*, Vol. 39, No. 2, 2006, pp. 371-400, http://scholarship.law.cornell.edu/cilj/vol39/iss2/5.

[5] Zou Keyuan, "Innocent Passage for Warships: The Chinese Doctrine and Practice," *Ocean Development & International Law*, 1998, 29, vol. 3, pp. 195-223.

[6] Shao Jin, "The Question of Innocent Passage of Warships: After UNCLOS Ⅲ," pp. 56-67.

本条解释为给予沿海国限制军舰无害通过的权利。① 因此，苏联认为，按照国际法解释，苏联的1983年针对军舰无害通过预设的海上航线的规定是符合国际法要求的，②在这种情况下美国军舰无视警告强行进入苏联领海，在非苏联承认的国际航行航线上航行，没有遵守沿海国规则，违反了国际法。③

然而苏联的法律依据亦不充分。首先关于《公约》第19条的非无害行为活动清单，虽然许多学者认为第19条第(2)(l)款旨在扩大明确规定的活动范围之外的范围，④赋予沿海国一定的自由裁量权和解释权，但仍有学者认为该清单旨在详尽无遗，即非清单内的行为都应算作无害行为，是对沿海国权利的限制。⑤ 更使苏联陷入非议的是苏联在无害通过权问题上反复变换立场。一方面，自20世纪60年代起，苏联海军实力显著增强，在第三次联合国海洋法会议期间积极联合美国、日本、英国、法国组成

---

① Shao Jin, "The Question of Innocent Passage of Warships: After UNCLOS Ⅲ," pp. 56 – 67.

② "Rules for Navigation and Sojourn of Foreign Warships in the Territorial Waters and Internal Waters and Ports of the USSR", ratified by the Council of Ministers Decree No. 384 of 25 April 1983, reprinted in 24 ILM. 1715, 1717 (1985)

③ John W. Rolph, "Freedom of Navigation and the Black Sea Bumping Incident: How Innocent Must Innocent Passage Be," pp. 137 – 166.

④ Kari Hakapää and Erik Jaap Molenaar, "Innocent Passage—Past and Present," *Maritime Policy*, Vol. 23 No. 2, 1999, pp. 131 – 132. ; Y. Tanaka, "Navigational Rights and Freedoms," pp. 536 – 546.

⑤ 如John Noyes, "The Territorial Sea and Contiguous Zone," In Donald R. Rothwell, Alex Oude Elferink, Karen N. Scott et al. , eds, *The Oxford Handbook of the Law of the Sea*, p. 98; T. Windsor, "Innocent Passage of Warships in East Asian Territorial Seas," p. 79,该文认为这容易造成沿海国权力滥用；Bernard H. Oxman, "The Regime of Warships Under the United Nations Convention on the Law of the Sea," pp. 804,该文认为，清单的存在表明无害通过权强调的是行为而非通过船只的性质，只要军舰不做出非无害行为，即享有无害通过权。

1988年黑海撞船事件及其对国际海洋法中无害通过权问题的影响

五国联盟,坚持军舰无害通过的立场。① 最为有利的证明是1974年苏联和东欧国家发起的海上航行草案,其中规定"A款所载规则［关于适用于所有船舶的规则,包括无害通过规则］应适用于外国军舰"。② 然而另一方面,20世纪80年代,随着苏联海军实力的下降,苏联在军舰无害通过问题上的立场在国内法和国际法上出现差别对待。1982年修改的苏维埃社会主义共和国联盟关于苏联国家边界的法律,与1983年的规定共同认定军舰在苏联领海内的无害通过权仅限于指定的海上航道,预设航线之外不允许军舰无害通过。③ 实际上,苏联此举限制了外国军舰在苏联领海内的无害通过权,这与苏联之前在第三次联合国海洋法会议上的立场相违背。

由此可以看出,在《联合国海洋法公约》中没有明确规定"军舰在领海内享有无害通过权"的情况下,美国和苏联关于1988年撞船事件中的无

---

① Erik Franckx, "The U. S. S. R Position on the Innocent Passage of Warships Through Foreign Territorial Waters," pp. 484-490; Pierre Thévenin, "A Liberal Maritime Power as Any Other? The Soviet Union during the Negotiations of the Law of the Sea Convention,"*Ocean Development & International Law*, 52(2), 2021, pp. 193-223.

② Third United Nations Conference on the Sea, Official Records of the Third United Nations Conference on the Law of the Sea, volume Ⅲ (Documents of the conference, First and Second Sessions) (United nations, 1974), 203-205. Christine Bianco, Zenel Garcia and Bibek Chand, "What Is Innocent? Freedom of Navigation Versus Coastal States, Rights in the Law of the Sea," *Ocean Development & International Law*, Vol. 54, No. 3, 2023. pp. 349-374.

③ "Law of the Union of Soviet Socialist Republics on the State frontier of the U. S. S. R" (24 November 1982), reprinted in United Nations, The Law of the Sea: Current Developments in State Practice (1987), pp. 99-100. Available from: https://www.un.org/depts/los/LEGISLATIONANDTREATIES/PDFFILES/publications/E. 87. V. 3. pdf, Accessed on February 23rd 2024. ; Bureau of Oceans and International Environmental and Scientific Affairs, Department of State, Limits in the Sea No. 112, United States Response to Excessive National Maritime Claims 56 (1992); "Rules for Navigation and Sojourn of Foreign Warships in the Territorial Waters and Internal Waters and Ports of the USSR", ratified by the Council of Ministers Decree No. 384 of 25 April 1983, reprinted in 24 ILM. 1715, 1717 (1985).

害通过权的法律依据并非完备可靠,而是都存在漏洞。

此外,在现有的海洋法框架(1982年《公约》)下,1988年黑海撞船事件中美国军舰是否从事非无害行为难以判定。苏联认为,美国军舰在过境期间是在收集情报,严重挑衅苏联,损害国家安全利益。① 《公约》第19(2)(c)条规定,当外国船舶存在任何目的在于搜集情报使沿海国的防务或安全受损害的行为,即可视为损害沿海国的和平、良好秩序或安全,此时其通行并非无害。② 美国曾承认"卡隆"号在黑海行动期间装载了额外的设备,使用电子设备的目的是通过触发苏联雷达来测试苏联部队的战备状态。③ 回到1988年2月12日,曾有负责情报收集的美国官员透露:本次航行的一个目的是收集有关苏联防御的情报……原定航线中涵盖了一个苏联海军基地。并且被撞击的船舰之一——"卡隆"号经常被用来执行收集情报的特殊任务。④

尽管美国白宫否认了苏联对于收集情报的指控,但美国无疑具有威胁苏联安全的嫌疑和能力。⑤ 苏联对于美国军舰搜集情报没有明确的证据,但却有强烈的不安全感:美国军舰"卡隆"号和"约克城"号多次无视苏联军舰的警告,坚持于原有航线进行危险机动,最终导致与苏联海军军舰相撞,这完全是对苏联的挑衅行为。⑥ 面对装备精良、吨位远超苏联舰船

---

① Office of the Legal Adviser, Department of State, declassified 10 August 1989. 转引自 William J. Aceves, "Diplomacy at Sea: U. S. Freedom of Navigation Operations in the Black Sea," pp. 59 - 79。

② UNCLOS Art. 19(2)(c)。

③ "Soviet Ships Shadowed U. S. Vessels' Transit," *The Washington Post*, 20, March 1986, p. 33. A。

④ John Cushman, "2 Soviet Warships Reportedly Bump U. S. Navy Vessels," p. 1。

⑤ William J. Aceves, "Diplomacy at Sea: U. S. Freedom of Navigation Operations in the Black Sea," pp. 70 - 71。

⑥ Office of the Legal Adviser, Department of State, declassified 10 August 1989. 转引自 William J. Aceves, "Diplomacy at Sea: U. S. Freedom of Navigation Operations in the Black Sea," pp. 59 - 79。

1988年黑海撞船事件及其对国际海洋法中无害通过权问题的影响

的美国军舰,苏联因不安全感而进行谨慎且克制的撞击驱逐是可以理解的。

因此,在一系列外交抗议和争吵后,美苏双方意识到,1988年黑海撞船事件的关键分歧在于《公约》中无害通过权的模糊界定。① 1988年的《美苏防止海上事故协议》的年度评估会议上,双方代表团将黑海事件列入正式议事日程进行评估,对此进行长达40分钟的讨论。在会上,苏联马卡罗夫海军上将(Stepan Osipovich Makarov)十分坦率地表示,"完全没有必要做这些挑衅性的行动,如果你们就此打住,我们将不胜感激"。② 美国国防部长弗兰克·卡卢奇(Frank Charles Carlucci Ⅲ)表示,美国在黑海的行动是对航行自由计划的例行试验……不是对他们[苏联]领海的测试,而是对无害通过权的测试。③ 最终,双方一致同意就无害通过权问题进行外交谈判,解决法律争端。

最终,1989年9月,美国国务卿詹姆斯·贝克(James Addison Baker Ⅲ)和苏联外交部长爱德华·谢瓦尔德纳泽(Eduard Ambrosiyevich Shevardnadze)签署了《联合声明》以及所附的《关于无害通过的国际法规则的统一解释》(后文以《杰克逊霍尔协定》指代)。④ 这一双边协议的签

---

① John H. McNeill, "Military-to-Military Arrangements for the Prevention of U.S.-Russian Conflict," *Naval War College Review*. Ⅳ, 1994, pp. 23-29.

② 记录备忘录,主题:第16次《美苏防止海上事故协定》年度评估,1988年《美苏防止海上事故协定》(INCSEA)计划卷宗,行动档案,NHC:马斯廷的访谈。转引自[美]大卫·F. 温科勒:《防止海上事故——INCSEA 概念的历史》,第202页。

③ U. S. Congress, Senate, Committee on Armed Services, Department of Defense Authorization for Appropriations for Fiscal Year 1989, Hearings (Washington: U.S. Govt. Print. Off, 1988), pp. 97-98. 转引 William J. Aceves, "The Freedom of Navigation Program: A Study on the Relationship Between Law and Politics," p. 259.

④ United States of America-Union of Soviet Socialist Republics: Joint Statement with attached Uniform Interpretation of Rules of International Law Governing Innocent Passage, done at Jackson Hole, Wyoming, 23 September 1989, 28 ILM 1444 (1989), 14 United Nations, Law of the Sea Bulletin, 12 (December 1989), 12-13. Cited from: Raul (Pete) Pedrozo, "The Blook Sea Bumping Incident," p. 96.

署,不仅缓和了美苏双方因黑海撞船事件这一挑衅性海军事件而产生的紧张关系,更具有重要的国际法意义。①

三、1988 年黑海撞船事件对国际法的影响

1988 年黑海撞船事件的发生,对国际上僵持已久的关于军舰无害通过制度的讨论起到了助推作用。实际上,在美苏就"军舰无害通过权"问题分庭抗礼多年后,事件直接促成了美苏就该问题的谈判交流——世界上的两个超级大国重新启动双边讨论,共同解决《公约》中关于该定义的模糊问题;②而最终通过的《杰克逊霍尔协定》更是对国际法的发展产生了直接影响。

首先,1989 年 9 月签署的《杰克逊霍尔协定》重新确立了苏联与美国关于无害通过权问题的共识,即"包括军舰在内的所有船舶,无论装载何种货物、武器装备或推进装置,都按照国际法享有无害通过领海的权利,无须事先通知沿海国或获得沿海国授权",③规定了军舰不受限制的无害通过权。这是双方对于《公约》为达成多方共识而模糊表达的"无害通过权"问题的重要澄清和补充。例如,《杰克逊霍尔协定》第 3 款中强调,《公约》第 19(2)条中所列的"通过领海的非无害活动的清单"十分"详尽",只要"通过领海的船舶不从事任何此类活动,则视为无害通过"。④ 这实际缩小了《公约》中第 19(2)(l)条赋予的沿海国对于非无害通过行为的自由

---

① John W. Rolph, "Freedom of Navigation and the Black Sea Bumping Incident: How Innocent Must Innocent Passage Be," p. 163; Raul (Pete) Pedrozo, "The Black Sea Bumping Incident," p. 98.

② John W. Rolph, "Freedom of Navigation and the Black Sea Bumping Incident: How Innocent Must Innocent Passage Be," p. 145.

③ Jackson Hole Agreement, para 2.

④ Raul (Pete) Pedrozo, "The Black Sea Bumping Incident," p. 97.

1988年黑海撞船事件及其对国际海洋法中无害通过权问题的影响

裁量权,①使国际法承认的非无害行为仅限于《公约》中所列出的12项,明确了无害通过权的行使条件,补充完善了《联合国海洋法公约》中对无害通过内容的解释。

在平衡沿海国家主权与国际航行需求这一议题上,构建健康、可行的无害通行制度成为关键;这需要制定统一适用的航行自由规则,确保双方利益得到平衡。② 美苏达成的协议为此提供了重要参考,展示了无害通行制度在国际法中的实践应用。该协议不仅确保了美苏军舰在对方领海内的无限制无害通过权,同时也为其他国家在处理类似问题提供了法律案例和双边协议参考。

其次,《杰克逊霍尔协定》强化了《联合国海洋法公约》作为国际海洋法根本准则的法律地位。《公约》虽于1982年公布,却于1994年生效,事件当时尚未成为正式的国际法律准则。在1989年《公约》尚未生效的情况下,《杰克逊霍尔协议》第1款直接承认,"1982年《联合国海洋法公约》,特别是第二部分第3节规定了有关船舶在领海无害通过的国际法规则",③且《联合声明》第二段规定,两国政府以《联合国海洋法公约》的规定为指导,认为"就海洋的传统用途而言,《公约》构成一般国际法和惯例,公平地平衡所有国家的利益"。④ 这是对《公约》一般法法律地位的直接肯定。更重要的是,双方同意根据《杰克逊霍尔协定》中对《联合国海洋法公约》第19条的解释修改各自的国内法。⑤ 在《杰克逊霍尔协定》签署五天后,苏联修改了1983年规定和1982年边界法,与《联合国海洋法公约》保持一致。同时,美国政府向苏联保证,在承认军舰领海无害通过权的情

---

① 杨瑛:《〈联合国海洋法公约〉与军事活动法律问题研究》,第59页。
② John W. Rolph, "Freedom of Navigation and the Black Sea Bumping Incident: How Innocent Must Innocent Passage Be," p. 145.
③ Jackson Hole Agreement, para 1.
④ Raul (Pete) Pedrozo, "The Black Sea Bumping Incident," p. 96.
⑤ Raul (Pete) Pedrozo, "The Black Sea Bumping Incident," p. 96.

况下,美国军舰将不再根据自由航行计划在苏联领海行使无害通过权。① 两个超级大国"认识到有必要鼓励所有国家根据这些规定协调其国内法律、法规和实践",尊重《公约》的国际条文法地位,使国内法与国际法保持一致。②

最后,美苏双方就1988年黑海撞船事件达成共识,证实了海上争端可以通过谈判和平解决,③发挥了国际法对于国际和平的维护作用。谈判作为和平解决国际争端的第一步,是达成和约的重要途径。④ 实际上,从1986年开始,美国和苏联军方官员同意在《美苏关于防止公海及其上空意外事故协定》(1972年,INCSEA⑤)审查范围之外展开交流,以减少潜在危险活动。而1988年黑海碰撞事件重新激发了这些讨论,推动双方重新寻求在无害通过权问题上的相互谅解,并避免可能导致意外后果或武装冲突的危险行动。⑥ 因此,《杰克逊霍尔协定》第8款呼吁各方通过外交渠道或其他商定手段解决"在船舶通过领海的特定情况下可能出现的所有分歧",而不是诉诸武力。⑦ 同时,为避免黑海撞船事件重演,《杰

---

① William J. Aceves, "Diplomacy at Sea: U. S. Freedom of Navigation Operations in the Black Sea". pp. 74 - 75.

② Raul (Pete) Pedrozo, "The Black Sea Bumping Incident," p. 96.

③ John W. Rolph, "Freedom of Navigation and the Black Sea Bumping Incident: How Innocent Must Innocent Passage Be," p. 165. John H. McNeill, "Military to Military Arrangements for the Prevention of U. S. Russian Conflict," *Naval War College Review* Ⅳ, 1994. pp. 23 - 29.

④ 奥本海:《奥本海国际法》下卷第一分册(赫希·劳特派特修订,王铁崖和陈体强译),北京:商务印书馆,1989年,第3页。

⑤ Agreement Between the Government of The United States of America and the Government of The Union of Soviet Socialist Republics on the Prevention of Incidents On and Over the High Seas, signed in Moscow 25 May 1972, entered into force 25 May 1972, 23 UST 1168; Protocol to the Agreement on the Prevention of Incidents On and Over the High Seas, 22 May 1973, 24 UST 1063. Cited from: Raul (Pete) Pedrozo, "the Black Sea Bumping Incident,"p. 96.

⑥ John H. McNeill, "Military to Military Arrangements for the Prevention of U. S. Russian Conflict," pp. 23 - 29.

⑦ Jackson Hole Agreement, para 1.

1988年黑海撞船事件及其对国际海洋法中无害通过权问题的影响

克逊霍尔协定》第4款规范了类似情况的合理处理,即沿海国对船舶通过其领海的特定行为是否无害提出质疑时,应将其质疑该行为无害的理由告知该船舶,并使该船舶有机会在合理的较短时间内澄清其意图或纠正其行为。[①] 这一典型案例为国际社会通过外交谈判解决国际争端提供了模版,尤其对解决类似海洋争端事件提供有益的参考,对于促进国际社会的和谐与稳定发挥了积极作用。

四、结　论

1988年2月12日,美国海军"约克城"号和"卡隆"号军舰在黑海苏联领海内宣示无害通过权时,分别遭苏联护卫舰FFG-811号和SKR-6号的撞击。该事件的发生促使美苏两国回到谈判桌前,就如何澄清领海的无害通过制度并达成统一共识进行讨论。[②] 最终于1998年双方发表联合声明,签署《杰克逊霍尔协定》,修改国内法以与国际法保持一致。

虽然1988年黑海撞船事件本身没有导致国际法的大规模变革,但它仍然在国际法的实践和原则中留下了有意义的痕迹。《杰克逊霍尔协定》作为一项双边协议,代表了世界上两个卓越的海军大国的共同观点,在国际法实践中具有重要参考意义。首先,它规定了军舰不受限制的无害通过权,并提供了重要的法律案例和双边协议。其次,它鼓励各国遵守1982年《联合国海洋法公约》。最后,双方通过外交渠道解决争端的方式强调了国际社会通过和平手段解决争端的必要性和可行性。这一事件也强调了各国军事舰船在国际水域行动时应遵守国际法和相互尊重的原则。

在国家间关系方面,《杰克逊霍尔协定》在缓和美苏两国之间因撞船

---

① Jackson Hole Agreement, para 1.
② John W. Rolph, "Freedom of Navigation and the Black Sea Bumping Incident: How Innocent Must Innocent Passage Be," p. 163.

事件产生的紧张关系的同时,对于海上冲突管理起到持续性作用。在此之前,美苏两国于1972年5月达成的《美苏关于防止公海及其上空意外事故协定》。这一预防和处理海上事件的技术合作协议的签署为美苏两国海军规定了行为准则和作业规范,使两国间的海上冲突事件较之协定前减少了60%,有效降低了双方海上安全事件风险。[1] 然而,在《美苏关于防止公海及其上空意外事故协定》体制下建立起来的、来之不易的公海礼让和克制在80年代开始出现衰落的迹象。[2] 美国开始频繁在苏联领海内进行试探性"航行自由行动"。[3] 美苏在这一类事情上的争执,在1988年达到了顶峰。1988年的黑海发生撞船事件,虽发生在《美苏关于防止公海及其上空意外事故协定》框架之外,但不仅没有进一步升级危机,其顺利和解反而促进了美苏海上冲突解决机制的完善,结束了美苏在该问题上的长久争端。这次危机事件是一次在冷战期间成功避免事态升

---

[1] 1989年6月1日在莫斯科签署的《美利坚合众国政府和苏维埃社会主义共和国联盟政府关于防止危险军事活动的协定》(Agreement between the Government of the United States of America and the Government of the Union of Soviet Socialist Republic on the Prevention of Dangerous Military Activities,简称为DMA协定)于1990年1月1日生效,28 ILM 977(1989)。该协定建立在1972年美苏海上事故协议的基础上,该协议的签署是为了促进双方海军在领海以外彼此靠近时的航行和飞行安全。《美利坚合众国政府和苏维埃社会主义共和国联盟政府关于防止公海上和上空事故的协定》(Agreement Between the Government of The United States of America and the Government of The Union of Soviet Socialist Republics on the Prevention of Incidents On and Over the High Seas),于1972年5月25日生效,23 UST 1168;1973年5月22日《防止公海上和上空事故协定议定书》(Protocol to the Agreement on the Prevention of Incidents On and Over the High Seas),24 UST 1063 [后称《防止公海上和上空事故协定》或 INCSEA 协定]。Bureau of International Security and Nonproliferation. *Agreement Between the Government of The United States of America and the Government of The Union of Soviet Socialist Republics on the Prevention of Incidents On and Over the High Seas*. http://www.state.gov/t/isn/4791.htm,2024-03-03.

[2] 大卫·F·温科勒:《防止海上事故——INCSEA概念的历史》,邢广梅等译,北京:海潮出版社,2015年,第184页。

[3] William J. Aceves, "Diplomacy at Sea: U. S. Freedom of Navigation Operations in the Black Sea," *Naval War College Review*. II (Spring 1993), pp. 59-79.

级的案例。该事件因引发的紧张氛围和潜在危险引起美苏危机管理研究者的关注,突显了双方在紧张的国际局势下,通过沟通、合作和避免激进举动来防止冲突升级的重要性。

更重要的是,1988年黑海撞船事件证实了海上争端可以通过谈判和平解决。在国际海洋法仍然不断完善的当下,该事件作为"冷战时期大国之间海上争端的先例之一",仍具有重要的参考价值。近年来,中美关系受到海洋争端的影响,中国在东海、南海的一些维权举措受到美国所谓"航行自由行动"的针对。在"航行自由"问题与海洋权益之争中,美苏关于1988年黑海撞船事件的法律处理值得学术界进一步关注。

此外,值得注意的是,历史惯例和国际法对于研究海洋战略和海军问题具有重要意义,国家根据安全战略的实际需求会推动规则的缓慢演变[1]。《杰克逊霍尔协定》所产生的法律结果几乎完全利于美国,在国际社会共识尚未形成的情况下,美国所实行的"自由航行计划"对于习惯法的和平塑造,以及对利于自身利益的法律环境的积极引导,起到了重要作用。美国在国际海洋法实践上的战略经验值得新兴国家学习,尤其是中国和印度等新兴大国并于原有海洋法的强烈诉求。[2] 正如邹克渊教授在分析无害通过权时提出的假设,"《公约》中关于无害通过的规定含糊不清,可能代表一种国家惯例统一的趋势,在适当的时候成为一项新出现的习惯规则"。[3] 遗憾的是,关于1989年美苏谈判,目前仍然缺少公开的档案材料,期待后续有更多研究的出现。

---

[1] Robert Dalsjö, Johan Tunberger and Lars Wedin, "Rethinking Naval Arms Control," *Swedish Ministry of Foreign Affairs*, report no. FOI‐R—5184—SE, October 2020, https://www.foi.se/rest-api/report/FOI-R—5184—SE.

[2] 李岩:《中美关系中的"航行自由"问题》,载《现代国际关系》2015年第11期,第22-28页,第63页;金永明:《中国倡导"新时代航行自由观"的价值、内涵与路径》,载《国际展望》2023年第15期,第102-119页。

[3] Zou Keyuan, "Innocent Passage for Warships: The Chinese Doctrine and Practice," *Ocean Development & International Law*, 29:3, pp.195-223.

人权与最惠国待遇：
里根政府对罗马尼亚的贸易政策[*]

王若涵

内容提要：1981 年里根政府上台后，基本延续了尼克松、卡特政府的对罗马尼亚政策。里根政府初期，美国在给予罗马尼亚最惠国待遇的同时，以缓和的立场争取罗马尼亚对苏联的相对独立。然而，随着冷战局势的变化，美国对罗马尼亚的政策日益收缩，美国利用犹太移民、宗教自由、少数族裔等问题对罗施压，并以最惠国待遇换取罗马尼亚的政治妥协。在美国的不断施压下，罗马尼亚最终在 1988 年初主动放弃同美国的最惠国待遇谈判，美罗关系急剧恶化。在美罗双方就最惠国待遇问题频繁展开外交谈判的过程中，里根政府综合考量了美国国会、美国社会与第三方因素，并高举人权大旗，公然干涉罗马尼亚内政，以实现美国的战略目标。最惠国待遇政策已然被异化为美国的政治工具，成为里根政府日益紧缩的东欧政策之一。

关键词：美国；里根政府；罗马尼亚；最惠国待遇；人权

作者简介：王若涵，南京大学历史学院。

---

[*] 本文由南京大学国际关系研究院舒建中教授指导完成。

人权与最惠国待遇：里根政府对罗马尼亚的贸易政策

最惠国待遇是一项常见的国际贸易制度，其定义是指在关税和国民待遇方面，任何缔约方给予其他国家的产品的任何优惠，应立即无条件地给予其他所有缔约方。最惠国待遇有利于惠国和受惠国进行深入且广泛的贸易往来，从而促进双边经济关系的良好发展。然而，美国往往将最惠国待遇制度异化为政治工具，当其他国家在政治层面上未满足美国对该国的要求时，美国有可能撤销其享有的最惠国待遇，以此作为施加压力或实现特定政治目标的手段。冷战时期，美国尝试利用最惠国待遇政策拉拢或制衡东欧国家，并企图破坏苏东集团的团结。1975年，美国开始授予罗马尼亚最惠国待遇，并持续就此问题与罗马尼亚展开谈判。里根政府时期，最惠国待遇问题已成为美罗双边外交中最主要的议题之一。然而，美国政府日益严厉的人权施压令罗马尼亚不满，并最终使之主动放弃了最惠国待遇。那么，里根政府是如何将人权问题和最惠国待遇挂钩，并向罗马尼亚进行政治施压的？里根政府又是如何通过对罗贸易政策实现其政治目的的？

目前，国内外学者对于该问题的关注较少，现有研究可分为三类。第一类是关于美罗关系在冷战时期的演变，包括政治、经济、文化等诸多方面，但此类研究时间跨度较大、涉及领域较多，缺乏针对性[1]；第二类是关于美国对罗马尼亚的经济政策与外交政策研究，但由于档案未解密，学者们并未涉及里根政府时期[2]；第三类是里根政府时期的冷战政策，包括政治战略、经济援助等问题，但此类研究并未具体到美国对罗最惠国待

---

[1] Joseph F. Harrington and Bruce J. Courtney, *Tweaking the Nose of the Russians: Fifty Years of American-Romanian Relations, 1940–1990*, New York: Columbia University Press, 1991.

[2] Paschalis Pechlivanis, *America and Romania in the Cold War: A Differentiated Détente, 1969–80*, London: Routledge Press, 2019；张芷晗：《美国对罗马尼亚最惠国待遇问题研究(1969—1975)》，硕士学位论文，上海师范大学人文学院，2021年。

遇问题。① 总之,目前国内外有关里根政府时期美国对罗马尼亚最惠国待遇的研究多散见于部分学术著作与期刊论文中,缺乏全面、专门的研究成果。因此,本文试图在前人研究的基础上,利用2023年12月美国最新解密的美国对外关系文集(*Foreign Relations of the United States*,1981-1988,Volume 10,Eastern Europe)中有关罗马尼亚的档案资料,以及美国国务院公报、总统公文与国会记录等对上述问题展开探究。

一、移民问题与美罗最惠国待遇之争

1981年1月20日,里根就任美国总统。里根上台初期,基本延续了前几任政府对苏联阵营的相对缓和的态度,在罗马尼亚最惠国待遇的问题上采取了较为宽松的政策。然而,一些美国官员对罗马尼亚政府对犹太移民的处理方式感到不满。

1981年5月,最惠国待遇审议季即将到来之际,罗马尼亚时任外长斯特凡·安德烈(Stefan Andrei)计划访问华盛顿。在这一背景下,美国国家安全委员会官员艾伦·伦茨(Allen J. Lenz)向国务院提出建议,在给予对罗最惠国待遇之前,美国应要求罗马尼亚政府做出承诺,改善当前的犹太移民状况。②国务院执行秘书保罗·布雷默(Paul Bremer)对此建议进行了反驳,认为延长对罗最惠国待遇有利于向罗马尼亚移民的顺利进行,也更加符合犹太人的利益。因此,布雷默建议美国政府官员与罗马

---

① 赵耀虹:《冷战时期美国对东欧的援助政策(1945—1968)》,硕士学位论文,华中师范大学历史系,2014年;凌胜利:《分而制胜:冷战时期美国楔子战略研究》,北京:世界知识出版社,2015年;姚昱:《二战后美国经济冷战政策的演变》,《冷战国际史研究》2019年第1期;夏亚峰:《里根政府的冷战战略及其后果》,《历史研究》2022年第1期。

② U. S. Department of State, *Foreign Relations of the United State* (cited as *FRUS*), 1981-1988, Vol. 10, Eastern Europe, Washington, D. C.: United States Government Printing Office, 2023, p. 223.

人权与最惠国待遇:里根政府对罗马尼亚的贸易政策

尼亚外长安德烈会见时,应该尽量避免提及移民问题。①由此可见,美国政府内部在对罗最惠国待遇的问题上产生了分歧。

随后,罗马尼亚外长安德烈于1981年5月15日访问华盛顿,并与总统里根、时任国务卿亚历山大·黑格(Alexander M. Haig)等人会见。里根与黑格采纳了布雷默的建议,并没有直接表达美国对罗马尼亚移民程序的不满。但是,当安德烈外长向美国争取数年最惠国待遇,并希望借此来发展更加稳定的美罗贸易关系时,国务卿黑格却并未同意。② 这反映出美国政府内部对于最惠国待遇问题的分歧制衡着国务卿与总统的最终决定,也说明移民问题是美罗最惠国待遇问题的重要影响因素之一。

尽管政府内部对此问题存在争议,但是总体而言,大部分美国官员和民间机构对于延长对罗最惠国待遇持赞成态度。1981年5月27日与29日,国家安全委员会官员保拉·多布里安斯基(Paula Dobriansky)向总统国家安全事务助理理查德·艾伦(Richard V. Allen)表示,最惠国待遇有利于罗马尼亚移民状况的改善,并且在美国国内,国会、犹太社区、商业机构以及部分国家安全委员会官员都赞同延长最惠国待遇。从美国的外交政策来看,最惠国待遇的延长符合美国、以色列等国的利益,也有助于美国保持和东欧、西欧国家的良好关系。因此,多布里安斯基建议无条件延长对罗马尼亚的最惠国待遇,并且里根在给罗马尼亚总统齐奥塞斯库(Nicolae Ceausescu)的下一封信件中不应直接将移民问题和最惠国待遇关联起来。③多布里安斯基认为罗马尼亚移民程序中存在不足之处,但出于政治利益依然建议美国采取温和的外交手段与罗马尼亚展开讨论,避免利用最惠国待遇政策向罗马尼亚施压。

综合考量各方因素后,里根最终决定授予罗马尼亚1981年至1982

---

① *FRUS*, 1981-1988, Vol. 10, p. 230.
② *FRUS*, 1981-1988, Vol. 10, p. 232.
③ *FRUS*, 1981-1988, Vol. 10, p. 239.

年的最惠国待遇。① 尽管给予罗马尼亚最惠国待遇符合美国的商业利益,也客观上为美国干涉罗马尼亚移民问题提供了经济筹码,但美国仍对罗马尼亚的人权情况感到怀疑。②

1982年6月,里根再度决定授予罗马尼亚1982年至1983年的最惠国待遇。③ 但在7月14日给齐奥塞斯库的信中,里根提及罗马尼亚对关于前往以色列的犹太移民的"糟糕"政策,以及政府对各宗教教派成员的"不公正"对待,以此表达美国的不满。在信中,里根以1983年罗马尼亚最惠国待遇的延长为威胁,向齐奥塞斯库施压,要求罗马尼亚改善人权状况。④ 这表明,尽管美国连续给予了罗马尼亚1981年与1982年的最惠国待遇,但人权问题始终是美国向罗马尼亚施压的砝码。在未来双方的交涉中,罗马尼亚的移民、宗教问题将持续成为影响美罗关系的口实。虽然罗马尼亚移民政策与宗教状况令美国不甚满意,但在里根政府初期,美国对罗马尼亚的最惠国待遇政策总体而言比较宽松。

移民问题是美国与社会主义阵营的国家进行最惠国待遇博弈的核心问题之一。早在1972年,美国与苏联就曾因苏联向犹太移民收取税费而产生分歧,最终导致美国取消苏联最惠国待遇。在1974年颁布的《杰克逊-瓦尼克修正案》中,美国也明确规定限制本国移民的非市场经济国家不得获得美国所提供的最惠国待遇。

然而,在1982年11月8日,罗马尼亚颁布了《教育还款法令》

---

① *Public Papers of the Presidents of the United States*(cited as *PPPUS*), Ronald Reagan, January 20 to December 31, 1981, Washington, D. C.: United States Government Printing Office, 1982, pp. 478 - 479.

② *Department of State Bulletin*(cited as *DSB*), August, 1981, Vol. 81, No. 2053, Washington D. C.: The Office of Public Communication in the Bureau of Public Affairs, 1981, p. 76.

③ *PPPUS*, Ronald Reagan, January 1 to July 2, 1982, Washington, D. C.: United States Government Printing Office, 1983, pp. 720 - 722.

④ *FRUS*, 1981 - 1988, Vol. 10, pp. 278 - 279.

人权与最惠国待遇:里根政府对罗马尼亚的贸易政策

(Education Repayment Decree)。此法令规定,所有离开罗马尼亚的本国移民有义务全部偿还他们欠国家、组织和个人的债务,并偿还国家为他们的教育所支付的费用。①《教育还款法令》的目的是要求罗马尼亚移民对国家经济进行补偿,但在美国看来,这违背了《杰克逊-瓦尼克修正案》,是一种变相的对移民的经济限制。美国迅速采取行动以回应《教育还款法令》。1982年12月1日,里根就罗马尼亚《教育还款法令》的问题致信齐奥塞斯库,对于《教育还款法令》表示为难,并敦促罗马尼亚重新考虑该法令的颁布。在信中,里根警告该法令的颁布可能使美国中止对罗最惠国待遇,因此建议通过派遣特使、召开双边会议等方式来促使罗马尼亚主动撤销《教育还款法令》。② 这侧面反映出,虽然美国试图干涉罗马尼亚的移民政策,但美国政府不愿意承担因撤销最惠国待遇使得美罗双边关系恶化的责任。

1982年12月7日,美国驻罗马尼亚大使大卫·芬德伯克(David Funderburk)与齐奥塞斯库在布加勒斯特会面。齐奥塞斯库回应了里根的信,并指出美国的行为不仅为最惠国待遇的授予设置了壁垒,而且也干预了罗马尼亚内政。③ 然而,尽管齐奥塞斯库表现出的态度较为强硬,但最终同意通过与美国展开谈判来维持两国间的友好关系,这为《教育还款法令》的最终撤销留下了回旋的余地。

罗马尼亚外长安德烈于1982年12月29日向大使转交了齐奥塞斯库总统就里根总统致函所作的复函,齐奥塞斯库在信中强调,《教育还款法令》是罗马尼亚内政问题,人才外流是罗马尼亚的损失,美国不应该拿最惠国待遇作为威胁来干预其内政。齐奥塞斯库同意和美国政府继续据此问题进行交涉,尽量达成双方满意的有关移民问题的解决方案。④

---

① *FRUS*, 1981–1988, Vol. 10, p. 281.
② *FRUS*, 1981–1988, Vol. 10, p. 284.
③ *FRUS*, 1981–1988, Vol. 10, p. 286.
④ *FRUS*, 1981–1988, Vol. 10, p. 294.

1983年1月10日和11日，美国特使劳伦斯·伊格尔伯格（Lawrence Eagleburger）与齐奥塞斯库、罗马尼亚外长安德烈就《教育还款法令》的问题进行了会谈。伊格尔伯格表示，如果《教育还款法令》得到执行，罗马尼亚将失去最惠国待遇。① 会议结束后，齐奥塞斯库既没有取消《教育还款法令》，但也没有拒绝和美国展开交涉。

面对齐奥塞斯库的反应，新上任的美国国务卿乔治·舒尔茨（George Shultz）于1983年1月14日向里根建议，如果罗马尼亚执行《教育还款法令》，美国政府就必须对罗马尼亚进行经济制裁，取消1983年至1984年的最惠国待遇，以此向罗马尼亚施压。但同时，美国也要为美罗关系的改善留下余地，因此舒尔茨建议里根延长一年对罗马尼亚的基本豁免权，以便美国在罗马尼亚取消该法令时及时恢复最惠国待遇。② 无独有偶，欧洲事务助理国务卿罗比·马克·帕尔默（Robie Mark Palmer）在1983年3月23日致函国务卿舒尔茨时也建议，如果罗马尼亚停止征收移民教育费并改善移民程序，美国将恢复对罗最惠国待遇。③ 帕尔默详细论述了在暂停最惠国待遇之后，美国应如何继续维护良好的美罗关系，并从出口信贷、国事访问、地面卫星出口、经贸合作、教育文化活动、人权与移民等方面向舒尔茨提出了建议。在帕尔默看来，尽管中止最惠国待遇会恶化美罗关系，但美国需要维护在罗马尼亚的根本政治利益，即促进罗马尼亚相对独立于苏联和华沙组织条约，以破坏苏东集团的团结。④

显然，作为苏东集团内的一员，罗马尼亚成为美国极力争取拉拢的对象。美国视罗马尼亚为冷战期间社会主义阵营的潜在突破口，因此维系与罗马尼亚的友好关系符合美国的战略利益。虽然在《教育还款法令》颁布后，美国有意中止对罗最惠国待遇，但在实际谈判的过程中，美国对两

---

① *FRUS*, 1981–1988, Vol. 10, p. 296.
② *FRUS*, 1981–1988, Vol. 10, p. 300.
③ *FRUS*, 1981–1988, Vol. 10, p. 304.
④ *FRUS*, 1981–1988, Vol. 10, p. 301.

人权与最惠国待遇:里根政府对罗马尼亚的贸易政策

国关系表现出了相当谨慎的态度,极力避免美罗关系的恶化。

1983年5月5日,在美国的压力下,齐奥塞斯库决定停止《教育还款法令》,该决定于5月12日生效,但罗马尼亚不打算公开宣布《教育还款法令》的取消。① 随后,齐奥塞斯库在给里根的信中向美国做出保证,罗马尼亚不会对移民设置经济和程序障碍,但同时,罗马尼亚也不鼓励移民。② 在罗马尼亚决定废除《教育还款法令》后,里根于1983年6月1日迅速做出了回应,延长了对罗马尼亚的最惠国待遇。③ 这从侧面展现出美国对罗马尼亚移民程序的高度关注,移民问题已然成为美罗最惠国待遇谈判的重要筹码。

美国对罗马尼亚的施压最终取得了预期效果,初步实现了其政治目标。然而,齐奥塞斯库的措辞暗示罗马尼亚政府在放弃《教育还款法令》时并非心甘情愿,这说明在权衡利弊后,罗马尼亚政府认为维持与美国的良好经济关系能够带来更大的长远利益,因此齐奥塞斯库不得不在移民问题上做出妥协。

齐奥塞斯库的退让从一个侧面展现出了最惠国待遇政策对罗马尼亚的经济发展的重要性,因此罗马尼亚政府始终不满足于只获得一年制的最惠国待遇。早在卡特政府时期,罗马尼亚便尝试向美国争取数年最惠国待遇,这种努力一直持续到里根政府时期。在《教育还款法令》事件结束后,1983年9月18日,美国副总统乔治·布什(George H. W. Bush)与齐奥塞斯库进行了四小时的私人会谈,双方谈到了最惠国待遇的问题。齐奥塞斯库希望美国可以取消最惠国待遇的年审制,而布什则建议罗马尼亚改善其人权状况,从而增加获得数年最惠国待遇的可能性。④ 尽管罗马尼亚再度向美国争取数年最惠国待遇,但在美国看来,罗马尼亚在人权

---

① *FRUS*, 1981-1988, Vol. 10, p. 306.
② *FRUS*, 1981-1988, Vol. 10, p. 307.
③ *FRUS*, 1981-1988, Vol. 10, p. 308.
④ *FRUS*, 1981-1988, Vol. 10, p. 328.

问题上的表现尚未达到美国的期望,布什委婉地拒绝了罗马尼亚的请求。这体现出美国隐藏在最惠国待遇之后的政治野心,最惠国待遇的年审制为美国持续对罗马尼亚施压提供了条件,从而使最惠国待遇的政治影响力与经济吸引力实现最大化。

在美国政府与罗马尼亚就《教育还款法令》所展开的激烈讨论中,有两个问题值得探讨。首先,为什么罗马尼亚明知《教育还款法令》违反了《杰克逊-瓦尼克修正案》但最终依然决定颁布该法令? 在该法令颁布之前,里根已经多次在信中提及人权问题,特别是在1982年7月14日的信件中,里根直接以1983年至1984年的对罗最惠国待遇作为威胁对罗施压。在此信件发出的四个月中,齐奥塞斯库没有进行回复,而是直接出台了《教育还款法令》,这暗示了罗马尼亚对美国的人权政策十分不满,试图以此方式对美国的人权干涉行径做出回应。第二,罗马尼亚为何最终放弃了《教育还款法令》? 在整个商议过程中,美罗各执一词,罗马尼亚主张美国不应该干涉罗马尼亚内政,而美国则以"杰克逊-瓦尼克精神"驳斥罗马尼亚。在经济利益和政治利益的矛盾中,罗马尼亚为了保持与美国的良好的经贸关系,最终向美国妥协,使美国达到了其外交目的。

此事件结束后,美国授予了罗马尼亚1984年至1985年的最惠国待遇。①

二、宗教自由问题与美罗最惠国待遇之争

在里根的第二任期内,美国对罗马尼亚的政策不断收紧。在1985年,罗马尼亚内部经济状况日趋严峻,同时承受着美苏双方的双重压力。在这一背景下,拒绝任何一方的援助都将对罗马尼亚的经济发展造成不

---

① *PPPUS*, Ronald Reagan, BOOK 1, January 1 to June 28, 1984, Washington, D. C.: United States Government Printing Office, 1986, pp. 768 – 770.

人权与最惠国待遇：里根政府对罗马尼亚的贸易政策

利影响；而接受任何一方的政治条件又将对齐奥塞斯库政府的统治造成冲击。最终，罗马尼亚政府选择向美国妥协。1985年6月，罗马尼亚方面同意采纳新的、更为便捷的程序来处理罗马尼亚公民前往美国的移民事务。随后，1985年7月，里根授予了罗马尼亚1985年至1986年的最惠国待遇。①

然而，美国对罗马尼亚的人权关注早已不局限于移民问题。1985年8月，美国召开"罗马尼亚人权状况"听证会，并在会议上对罗马尼亚目前的宗教、移民、少数族裔与个人自由的问题展开评估。在美国看来，尽管罗马尼亚在移民程序上有所改善，但在宗教自由与少数族裔的问题上，其表现并不令美国满意。② 本场听证会从一个侧面体现出，美国对罗马尼亚人权状况的关注范围逐步扩大，这也为接下来美国就宗教问题对罗施压埋下了伏笔。

1985年12月6日，在国务卿舒尔茨即将访问罗马尼亚之前，里根致函齐奥塞斯库，对罗马尼亚在6月优化移民处理程序表示赞许，但同时对罗马尼亚的宗教自由问题又提出了新的要求。里根要求罗马尼亚允许进口和传播《圣经》和其他宗教书籍，并放宽对不被承认的宗教团体的行政管制。③

随后，美国国务卿舒尔茨于1985年12月12日访问罗马尼亚，与齐奥塞斯库会面并深入讨论了宗教自由问题。在会议上，舒尔茨指出，罗马尼亚不应粗暴对待福音派基督徒。然而，齐奥塞斯库坚持认为罗马尼亚东正教会是法律规定的国家教会，因此只有东正教会才能负责宗教出版物的发行，因此并未就此问题向舒尔茨让步。齐奥塞斯库对于宗教问题

---

① *PPPUS*, Ronald Reagan, BOOK 1, January 1 to June 28, 1985, Washington, D. C.: United States Government Printing Office, 1988, pp. 708-709.

② *DSB*, August, 1985, Vol. 85, No. 2101, Washington D. C.: The Office of Public Communication in the Bureau of Public Affairs, 1985, pp. 59-61.

③ *FRUS*, 1981-1988, Vol. 10, p. 390.

表现出强硬态度,但也指出美罗双方可以对此问题进行谈判,从而找到解决问题的办法。①

尽管齐奥塞斯库并未同意扩大宗教自由,但经多方讨论,美国政府依然认为给予最惠国待遇是最符合美国利益的决定。1986年4月2日,驻罗大使罗杰·柯克(Roger Kirk)在给国务院的电报中建议,美国应该续签与罗马尼亚1986年的最惠国待遇,柯克从欧洲内部多样性、移民、人权、经济等多个方面试图说明美国续签对罗最惠国待遇符合美国的利益。柯克认为,虽然罗马尼亚属于东欧国家,但是其奉行独立自主的外交政策,与苏联、其他华约国家在多个议题上存在分歧,支持罗马尼亚能够破坏苏联对东欧的控制,因此给予罗马尼亚最惠国待遇意味着美国承认了罗马尼亚的相对独立地位。②国务卿舒尔茨的观点与柯克类似。1986年5月21日,在给里根的公务便条中,舒尔茨建议继续延长对罗最惠国待遇,从而推动罗马尼亚移民、宗教自由、经济独立等方面的进展。

然而,国会与政府之间在最惠国待遇问题上出现了分歧。部分国会议员批评了罗马尼亚的宗教政策,并提出议案要求暂停或撤销罗马尼亚的最惠国待遇。因此,总统国家安全事务助理约翰·波因德克斯特(John Poindexter)建议里根,一方面总统向国会建议延长最惠国待遇的同时需要说明政府对人权的关切,另一方面在给齐奥塞斯库的信中须就宗教自由问题向罗马尼亚施压,并以取消下一年的对罗最惠国待遇作为威胁。③

综合分析这些建议后,国务院的态度依然倾向于延长罗马尼亚最惠国待遇。国务院坚持,无论是为了促进罗马尼亚的移民进程,还是从其经济独立性的层面来考虑,授予罗马尼亚最惠国待遇均符合美国的国家利益。然而,国务院也注意到,罗马尼亚内部宗教政策的紧缩倾向可能引发

---

① *FRUS*, 1981-1988, Vol. 10, p. 385.
② *FRUS*, 1981-1988, Vol. 10, p. 387.
③ *FRUS*, 1981-1988, Vol. 10, p. 390.

人权与最惠国待遇：里根政府对罗马尼亚的贸易政策

国会及美国舆论的强烈反对。即便国务院提出延长最惠国待遇的建议，总统也必须充分考虑国会与公众的反应。因此，在努力维护美罗友好关系的同时，国务院在制定相关策略时也需要确保里根政府不会因这一决策而遭受国会的弹劾。

最终，在国务院的建议下，1986年6月3日，里根致函齐奥塞斯库，决定继续延长1986年至1987年的最惠国待遇。但在信中，里根以取消最惠国待遇为威胁，要求罗马尼亚改善宗教问题。①

虽然美国最终授予罗马尼亚1986年至1987年的最惠国待遇，但同时美国也就宗教问题向齐奥塞斯库政府施压。在接下来的一年中，美罗双方没有商议过最惠国待遇的议题。但在1986年底，美国以"罗马尼亚政权性质无法为工人权利提供保障"为由②，宣布罗马尼亚违反了美国国会在1984年修改的有关普惠制的法案，并取消了罗马尼亚的普惠制。尽管罗马尼亚商务部部长伊利亚·瓦杜瓦（Ilie Vaduva）努力向美国争取普惠制的延长，但美国还是没有改变最终决定。普惠制的取消，侧面展现出了里根政府日益强硬的对罗政策，为接下来激烈的美罗最惠国待遇之争埋下了伏笔。

三、少数族裔问题与美罗最惠国待遇之争

特兰西瓦尼亚地区在历史上曾属于匈牙利，1920年协约国集团和匈牙利签订《特里亚农条约》后，特兰西瓦尼亚地区被割让给了罗马尼亚。然而，大量匈牙利族裔依然聚居于此，匈牙利和罗马尼亚因此矛盾不断。在卡特政府时期，美国已高度重视罗马尼亚境内的匈牙利少数族裔问题。在1978年齐奥塞斯库访问华盛顿之前，美国的66名国会议员联合上书

---

① FRUS, 1981–1988, Vol. 10, p. 394.
② FRUS, 1981–1988, Vol. 10, p. 403.

卡特,要求卡特在齐奥塞斯库访问期间表达美国对此问题的关切并商讨解决方案。① 在里根政府时期,匈牙利少数族裔问题的影响力持续上升。

1987年5月8日,据美国驻匈牙利大使馆的消息,罗马尼亚限制其公民前往匈牙利,而匈牙利语的书籍也在年初被罗马尼亚官方禁止。② 罗马尼亚和匈牙利的关系逐渐变得紧张。1987年5月18日,美国驻罗大使馆与《罗马尼亚自由报》作家尼古拉·卢普(Nicolae Lupu)在午餐会上就各种议题进行了讨论。卢普认可美国对罗马尼亚人权问题的关注,但同时指出,将匈牙利族裔问题与最惠国待遇联系起来会损害美罗双边关系。③

利用第三方"自由人士"来和美国交涉是罗马尼亚政府常用的外交手段之一。美国在此之前并没有公开干预罗马尼亚内部的匈牙利少数族裔问题,但如果美国将匈牙利族裔问题和最惠国待遇联系起来并以此威胁罗马尼亚,罗马尼亚必定会面临主权和经济利益二选一的难题。因此,卢普充当了罗马尼亚和美国之间的说客,从而向美国传递了罗马尼亚政府所发出的信号,并提醒美国不要干涉特兰西瓦尼亚的匈牙利少数族裔问题。

在接收到罗马尼亚政府的暗示之后,美国政府决定将罗马尼亚的最惠国待遇再延长一年,并将豁免最惠国待遇的决定转交给国会。④ 1987年6月2日,助理国务卿托马斯·西蒙斯(Thomas Simons)与罗马尼亚大使尼古拉·加夫里列斯库(Nicolae Gavrilescu)会面。西蒙斯强调了做出这个决定的艰难性,并希望罗马尼亚政府能持续改善人权问题,而不是

---

① U. S. Department of State, *FRUS*, 1977-1980, Vol. 20, Eastern Europe, Washington, D. C.: United States Government Publishing Office, 2015, p. 615.
② *FRUS*, 1981-1988, Vol. 10, p. 413.
③ *FRUS*, 1981-1988, Vol. 10, p. 416.
④ *FRUS*, 1981-1988, Vol. 10, p. 418.

人权与最惠国待遇：里根政府对罗马尼亚的贸易政策

快到最惠国待遇审议季的时候再开始行动。①直至1987年，美国依然视延长最惠国待遇为其双边关系中的最优策略，尽管此举在国会中引起了广泛争议，但政府仍为其进行辩护。除此以外，在美国看来，罗马尼亚仅在最惠国待遇审议季时才采取敷衍的态度应对人权问题，这将加剧美国国会对罗马尼亚的负面印象，进而对政府为罗马尼亚最惠国待遇所作的辩护造成不利影响。美方认为，罗马尼亚的人权改善进程较为缓慢，美国对罗马尼亚的政治施压所取得的成效并没有达到预期，因此希望借助最惠国待遇实现美国的战略意图，即持续干涉罗马尼亚的人权问题，进而动摇罗马尼亚的政治局势。

1987年6月17日，西蒙斯与罗马尼亚副外长奥林匹亚·索罗蒙内斯库（Olimpia Solomonescu）举行了午餐会，在会上美国提及了匈牙利少数族裔的问题。西蒙斯代表美国表示，匈牙利族裔问题确实属于罗马尼亚领土主权和内政问题，美国不会在这个问题上有所异议，但是，美国会时刻关注匈牙利族裔的人权问题。②美国官员在会谈过程中较委婉地提及了匈牙利少数族裔这一敏感问题，并最终在会议后决定授予罗马尼亚1987年至1988年的最惠国待遇。这一现象表明，美国采纳了卢普的建议，换言之，美国接受了罗马尼亚政府所释放的信号。美国意识到，匈牙利族裔问题属于罗马尼亚内政，如果美国强加干涉，只会引起齐奥塞斯库政府的反抗。相较于激怒罗马尼亚，维持与罗马尼亚的良好关系——哪怕只是表面上的友好，也更符合美国的长远政治利益。

在西蒙斯与索罗蒙内斯库会见的同一天，1987年6月17日，罗马尼亚首席拉比③罗森（Chief Rabbi Rosen）告诉美国驻罗大使馆，据布加勒斯特市长的消息，为了重建城市，罗马尼亚即将拆除大犹太教堂。④ 大教

---

① *FRUS*, 1981 - 1988, Vol. 10, p. 419.
② *FRUS*, 1981 - 1988, Vol. 10, p. 438.
③ 首席拉比（Chief Rabbi）是犹太社团、教会中的领袖
④ *FRUS*, 1981 - 1988, Vol. 10, p. 439.

堂对于犹太民族而言有着相当深远的历史意义,一旦大教堂被拆除,必然会引起以色列等国家和犹太群体的抗议。因此,美国对于大教堂拆除计划感到不满,但为了避免事态恶化,美国政府接受美国驻罗大使柯克的建议,选择秘密处理该问题。

1987年6月18日,国务院欧洲事务局助理罗珊·李奇威(Rozanne Ridgway)致电罗马尼亚驻美大使加夫里列斯库,表达了美国政府对于大犹太教堂拆除的关切。然而,加夫里列斯库却表示自己并未听说政府即将决定拆除大犹太教堂的消息,[1]并在第二天的回访中再次重复了这一立场。罗马尼亚的副外长索罗蒙内斯库也向美国大使表示,罗马尼亚保证布加勒斯特的三座主要犹太建筑(合唱会堂、大会堂和犹太博物馆)不会被拆除,相关的报道"与事实不符"。[2]

尽管罗马尼亚的两位外交官员反复表示不会拆除犹太建筑,但据美国驻罗大使馆的消息,罗马尼亚拆迁了大犹太教堂附近的建筑物,这使得美国对罗马尼亚的怀疑不断增加。虽然拆除大教堂的传闻已经被罗马尼亚官方否认,但美国依然以此为切入点,试图干涉罗马尼亚的内政外交。大犹太教堂事件为美国进行政治干预提供了契机。

针对罗马尼亚强硬的态度,1987年6月26日,美国参议院以57票赞成、36票反对,通过了《阿姆斯特朗-多德修正案》(Armstrong-Dodd Amendment),在接下来的6个月中暂停对罗马尼亚的最惠国待遇。[3] 此后不久,1987年6月27日,罗马尼亚驻美大使加夫里列斯库与美国助理国务卿西蒙斯会见。西蒙斯表示,美国政府并不支持国会的修正案。随后,西蒙斯建议罗马尼亚政府在面对参议院时需要保持理智和冷静,而且罗马尼亚应该持久改善人权状况,而不是等到临近最惠国待遇审议的时

---

[1] *FRUS*, 1981-1988, Vol. 10, p. 441.
[2] *FRUS*, 1981-1988, Vol. 10, p. 442.
[3] *U.S. Congressional Record*, June 26, 1987, No. 133, p. 17759.

人权与最惠国待遇:里根政府对罗马尼亚的贸易政策

候再采取措施优化人权,并派遣访员和代表团访问美国来弥补人权表现上的不足。① 尽管美国政府与议会在该修正案的问题上产生了分歧,但两者均对罗马尼亚的人权状况感到不满。

为了表达对《阿姆斯特朗-多德修正案》的抗议,罗马尼亚时任外长伊万·托图(Ioan Totu)停止了前往美国的移民程序,并取消所有先前给予的移民批准。② 美国驻罗大使馆对此感到紧张与不满,因此建议美国国务院加快批准93号签证③并建设志愿难民收容所(Volunteer Resettlement Agency),从而协助解决罗马尼亚的移民问题。美罗双方的关系变得日益紧张。

随后,1987年11月5日,美国国会议员富兰克·沃尔夫(Frank Wolf)和威廉·李斯特·阿姆斯特朗(William Lister Armstrong)提出提案,要求取消对罗马尼亚的最惠国待遇④,此提案引起了美国政府和罗马尼亚的重视。在1987年11月9日,助理国务卿西蒙斯、新任罗马尼亚驻美国大使伊昂·斯托伊奇(Ion Stoichici)和第一秘书丹·杜米特鲁(Dan Dumitru)在华盛顿共进午餐时,一起讨论了"沃尔夫-阿姆斯特朗提案"(Wolf/Armstrong proposal)的前景以及美国对《杰克逊-瓦尼克修正案》的看法。

西蒙斯代表国务院表示,美国政府并不赞同"沃尔夫-阿姆斯特朗提案",因为这违反了国际法,并且不利于美国商人进行贸易活动;除此以外,如果提案被通过,《杰克逊-瓦尼克修正案》就不能再帮助美国改善与其他社会主义国家的关系。⑤ 在美国政府的强烈抗议下,国会提出了折

---

① *FRUS*, 1981-1988, Vol. 10, p. 445.
② *FRUS*, 1981-1988, Vol. 10, p. 446.
③ 93号签证是一种特殊类型的难民签证,也被称为"跟随加入"。居住在美国的主要难民有权申请配偶和未婚未成年子女以难民身份与他/她一起前往美国,详情见 *FRUS*, 1981-1988, Vol. 10, p. 446.脚注3.
④ *U. S. Congressional Record*, November 5, 1987, No. 133, p. E4367.
⑤ *FRUS*, 1981-1988, Vol. 10, p. 464.

中方案,即暂停对罗最惠国待遇,但保留合约的有效性。① 这不仅避免了美罗关系的激烈恶化,也给美国进一步对罗人权干预留下了缓冲时间。在会议最后,西蒙斯强调,罗马尼亚需要处理好匈牙利少数族裔的问题。② 这暗示着真正令美国国会感到不满的是罗马尼亚国内的匈牙利少数族裔的人权问题。

与国会的立场不同,美国政府建议总统继续给予罗马尼亚最惠国待遇。1987年11月20日,总统国家安全事务助理富兰克·卡卢奇(Frank Carlucci)在给里根总统的公务便签中依然建议延长对罗最惠国待遇,并从政治形势、人权形势、《杰克逊-瓦尼克修正案》的价值与国会情况四个方面来对此建议进行了解释。卡卢奇提到,为了进一步破坏社会主义阵营并赢得冷战胜利,最惠国待遇的政治影响应被美国重视,如果美国继续就人权问题向罗马尼亚施压,可能将加快齐奥塞斯库的下台。③

国务卿舒尔茨也建议延长对罗最惠国待遇。舒尔茨认为美国政府应当恪守《杰克逊-瓦尼克修正案》所蕴含的法治精神,倘若最惠国待遇被取消,美国国内商界及犹太社群会对里根总统感到不满,这将对里根总统的民众支持率造成负面影响;而且这也将损害美国在关贸总协定中的信誉和地位,不利于维护其国际贸易体系的稳定性和权威性。④

美国政府关于继续延长对罗最惠国待遇的建议与部分罗马尼亚人士的观点发生了冲突,例如罗马尼亚前中央委员会委员、著名匈牙利族裔知识分子盖萨·多莫科斯(Geza Domokos)在与美国驻罗大使馆官员的交流中,提及了1987年11月的布拉索夫示威事件与齐奥塞斯库对民众的镇压,以此表达对罗马尼亚政权的失望,并强烈建议美国撤销最惠国待

---

① *FRUS*, 1981-1988, Vol. 10, p. 464.
② *FRUS*, 1981-1988, Vol. 10, p. 465.
③ *FRUS*, 1981-1988, Vol. 10, p. 467.
④ *FRUS*, 1981-1988, Vol. 10, pp. 468-469.

遇,从而对罗马尼亚施加政治压力。① 在多莫科斯看来,罗马尼亚国内民众对齐奥塞斯库政权感到不满,期望齐奥塞斯库政权能够被国际社会孤立,民众将最惠国待遇视为美国支持齐奥塞斯库政权的体现,对此也产生了强烈的反感情绪。多莫科斯与齐奥塞斯库政府曾经在政治上有过矛盾,这可能导致其言论中有一定的夸张成分。然而,多莫科斯的叙述客观上说明美国长期以来借助最惠国待遇所实行的人权干预政策取得了成效,这加剧了罗马尼亚民众对当局的反感,并动摇了齐奥塞斯库政府的群众基础。与此同时,罗马尼亚持不同政见者希望借助美国的施压加速齐奥塞斯库政府的倒台,其政治目的与美国的外交目标不谋而合。

总之,美国国内在是否给予罗马尼亚最惠国待遇的问题上出现不同意见。首先,美国政府与美国国会产生了严重分歧。国会的态度较为保守,认为罗马尼亚在人权问题上的表现非常糟糕,因此支持暂停对罗最惠国待遇;但国务院则从美国国际信誉、罗马尼亚经济和人权状况,以及里根总统未来的支持率等方面考虑,支持延长对罗最惠国待遇。除此以外,部分罗马尼亚人士的建议也被纳入美国的考量范围内。因此,复杂的局势使得里根不得不斟酌损益,谨慎做出决定。

四、里根施压与美罗最惠国待遇的最后博弈

经过长达 7 个月的多方讨论,里根在 1988 年初面临着来自政府内部与国会的压力。国务院建议继续延长最惠国待遇,但是无论是国会还是罗马尼亚的相关人士,都希望里根能取消对罗最惠国待遇。在双方施压下,里根进退两难。因此,里根派遣时任美国副国务卿约翰·怀特黑德(John Whitehead)与罗马尼亚政府进行交涉,并于 1988 年 1 月 26 日在信中警告齐奥塞斯库,如果罗马尼亚在三个月内不改善人权状况,美国将

---

① *FRUS*,1981-1988,Vol. 10,p. 473.

中止对罗最惠国待遇。①

随后,1988年2月6日,美国驻罗大使柯克和罗马尼亚驻美大使斯托伊奇、罗马尼亚外长托图、齐奥塞斯库展开谈判。在会议上,柯克批评了罗马尼亚的人权状况和经济政策,并表示在1988年6月之后,美国只有一半的概率延长对罗最惠国待遇。②

在会议的前半部分,柯克大使会见了斯托伊奇与托图。柯克解释了为什么美国认为罗马尼亚的人权情况非常糟糕,但斯托伊奇、托图均以"内政不容干涉"为由反驳柯克。会议后半段,柯克与齐奥塞斯库展开谈判,并在会议中现场翻译了里根的信件。在听完陈述后,齐奥塞斯库对里根的信件进行了驳斥,谴责美国干涉罗马尼亚内政,并拒绝在政治施压下接受最惠国待遇。③齐奥塞斯库的态度非常坚决,美罗双方最终不欢而散。在会议结束后,柯克与罗马尼亚的宗教人士、持不同政见者见面,并表示美国将支持他们的自由行动。

随后,托图与怀特黑德进行了会谈。托图宣读了齐奥塞斯库给里根的口信,表示罗马尼亚不再接受美国的最惠国待遇政策。托图提到,在美国方面确认终止最惠国待遇的有效日期后,罗马尼亚再进行正式的书面通知,在此期间,美罗双方对此问题应不做任何宣传。④

最终,齐奥塞斯库决定拒绝美国的最惠国待遇政策。然而,齐奥塞斯库在执行这一决策时展现出灵活性,只在口头上表达了拒绝的立场。随后,在给里根的信中,齐奥塞斯库驳斥了里根的观点,并详细说明了拒绝最惠国待遇的原因,即罗马尼亚无法接受美国给最惠国待遇所施加的诸多先决条件。⑤齐奥塞斯库在信中的态度十分强硬,但罗马尼亚始终没有

---

① *FRUS*, 1981–1988, Vol. 10, p. 474.
② *FRUS*, 1981–1988, Vol. 10, p. 475.
③ *FRUS*, 1981–1988, Vol. 10, p. 475.
④ *FRUS*, 1981–1988, Vol. 10, p. 478.
⑤ *FRUS*, 1981–1988, Vol. 10, p. 487.

人权与最惠国待遇：里根政府对罗马尼亚的贸易政策

正式、公开地拒绝美国的最惠国待遇。这体现出，尽管齐奥塞斯库通过拒绝最惠国待遇的方式对美国的人权干预表达了不满，但出于最惠国待遇政策对美罗两国政治、经济关系的重要意义，齐奥塞斯库不得不为日后可能的政策改变留下余地，美国最终则在美罗双方博弈的过程中占据了优势地位。

那么，一向重视最惠国待遇的罗马尼亚政府为什么主动拒绝美国的提议？首先，美国所提出的匈牙利族裔问题属于罗马尼亚的内政问题，齐奥塞斯库为维护主权，展现出了强硬的态度。而且，1987年11月份的国内民众抗议加剧了罗马尼亚的紧张局势，如果进一步接受美国的政治干预，齐奥塞斯库政府将难以控制国内政局。此外，美苏两国都在增加对罗马尼亚的政治压力，无论罗马尼亚是亲近美国还是亲近苏联，都会给齐奥塞斯库政权带来巨大的影响，因此，当美国用最惠国待遇来压制罗马尼亚时，齐奥塞斯库表现出了强烈反应。正如柯克所分析，齐奥塞斯库想在与美国的博弈中争取到主动权，与其在美国国会取消最惠国待遇后罗马尼亚再进行针对美国的报复性行为，还不如罗马尼亚主动放弃最惠国待遇以回应美国。①

面对齐奥塞斯库的拒绝，美国政府详细分析了此行为对美国造成的影响，并提出了美国后续的行动计划。柯克在1988年2月10日的电报中从移民、人权、民众接触、经济、军事、行政、外交等多个方面分析了取消最惠国待遇可能给美国带来的一些负面影响。但柯克指出，尽管最惠国待遇的取消会恶化美罗关系，但是美国始终需要接触罗马尼亚，而非与之敌对，从而保证美国在东欧地区的政治利益。②

总统国家安全事务助理科林·鲍威尔（Colin Powell）认为，尽管暂停最惠国待遇在短期内将恶化美国与罗马尼亚的关系，并且会使商人、犹太

---

① *FRUS*, 1981-1988, Vol. 10, p. 480.
② *FRUS*, 1981-1988, Vol. 10, p. 479.

团体等选民疏远里根政府,但是齐奥塞斯库主动放弃最惠国待遇缓解了政府面临的国会压力,同时,这也为美国日后恢复最惠国待遇创造了更为有利的条件。① 然而,由于外交档案的秘密性,罗马尼亚的普通民众在当时无法得知美国向罗马尼亚施压的过程,只能了解到谈判的最终结果是齐奥塞斯库主动放弃了最惠国待遇。因此,据美国大使馆的消息,民众对于罗马尼亚政府此举感到愤怒,并纷纷取笑齐奥塞斯库。② 这也反映出,美国的人权干涉造成了罗马尼亚政治现实与民众认知之间的巨大差距,这一行为动摇了齐奥塞斯库政权的群众基础,进一步削弱了苏东集团的凝聚力和影响力,从而有助于美国达到进行干涉的政治目的。

此后,美国政府内部对罗马尼亚的态度进一步恶化。1988年6月3日,里根正式向国会申明,美国对罗最惠国待遇于1988年7月3日到期。③ 最惠国待遇到期后,柯克在1988年7月13日给国务院的电报中提出美国需冷却美罗关系,并建议美国发言人需要在"美国之音"、欧安会、人权委员会和美国新闻界公开批评罗马尼亚的所作所为,积极向罗马尼亚群众宣传美国及其政策。④ 这一建议旨在宣传罗马尼亚的相对独立离不开西方的支持,从而进一步加剧罗马尼亚民众对齐奥塞斯库政府的反感,以达到动摇罗马尼亚政权的目的。

在罗马尼亚拒绝美国的最惠国待遇后,美罗双方依然继续进行关于最惠国待遇的谈判。1988年10月10日,美国副国务卿怀特黑德会见齐奥塞斯库。怀特黑德在会议开始回顾了双方在移民、宗教、经贸领域存在的种种分歧,齐奥塞斯库则对怀特黑德所提到的问题一一进行回应。齐奥塞斯库批评里根政府具有反共情绪,谴责美国将西方价值观强加于罗

---

① *FRUS*, 1981–1988, Vol. 10, p. 488.
② *FRUS*, 1981–1988, Vol. 10, p. 489.
③ *PPPUS*, Ronald Reagan, BOOK 1, January 1 to July 1, Washington, D. C. : United States Government Printing Office, 1990, pp. 724–725.
④ *FRUS*, 1981–1988, Vol. 10, p. 503.

人权与最惠国待遇：里根政府对罗马尼亚的贸易政策

马尼亚。随后，齐奥塞斯库试图证明罗马尼亚的经济状况和民生情况良好，并希望能与美国通用电气、波音等公司保持友好的合作关系。① 最后，齐奥塞斯库指出，尽管目前罗马尼亚确实放弃了最惠国待遇，但是希望美国政府在未来可以无条件给予对罗最惠国待遇。② 因此，罗马尼亚与美国达成协议，不公开放弃最惠国待遇。齐奥塞斯库放弃最惠国待遇是对美国干涉罗马尼亚内政的回应，但同时也承认了最惠国待遇对于罗马尼亚的经济发展具有重要意义，因此在口头放弃该政策的同时，罗马尼亚也希望美国能够尽快无条件恢复对罗最惠国待遇。

在齐奥塞斯库和怀特黑德会见后，1988年12月19日，罗马尼亚犹太社团首席拉比罗森会见怀特黑德与西蒙斯，并描述了罗马尼亚目前的状况。罗森认为，在罗马尼亚拒绝最惠国待遇后，罗马尼亚的经济状况日益恶化，民众生活水平逐渐下降。但是，美罗关系的恶化并没有对罗马尼亚的犹太人群体产生负面影响，齐奥塞斯库甚至要求保护布加勒斯特的犹太建筑。除此以外，罗马尼亚政府也并不干涉犹太食品、宗教材料与外来资金的流入，因此罗马尼亚境内的犹太人能够维持日常生活。罗森还提到，罗马尼亚致力于保持正常的移民流动。③

罗马尼亚再度派遣中间人士拜访美国以传递外交信号。拉比罗森帮助罗马尼亚游说美国，因此在和副国务卿交谈时尽力维护罗马尼亚政府，试图证明在后最惠国待遇时代，罗马尼亚仍在继续改善国内的人权状况。罗森的到访也让美国成功接收到了罗马尼亚政府的信息，美国和罗马尼亚一样，都希望加强双方宗教和政治人物之间的联系，以进行有效对话。④然而，尽管在最惠国待遇的问题上还有转圜的余地，美罗关系恶化的总体趋势已无法逆转。

---

① *FRUS*, 1981-1988, Vol. 10, p. 507.
② *FRUS*, 1981-1988, Vol. 10, p. 509.
③ *FRUS*, 1981-1988, Vol. 10, pp. 512-513.
④ *FRUS*, 1981-1988, Vol. 10, p. 513.

结　语

在冷战时期，最惠国待遇不仅是一种经济策略，更发挥着重要的政治作用。在里根政府执政的八年间，美国利用人权问题将最惠国待遇这一贸易政策异化为政治工具，并将其作为与罗马尼亚谈判的重要筹码，从而对罗马尼亚施加了显著的政治压力。以下三个维度展现出了里根政府时期最惠国待遇的政治工具性。

首先，最惠国待遇日益与人权问题挂钩。在里根政府与罗马尼亚关于最惠国待遇的谈判中，人权问题成为核心议题，它主要涵盖了犹太移民、宗教自由以及少数族裔的待遇等多个方面，这些议题均属于罗马尼亚的内政。尽管这些人权议题在实际谈判过程中交织出现，但在不同时期，里根政府的关注点各有侧重。第一任期中，里根政府着重强调移民问题；随着人权干涉的强化，里根政府在第二任期内先后就宗教自由和少数族裔问题与罗马尼亚展开博弈。并且，罗马尼亚政府对各个问题的敏感程度不同。相比于移民问题，罗马尼亚对宗教自由和少数族裔问题表现出了更高的敏感性，前者涉及了罗马尼亚的历史起源，而后者则有关罗马尼亚的领土完整。在里根的第二任期，美国对罗马尼亚的政策进一步收紧，对罗马尼亚的人权干涉日益聚焦于这两个问题。这一过程展现出里根政府对罗马尼亚的人权干涉程度加强、范围扩大。

其次，美国政府关于最惠国待遇的决策受到了政府内部、国会、社会团体与第三方因素的共同影响。纵观1981年至1988年美国与罗马尼亚的谈判过程，各方对罗马尼亚最惠国待遇的立场各不相同。美国政府基于经济及国际关系的多重考量，认为延长最惠国待遇符合美国国家利益，因此持续主张授予罗马尼亚最惠国待遇。相比之下，美国国会在这一问题上表现得更为保守，尤其在里根总统的第二任期内，其保守态度更为明显。美国的社会组织，如商人团体与犹太人组织，则更多地从自身利益出

人权与最惠国待遇：里根政府对罗马尼亚的贸易政策

发,希望维持美罗友好关系以促进双边贸易往来与移民流动,因而更倾向于支持延长对罗马尼亚的最惠国待遇。在1987年以后,随着美国对罗马尼亚舆论宣传和人权干预的强化,罗马尼亚民众在美国的影响下日益反感罗马尼亚现任政府,期望美国能够暂停对罗最惠国待遇以孤立齐奥塞斯库政府。多重因素共同影响着美国政府的决策,对罗最惠国待遇成为一个涉及多方利益与立场的复杂问题。

最后,最惠国待遇与美国的政治利益与外交目标息息相关。1981年至1987年,里根政府希望从罗马尼亚打开东欧缺口,因此利用最惠国待遇争取罗马尼亚独立于苏联,从而分化苏东集团,这被里根政府称为美国在罗马尼亚的根本利益。然而,齐奥塞斯库拒绝最惠国待遇后,美国政府的政治目标随即发生改变,从原来的争取罗马尼亚的相对独立,变为加速齐奥塞斯库政府的垮台。因此,在1988年后,美国加强了对罗马尼亚民众的心理战,试图通过舆论瓦解民众对政权的认同。在多方因素影响下,里根政府通过人权问题将最惠国待遇异化为政治工具,并使之服务于美国的政治利益与外交目标。

1981年至1989年美国对罗马尼亚最惠国待遇问题的决策过程从一个侧面反映了里根政府时期美国对东欧地区冷战政策的演变。在里根政府的首个执政期的前三年,美国对东欧的态度相对温和,基本延续了前几任政府的政策。美国继续鼓励东欧的自由主义趋势,关注人权事业,加强其人民的"亲西方倾向",减少东欧地区对莫斯科的经济和政治依赖,并鼓励其经济上私人、市场导向的发展。[1] 然而,在1985年后,里根政府的冷战政策逐渐收紧,美国对罗马尼亚的人权施压逐渐增加,美罗双方关于最惠国待遇政策的分歧与日俱增。最终,齐奥塞斯库政府在美国的外交干涉下成为冷战的牺牲品。

---

[1] Donaghy and Aaron, *The Second Cold War: Carter, Reagan, and the Politics of Foreign Policy*, Cambridge: Cambridge University Press, 2021, p.152.

国际战略研究

反全球化与民粹主义的挑战:
新时期世界银行发展援助机制的调整与困境

吴　越

内容提要:根据罗伯特·考克斯(Robert W. Cox)的理论,国际组织和机制是霸权秩序的产物,也同样受到霸权秩序变动的反作用。世界银行发展援助机制是二战后美国主导的霸权秩序的产物,也是实现美国主导的新自由主义霸权扩张的重要机制。但随着新自由主义意识形态下生产全球化、经济金融化的扩张,利益分配失衡的后果逐渐开始在全球层面显现出来,新自由主义历史集团的利益链条开始瓦解,建立在这一基础上的霸权秩序开始出现动摇的趋势。这些趋势对世界银行在发展援助领域的定位构成了一定的挑战,而世界银行内部也对发展援助机制进行了相应的调整。

关键词:反全球化;民粹主义;世界银行;发展援助

作者简介:吴越,日内瓦国际关系与发展研究院。

导 言

根源于意大利左翼思想家安东尼奥·葛兰西(Antonio Gramsci)的新葛兰西学派为国际关系理论提供了一个极具启发性的视角：文化霸权。葛兰西政治思想中的霸权是指一个社会团体在政治和道德方面发挥领导作用的能力；其他团体承认霸主在社会之中的领导作用，并且对于霸权的政策目标具有广泛的政治共识；而霸主则通过回应其盟友在生产中形成的利益动机，以及回应和塑造公民社会中出现的需求与期望来维持其领导地位、发挥领导作用。[①] 而文化霸权是葛兰西政治思想与理论的核心观点之一。他认为，霸权不仅仅意味着强制力，即一个社会政治集团获得政治上的霸权，还意味着这个集团能够通过道德或知识上的吸引力和感召力，引导被统治阶级自发地认同该集团的道德、政治以及文化上的价值观念。[②] 这种文化霸权意味着对于被统治阶级知识结构与观念体系的塑造，本质上是统治阶级用于巩固被统治阶级"永久同意"的工具性手段，以此达到将社会秩序中支配与被支配关系正当化的目的。

新葛兰西主义学派的代表人物罗伯特·考克斯继承了马克思主义以生产为起点的研究方式，以及葛兰西对于文化与意识形态作用的重视。考克斯认为，人类活动在各个阶段不同的历史结构中进行，历史结构具体由物质力量、观念与制度三要素组成，其中物质力量指代物质和技术基础；观念则包含主体间意义(intersubjective meanings)以及包含着冲突可

[①] Enrico Augelli and Craig N. Murphy, "Gramsci and International Relations: A General Perspective with Examples from Recent US Policy Toward the Third World," in Stephen Gill ed., *Gramsci, Historical Materialism and International Relations*, Cambridge University Press, 1993, p. 130.

[②] 李滨：《考克斯的批判理论：渊源与特色》，载《世界经济与政治》2005年第07期，第15-24页。

能性的集体意象(collective image);而制度则是为具体秩序提供稳定性作用的工具,受到占据主导地位的权力拥有者的影响且反映权力拥有者的利益,作为社会中各类不同的思想观念相互融合、竞争的结果,既是物质力量和观念的组合产物,又对前者具有反向作用。[1] 考克斯认为,这三种因素的不同组合制约着社会生产关系、国家形态与世界秩序三个人类活动领域,并使得这三个领域呈现出不同的互动关系。

区分不同世界秩序的一个主要特征在于该秩序是否具有霸权性。考克斯所指的霸权秩序指的"是一种特定的统治方式,其中占主导地位的国家创立的秩序在意识形态上得到广泛的认同,秩序的运作依照普遍的原则,这些原则确保主导国和统治阶级能够继续保持它们的无上地位,同时又给弱势群体以一定的满足或得到满足的希望……各个国家中的生产通过世界经济的机制彼此相连,并且连入世界的生产体系"[2]。在霸权性的世界秩序中,霸权被概念化,成为物质力量、观念与制度共同辩证作用下的一种历史产物,具有被普遍接受的合法性。考克斯也着重关注了国际组织与机制同霸权秩序之间的内在联系。他认为国际组织与机制是世界霸权秩序的集中体现,本身是霸权秩序的产物,且根源于主导国家的国内霸权秩序。

但历史集团内部的成员并非铁板一块,国内层面的霸权秩序可能受到国内反霸权势力的挑战,也可能受到跨国集团的渗透,从而受到冲击并发生相应的变化。而如葛兰西所提到的,历史集团能够通过阵地战的策略,扩大或吸收其成员以对抗敌对的社会力量;或转变为跨国阶级,吸纳国外社会力量或与跨国阶级合作,整合成为全球性的历史集团。但若反

---

[1] Robert W. Cox, "Social Forces, States, and World Orders: Beyond International Relations Theory", in R. Keohane ed., *Neoliberalism and Its Critics*, New York: Columbia University Press, 1986, p. 218.

[2] [加]罗伯特·W.考克斯著:《生产、权力和世界秩序:社会力量在缔造历史中的作用》,林华译,北京:世界知识出版社,2004年,第12页。

霸权社会力量挑战成功,将会冲击原有的历史结构,国内与国际层次的霸权秩序都可能面临重组的命运。

随着生产全球化与经济金融化的扩张与深化,全球范围内开始出现对于20世纪70年代以来统领全球的新自由主义政治经济秩序的反对浪潮,具体表现为经济上的反全球化以及政治上的民粹主义。具体到国际秩序中的重要组成部分国际援助层面,发达国家的民众对于本国参与多边主义国际机制开始产生抵制情绪,而长期以来在西方主导的发展援助秩序中缺乏话语权的发展中国家,对于世界银行援助的政治性与无效性提出了广泛的批评与质疑;而随着发展中国家实力的上升,部分发展中国家完成了从受援国到援助国身份的转变,并开始寻求建立不附带政治条件的国际援助新秩序。本文借助罗伯特·考克斯的霸权秩序理论,从历史结构根源出发对新时期反全球化与民粹主义浪潮的兴起原因进行解读,并在此基础上分析世界秩序变动同世界银行发展援助机制之间的相互作用。

一、作为霸权秩序产物的世界银行发展援助机制

根据罗伯特·考克斯的理论,国际组织与机制的组织形式、目标以及实践模式的变化均有着相同的驱动因素,这些因素通过在不同人类活动层次的相互作用,对国际机制产生直接或间接的影响作用。国际机制的组织形式,及其目标与模式的演变,均是霸权秩序中主导国内部社会力量结构变动在国际层次的映射;而随着主导国内以及世界范围内反霸权力量的上升,霸权与反霸权力量的结构变动同样也会反作用于国际机制,反映在其具体的制度变化之中。具体到世界银行发展援助机制方面,发展援助机制目标反应的是具体历史时期内霸权秩序的主导性原则与规范,而其根源是主导国家内部国家—社会关系形态的国际化;而多边主义的组织形式、援助机制的模式反映的是世界银行在全球范围内实践霸权秩

反全球化与民粹主义的挑战:新时期世界银行发展援助机制的调整与困境

序的主导原则和规范的形式,其根源在于主导国家协调国内社会关系的手段与经验。

世界银行多边主义发展援助机制首先是二战后美国主导建立的全球霸权秩序的直接产物。时为国际复兴开发银行的世界银行,其创立之初的目标以及架构特征都能够在美国社会生产关系以及国家形态层面找到理论根源或者实践经验,而这些经验随着美国对于战后政治经济秩序的构想付诸现实。

20世纪以来,随着科学技术发展与标准化生产与管理模式的兴起,美国国内社会出现一系列新的变化:大规模生产与大规模消费的结合、新生产方式下宏观经济呈现出的周期性生产过剩与经济危机、工人阶级力量的崛起与社会福利方面的诉求。这些新的变化将劳资双方的利益联合在一起,共同要求国家扩大自身的管理职能,对市场竞争中的冲突与矛盾进行协调,并采取积极的政策措施对宏观经济进行调控,以应对失业与通货膨胀等经济问题。

作为对于这一要求的回应,罗斯福新政将维持国内经济平稳、保障就业与社会福利作为国内社会目标,通过一系列制度改革完成了向福利国家的转型,而国内政策的社会目标与政策手段也投射到了美国对于战后国际经济秩序的构想之中。美国内部对国际问题形成的观念以及在国内对相似问题的应对经验强烈影响了美国对于战后秩序的构思,这一构思最终借助美国战后的外交谈判,以国际协定的方式上升为国际社会的共识并得以制度化,受国内干预启发的多边主义国际秩序建立起来。在这样的背景下,作为布雷顿森林体系支柱机构之一的国际复兴开发银行建立,并在战后初期为欧洲的重建提供援助贷款。

但随着美国对外战略目标的变化以及马歇尔计划的出台,国际复兴开发银行逐渐被挤出重建领域,因而不得不开始向着促进第三世界国家经济发展的业务领域转型。而随着冷战局势的扩大,美国运用其在国际复兴开发银行之中的影响力主持建立了国际开发协会,开设"软贷款窗口",向难以在商业条件下进行借贷的第三世界国家提供发展援助。由于国际开发协会的主要资金源于成员国的定期增资,而美国是其最大的资金捐助国,因此这一机构变动大大加强了世界银行对美国的依赖,以及美国国会对世界银行决策的直接影响。

20世纪70年代以来的生产全球化重塑了资本主义国家的内部社会力量结构,以美国为首的主要资本主义国家,其内部社会力量结构由战后的劳资妥协转变为了资本主导的形态。国内以资方为主导的社会力量结构对二战以来的国家干预提出了转型需求,而以货币学派与供给学派为代表的新自由主义经济学理论为美国的又一次转型提供了理论支撑。以里根改革为主要代表的美国国内政策改革推动了国家干预的全面撤出,国内经济运行重新回到了以市场机制为主导的模式。而随着里根经济学在促进国内经济复苏与繁荣方面取得成效,其背后的市场经济逻辑也逐渐从政策领域进入民众的生活领域,新自由主义日渐从学术理论进入国家政策,又逐渐发展为一种将各个阶层囊括其中的意识形态。这种转变导致了国际范围内新的历史集团的形成,这一集团以美国所引领的"新自由主义"意识形态、制度与政策为共识,寻求建立适应资本全球扩张的国际经济秩序。

在美国的国际政策与世界范围的新自由主义共识的影响下,国际组织与机制也进行了相应的调整,并成为新自由主义霸权意识形态扩张的桥头堡。具体到发展援助机制上,即是(1)以发展援助贷款可获得性作为条件,在受援国内推行新自由主义指导下的结构性改革;(2)通过多边主义机制,在互动之中促进发展规范的扩散,从而获得成员国的认同和效仿;(3)组织以"华盛顿共识"为核心的自由主义发展理论研究,并制定发展标准、发布相关指标,从而在观念上影响受援助国家的发展道路选择,将中心与边缘国家一同整合进美国所领导的新自由主义霸权的经济发展框架之中。

反全球化与民粹主义的挑战:新时期世界银行发展援助机制的调整与困境

二、新自由主义世界秩序的裂痕:反全球化浪潮与民粹主义的兴起

随着新自由主义全球化进程的加深,跨国公司和金融网络的影响力逐渐增强,随之而来的是民族国家对商品、资本、人力等要素流动的控制能力减弱。全球利益分配的结构性失衡也日益明显,这种分配失衡体现在国际与国内两个方面。

在国际层面,位于中心的发达资本主义国家向发展中国家兜售体现自身利益的自由化经济规范,并以介入发展中国家的债务危机作为契机,借助所谓危机应对,间接限制这些发展中国家的发展道路选择,从而使得发展中国家始终位于全球价值链的次要位置。在世界经济的繁荣周期内,边缘地区的获益便远远小于发达资本主义国家的获益;而随着世界经济的衰退,发展中国家则暴露于更大的系统性风险之中,且还要承受发达资本主义国家转嫁危机的损害。[①]

除了国际层面以外,利益分配失衡也在各个国家内部体现出来。以美国为首的发达国家内部人力成本高企,因而劳动力密集型产业以及生产环节逐步向劳动力价格更为低廉的发展中国家转移,从而造成了发达国家内部的产业空心化。从事简单劳动的半熟练工人与从事技术劳动的熟练工人之间的利益分歧日益尖锐,而随着国际分工的不断发展,有相当一部分工作岗位被转移出去,因此熟练工人也面临着较高的失业风险。并且随着资本议价权的增强,福利国家建立起的社会福利保障制度逐渐收缩。在精英管理层攫取了经济全球化所产生的大部分利润的同时,大批劳动者在失去工作的同时也失去了"社会安全网"的庇护,其生活境况日益恶化。国内利益分配的失衡也在社会民众之中积累了大量不满情绪。

---

① 黄沛韬:《当代西方民粹主义的挑战:社会秩序的更替与世界秩序的嬗变》,载《区域与全球发展》2019年第1期,第71页。

撒切尔"没有其他选择"的政治口号逐渐变成了对新自由主义的现实讽刺：在面对传统政治精英与资本基于新自由主义于国内与国际政策方面达成共识时，普通民众确实缺乏政治路线上的其他选择。新自由主义共识将政治功能弱化为小修小补的社会管理问题，但对于这一共识所造成的问题缺乏系统性的反思以及根本的解决方案。在这样的背景下，劳工阶层逐渐失去反映自身需求的制度化渠道，阶层利益需求难以在政策层面产生影响，因此对新自由主义政策产生不满情绪，全球化以及新自由主义范式开始陷入深刻的合法性危机，新自由主义在发达资本主义国家内部的霸权开始瓦解。在认为自身利益受到全球化损害，且政治诉求难以通过常规的民主管道和平台表达的情况下，全球各地兴起了反对全球化和民粹主义的浪潮。主要资本主义国家内部右翼民粹主义政党迅速崛起，鼓吹双边主义与保护主义政策，并宣传反全球化以及对国际合作的反对，主张从国际组织以及合作机制之中退出。①

民众还通过各种社会运动表达对新自由主义主导下全球政治经济秩序的不满，一部分的社会运动直接将矛头指向以国际货币基金组织和世界银行为首的国际组织。这种不满一方面是针对本国将资源投向国际组织运作而非用于解决国内分配问题，另一方面是针对国际组织在维系不公平国际秩序方面的作用。这些国际组织举行重要会议或活动时，往往伴随着民众的游行示威活动②，例如20世纪80—90年代在柏林、马德里等地发起了反对国际货币基金组织和世界银行年会的抗议；1999年美国华盛顿州西雅图爆发了针对世界贸易组织大会的大规模抗议，参与抗议

---

① Jeffry Frieden, "The Backlash Against Globalization and the Future of the International Economic Order," in P. Diamond, ed, *The Crisis in Globalization: Democracy, Capitalism, and Inequality in the Twenty-First Century*, London: I. B. Tauris, 2018, pp. 43 - 53.

② [美]查尔斯·蒂利:《社会运动,1768—2004》,胡位钧译,上海:上海人民出版社, 2009年,第157页。

反全球化与民粹主义的挑战:新时期世界银行发展援助机制的调整与困境

的群众规模达到4万人之多;继"西雅图之战"后,2000年国际货币基金组织与世界银行峰会期间,峰会举办地布拉格也爆发了大规模的反资本主义、反全球化的抗议活动。发达资本主义国家的民间抗议活动集中爆发于世纪之交,21世纪10年代以来也爆发过数次集会抗议,而随着网络与信息技术的发展,网络舆论也成为民众表达反对声音的重要形式。

在东欧转型经济体"休克疗法"失败以及1997年亚洲金融危机的影响下,新自由主义知识生产与传播网络内部也开始出现不同的声音。社会科学界逐渐涌现出大量对于新自由主义理论范式的反思,作为经济学界主流风向标的诺贝尔经济学奖也开始授予阿玛蒂亚·森(Amartya Sen)和约瑟夫·斯蒂格利茨(Joseph Stiglitz)等与新自由主义理论范式立场与观点迥异的经济学家。对于世界银行及其发展援助机制,学界也开始重新审视其动机和有效性。主要的批评集中在世界银行内部的非民主治理制度、美国在世界银行中拥有的主导性地位、对世界银行援助动机以及援助有效性的批评,特别是针对结构调整贷款的政策改革条件。一些批评认为,世界银行的改革政策过于关注宏观经济稳定,而对减少贫困、减小收入差距和社会基本保障问题没有足够关注;改革政策没有考虑到不同国家的特定经济、政治和社会背景;政策受到发达国家和国际金融机构的过度影响,削弱了发展进程的国家主权和所有权。[①]

新自由主义霸权秩序下的利益分配不均所导致的反全球化、民粹主义运动浪潮,以及社会危机下知识界对新自由主义意识形态与其主导下的国际体系的反思,使得原本联合资本与劳动、发达国家与发展中国家的共识开始出现裂痕,新自由主义的霸权秩序开始面临合法性危机。

---

① Dani Rodrik, "Goodbye Washington Consensus, Hello Washington Confusion? A Review of the World Bank's Economic Growth in the 1990s: Learning from a Decade of Reform," *Journal of Economic Literature*, 44 (4), 2006, pp. 973 - 974.

三、世界银行发展援助机制的回应性调整

20世纪90年代以来,世界银行受到越来越多来自非政府组织、发展中国家政府、贫困地区人民以及学术界的批评,主要针对世界银行发展援助的政治性与无效性,世界银行内部的非民主治理与不公平的权力结构,世界银行的发展研究对于特定议题如环境保护以及性别问题的忽视。关于"华盛顿共识"[1]指导下结构调整贷款的无效性,一些批评认为"华盛顿共识"所倡导的改革政策混淆了目的与手段之间的关系:私有化、自由化应当是实现发展目的的手段,持续发展和提高生活水平才是目的,然而在"华盛顿共识"主导下的实践中,前者却往往被当作发展的终极且唯一目标。[2] 在"华盛顿共识"的指导下,世界银行极力要求受援国各国减少国家对许多社会和经济活动的支持和保护,并坚持将这些本就薄弱的经济体推向它们不具备优势的国际市场竞争之中,因此20世纪80年代和90年代众多接受结构调整贷款的发展中国家的国内贫困状况进一步加剧。甚至来自世界银行内部的评估报告也指出,世界银行的贷款项目中有很大比例的项目存在重大问题,而大多数结构调整贷款没有直接解决减贫问题,也没有评估贷款条件对借款国弱势群体的潜在影响,造成了贷款政策与实际结果的脱节,仅仅起到微乎其微的作用。[3]

---

[1] 华盛顿共识是指国际货币基金组织、世界银行和美国政府根据20世纪80年代拉美国家发展经验提出的一系列政策主张,主导思想是减少政府干预、促进贸易和金融自由化。

[2] [美]约瑟夫·E. 斯蒂格利茨:《全球化逆潮》,章添香等译,北京:机械工业出版社,2019年,第98页。

[3] 参见 World Bank Group (1992), *Effective Implementation: Key to Development Impact-Working Papers* (English), Washington, D. C.: World Bank Group. 以及 World Bank Group (1992), *World Bank Structural and Sectoral Adjustment Operations: The Second OED Overview*, OED Report 10870, Washington, D. C.: World Bank。

反全球化与民粹主义的挑战:新时期世界银行发展援助机制的调整与困境

世界银行在促进发展方面的惨淡表现极大地削弱了其主张的新自由主义发展范式的有效性,以及世界银行本身作为最大规模的多边发展援助机构的合法性。在一些更激进的反全球化叙事之中,世界银行、国际货币基金组织以及世界贸易组织被描述为"邪恶的三位一体(Unholy Trinity)"[①],服务于发达资本主义国家的霸权主张。事实上,发达资本主义国家内部也日益涌现出要求退出多边主义国际机构的政治主张,而在接受发展援助的发展中国家,经济衰退以及居高不下的失业率也引起了大规模民众抗议,要求本国政府拒绝继续参与相关的发展援助项目。

作为对于这些不满情绪以及相关批评的回应,世界银行开始着手对"华盛顿共识"之下的发展援助机制以及其内部治理结构进行一定程度的修正,主要包括(1)对市场导向以及社会导向的发展政策进行平衡;(2)重视建立同受援国以及其他发展援助机构的平等伙伴关系;(3)减免重债穷国的债务。

(一) 平衡市场与社会

在政策导向方面,世界银行开始主张在促进市场机制发挥主导作用的条件下接纳一定程度的国家干预,重视完善政府治理结构、促进法治建设,并重新开始强调包括社会安全网、减贫、教育、卫生等议题在内的社会问题。从1990年的世界发展报告开始,世界银行在每年的报告中不断扩容发展方面的议题,在强调市场机制的同时开始加入新的视角。1998年,世界银行将这些议题总结为"综合发展框架(Comprehensive Development Frameworks)"。综合发展框架包括四项基础性原则:首先,强调以长期的、综合的视角衡量发展策略,并对结构性因素与社会问题给予同等的关注;其次,综合发展框架强调了受援国在发展援助项目之

---

① Richard Peet, *Unholy Trinity: The IMF, World Bank and WTO* (Second edition), London; New York: Zed Books, 2009.

中的主导性;第三,受援国应当同相关政府机构、民间组织与团体、私营部门,以及援助提供者如世界银行、捐助国等建立协商合作的伙伴关系;最后,综合发展框架要求对实际发展成果进行定期评估,以确保对实现每个国家的长期愿景所规定的目标负责。[1] 综合发展框架的提出标志着"华盛顿共识"主导下的市场原教旨主义改革目标出现了一定程度的松动和软化,世界银行内部的发展范式开始发生转变。

(二)建立平等伙伴关系

世界银行还开始重视受援国在发展之中的主导权,并寻求同第三世界国家以及其他发展援助组织建立平等的协作关系。1999年,世界银行和国际货币基金组织理事会共同组成的发展委员会提出建议,在接收"软贷款"国家中,组织受援国政府与世界银行和国际货币基金组织的工作人员合作编写减贫战略文件,从而将受援国的国内意见纳入减贫计划之中。

(三)债务减免

除此之外,世界银行这一时期的另一主要措施为减免受援国债务。1989年,世界银行通过了减免严重负债国家债务的决议,通过新增资金、回购或者折价债券等手段,帮助满足特定标准的国家减轻债务负担。1996年,世界银行同国际货币基金组织一同发起了"重债穷国(Heavily Indebted Poor Countries)"倡议,针对有资格获得国际开发协会最惠援助贷款且在传统的债务减免机制下也依然面临严重债务负担的国家,予以免除其债务到期日所应付的50%的贷款服务费。2005年,国际货币基金组织通过了由七国集团首脑提出的《多边债务减免倡议》(Multilateral

---

[1] World Bank Group (1999), *World Development Report 1999/2000: Entering the 21st Century* (*English*), World Development Report, Washington, D. C.: World Bank Group.

Debt Relief Initiative),国际货币基金组织、世界银行对符合要求的国家予以百分之百的债务减免。

世界银行的相关调整措施集中地反映在了联合国的千年发展目标之中。2000年9月在纽约联合国总部举行了联合国千年首脑峰会,此次会议是历史上规模最大的一次国家领导人峰会,出席方包括联合国150余个成员国的政府首脑,以及包括世界银行与国际货币基金组织在内的主要国际发展援助机构。会议上通过了《联合国千年宣言》,承诺建立全球发展合作的伙伴关系、减少极端贫困,并制定了一系列计划和目标于2015年之前完成,即联合国的千年发展目标(Millennium Development Goals)。千年发展目标(MDGs)标志着"华盛顿共识"后国际治理方面的新共识,也成为新时期世界银行发展援助机制调整的基本纲领。

四、霸权秩序下世界银行发展援助机制的困境

不可否认的是,世界银行发展援助在减少极端贫困、促进社会公平方面起到了正面的作用,例如帮助发展中国家降低极端贫困人口率、5岁以下儿童死亡率、提高孕产妇健康水平以及提高教育普及率等等。[1] 但与此同时,世界银行的行动面临根源性的局限。世界银行的两大资金来源——以美国为首的主权国家以及私人资本市场对于世界银行的立场与决策起到了决定性的影响作用,而美国霸权、金融资本以及两者共同偏好的意识形态恰好是构成20世纪80年代以来的世界霸权秩序的支柱。世界银行很大程度上受到霸权秩序的桎梏,即便世界银行管理层试图保持世界银行的独立性,但由于其面临着维持日常运作的预算约束,也必然受

---

[1] 参见 Sarah K. Lowder, Raffaele Bertini et al., "Poverty, Social Protection and Agriculture: Levels and Trends in Data," *Global Food Security*, vol. 15, 2017, pp. 94 - 107 以及 Steven Radelet, "Prosperity Rising: The Success of Global Development—and How to Keep It Going," *Foreign Affairs*, vol. 95, no. 1, 2016, pp. 85 - 95.

到来自霸权国家的直接政治干涉或者是资本偏好的间接影响。因此作为霸权秩序的产物,世界银行的发展援助机制往往体现着秩序主导者的利益偏好。以"华盛顿共识"为例,"华盛顿共识"之下的发展范式,通过援助和优惠贷款的附加政策改革条件,将受援国锁定在发达国家占优的报酬递减和贫困化的产业分工之中,且令受援国逐渐失去政府主导经济发展的意愿以及能力。这种有限的再分配能够帮助发展中国家获得一定的利益,但难以解决霸权秩序所导致的结构性不平等问题,仅仅作为有限的国际再分配手段实现局部的公共利益。而随着全球性分配不平等的日益凸显,霸权秩序陷入深重的合法性危机,世界银行发展援助机制为发展中国家带来的好处不足以驯化反霸权力量、难以维护霸权秩序的稳固,其自身的合法性也会受到质疑。

除此之外,21世纪以来的世界银行日益强调其在发展议程设定方面的主导角色,倾向于吸收不同立场的社会群体以及不同学术流派的批评意见与观点。这固然体现了世界银行在新时期展现包容性的决心,但另一方面这导致了世界银行的"任务蠕升(mission creep)"[1],所涉及的议题和目标过于宏伟且庞杂,在具体贷款项目中落实这些目标将会极大地增加世界银行的管理成本以及管理难度,例如需要与越来越多的行动进行协商、需要对贷款项目中越来越多的指标进行评估等等,而这将会使得世界银行本就饱受诟病的效率问题进一步恶化;而如果世界银行在实践中置这些议题于不顾,又会反过来侵蚀自身在发展领域的权威性。

在世界银行之外,新兴援助国官方发展援助及其主导的多边开发银行,如金砖国家新开发银行、伊斯兰开发银行以及亚洲基础设施投资银行等机构,在援助资金提供方面也形成了对世界银行援助的强有力竞争。除此以外,私人慈善基金会、非政府组织等等也开始涉足发展援助领域。

---

[1] Jessica Einhorn, "The World Bank's Mission Creep," *Foreign Affairs*, Vol. 80, No. 5, 2001, p. 31.

世界银行在发展援助融资体量方面所占份额呈下降趋势。[1] 随着一部分发展中国家经济实力的增强,这些国家逐渐由受援国转变为新兴援助国。这些国家的对外援助也不断规模化、制度化,取得了重大进展并积累了较为丰富的实践经验。新兴援助国提供了西方主导下的发展规范的替代性选择。以中国为例,中国主导的国家开发银行、亚洲基础设施投资银行以及"一带一路"倡议中体现了同"华盛顿共识"迥然不同的发展治理规范。中国确立的发展治理规范包括两方面:一是基于中国自身经济发展与脱贫攻坚经验的发展范式,二是参与全球发展治理互动过程中坚持的一些基本原则,比如对外援助不附加任何政治条件、不干涉各国政策选择自主性等等。改革开放以来中国长期维持社会稳定与经济的高速增长,三十余年间共解决了8亿人口贫困问题,同时完成了产业结构的转型升级并建立起了较为完整的现代化产业体系。这种成功实践吸引了全世界对于中国经济发展模式的讨论与解读,并重新衡量起国家与政府在经济发展中扮演的角色以及积极作用。中国的对外直接投资和对外援助也体现了不同于西方模式的经济发展经验。中国的发展援助实践拒绝将援助政策建立在其他国家的主权、经济模式、治理模式、或政治文化之上,而是尊重受援国政策选择的自主性,为发展中国家提供了一种替代"华盛顿共识"的、价值中立的实用主义规范。无附带条件即属于其中最具有标志性和规范性的成分,坚持以对话与谈判替代世界银行附带条件援助中的不对称权力关系。而除了中国之外,其他新兴援助国也寻求建立世界银行之外的多边主义援助机制,并提供了更为宽松的发展援助资金获取条件,这打破了世界银行所代表的西方国家对发展援助规范的垄断,为受援国提供了"另一种选择",而这将挑战世界银行在发展援助领域的基础性角色。

---

[1] Annalisa Prizzon, Romilly Greenhill et al., "An 'Age of Choice' for External Development Finance? Evidence from Country Case Studies," *Development Policy Review*, 35(S1), 25 April, 2017.

结 论

根据考克斯的霸权秩序理论,所谓"霸权"不完全是强权统治,而是一种国际社会普遍同意或接受的领导形式。霸权的"权威"来自国际社会,特别是大国对其"领导角色"合法性之承认,否则霸权的"权威"是脆弱的,霸权制度也是不稳定的。随着主要国家经济力量对比的变化,2008年全球经济危机以来经济全球化的退潮,主要国家民粹主义的抬头,以及发展援助实践中产生的对于美国新自由主义意识形态越来越多的质疑,美国主导建立的全球政治经济霸权秩序受到前所未有的重大挑战。而作为这一霸权秩序下的关键制度,世界银行的发展援助机制势必会受到这些新挑战的改造和重塑。基于以罗伯特·考克斯为主要代表的新葛兰西主义国际政治经济学分析框架,本文从社会生产中的劳资结构与国家形态两层因素的变化角度出发,分析了当代西方反全球化与民粹主义浪潮对于世界银行多边主义发展援助机制这一国际制度安排的挑战。

二战后,对外经济援助成为美国争夺世界霸权和维持霸权地位的重要战略工具,可以说国际援助机制与相关国际机构如世界银行、国际货币基金组织,既是美国全球政治经济霸权的产物,同时也是帮助美国进一步拓展霸权体系规则的渠道:既通过多边主义的机制设置取得援助国的认同和效仿,又借助对外援助,通过以"华盛顿共识"为核心的新自由主义发展理论研究成果与发展标准的制定,在观念上影响受援助国家的发展道路选择,从而将中心与边缘国家一同整合进美国领导的经济发展框架之中。

但随着新自由主义霸权秩序下的利益分配不均所导致的反全球化、民粹主义运动浪潮的兴起,以及社会危机下知识界对于新自由主义意识形态与国际体系的反思,原本联合资本与劳动、发达国家与发展中国家的共识开始出现裂痕,新自由主义的霸权秩序开始面临合法性危机。世

反全球化与民粹主义的挑战:新时期世界银行发展援助机制的调整与困境

银行作为多边主义国际组织,面临着多方面的挑战,一是美国内部民粹主义兴起,要求国家减少对多边主义制度的支持和参与;二是发展中国家普遍对20世纪80年代以来的世界银行发展援助实践提出批评,并寻求建立发展援助新秩序;三是全球公民社会开始出现对世界银行的批评与反对。作为回应,世界银行广泛地吸纳了各种反对意见,对华盛顿共识之下的发展援助机制及其内部治理结构进行了一定程度的修正,但这种有限的修正难以调和新自由主义世界秩序下全球范围内分配不均的矛盾,因而存在着较大的局限性;而世界银行作为传统霸权秩序的产物,也难以采取激进的改革措施以回应外部对其的要求。面临新兴援助国兴起的局势,世界银行作为最大的多边主义发展援助机构需要找到新的出路。

尹锡悦上台后美韩同盟延伸威慑合作研究

范鹏程

内容提要:在美韩同盟70多年合作基础上,韩国总统尹锡悦上台后与美国总统拜登合作将美韩同盟升级为"全球全面战略同盟",其主要特点包括活动范围扩展、合作领域扩展、同盟内部调整和外部联动。美韩两国在军事安全领域的延伸威慑合作是美韩同盟的核心支柱和重要纽带。尹锡悦上台后,美韩同盟延伸威慑合作取得重大进展,《华盛顿宣言》重申美国对韩国提供延伸威慑的明确承诺,美韩两国通过提高延伸威慑制度化水平、加强美日韩三国合作、增强用于延伸威慑的实际力量,从而增强了美国对韩国延伸威慑承诺的可信性。美韩同盟强化延伸威慑合作背后有着诸多原因,产生了一系列重要影响,但仍存在一些制约因素。

关键词:延伸威慑;美韩同盟;尹锡悦;《华盛顿宣言》

作者简介:范鹏程,南京大学国际关系研究院。

1953年10月1日,美韩两国签订《美韩共同防御条约》,明确规定美韩双方共同应对外来武装进攻威胁,美国有权在韩国领土及周围部署军队[①],

---

① 《美韩共同防御条约》的中文译文参见汪伟民:《美韩同盟再定义与东北亚安全(修订版)》,上海:上海辞书出版社,2013年,第287-288页。

美韩同盟正式形成,至今已有 70 余年。美韩同盟对两国都有着重要意义,美国将美韩同盟视为其东亚联盟体系中的重要组成部分,韩国则将美韩同盟视为对外政策的支柱、维护国家安全的基石和最重要的战略资产。2021 年美国拜登政府上台后,着手强化同盟网络,将强化美韩同盟提上日程,但韩国文在寅政府奉行战略模糊政策,追求战略自主性,在强化美韩同盟方面未与美国达成共识。2022 年 5 月,相对保守的尹锡悦上台执政。相比前届文在寅政府,尹锡悦政府上台后更加注重与美国的同盟关系,与拜登政府携手将美韩同盟升级为"全球全面战略同盟"(Global Comprehensive Strategic Alliance)。

一、美韩同盟升级:全球全面战略同盟

尹锡悦上台后着手强化美韩同盟,并与美国总统拜登合作将同盟关系升级为"全球全面战略同盟"。"全球全面战略同盟"建立在美韩同盟 70 多年合作的基础之上,主要有以下三个特点:

第一,活动范围扩展。2023 年 4 月,尹锡悦访美并与拜登举行首脑会晤,纪念美韩同盟 70 周年,双方发表《华盛顿宣言》,宣布美韩同盟已从最初的安全伙伴关系发展为真正的全球同盟,双方将致力于"印太"地区的和平与稳定,发展更加牢固的共同防御关系。[1] 美韩同盟的活动范围从成立之初的朝鲜半岛和东北亚地区,逐渐扩展到"印太"地区和全球,韩国在俄乌冲突、台湾问题和南海问题上与美国保持一致立场。

第二,合作领域扩展。美韩同盟的合作领域更加全面,从原有的军事安全同盟扩展为政治、经济、科技、军事、价值观等多领域同盟,美韩两国

---

[1] The White House, "Washington Declaration," https://www.whitehouse.gov/briefing-room/statements-releases/2023/04/26/washington-declaration-2/,访问时间:2023 年 12 月 29 日。

将共同应对全球风险与挑战。在政治领域,美韩两国的"印太战略"实现兼容和对接。在美国的支持下,尹锡悦政府经过酝酿最终出台了韩国版"印太战略"①,未来美韩两国将共同致力于实现自由开放、繁荣和平的"印太"地区这一愿景。在经济领域,美韩两国在投资、贸易、金融等领域进行合作,并建立"下一代关键技术和新兴技术对话"(Next Generation Critical and Emerging Technologies Dialogue)以加强经济安全合作。② 在科技领域,美韩两国在半导体、电池、人工智能、量子科学、生物技术、民用核能、太空等高科技领域进行合作,其中双方在芯片领域的合作尤为重要。③ 在军事领域,延伸威慑合作是美韩同盟的重中之重。在价值观领域,美韩两国共享"自由、民主、人权、法治、市场经济"等核心价值观念,共同维护"基于规则的国际秩序"。

第三,同盟内部调整和外部联动。在美韩同盟的内部调整中,韩国在

---

① 2022年12月,韩国正式出台《自由·和平·繁荣的印太地区战略》。韩国版"印太战略"有九个优先领域:建立基于规范和规则的地区秩序;合作促进法治和人权;加强地区核不扩散及反恐合作;扩大全面安全合作;建立经济安全网络;加强关键科技领域合作;消除数字鸿沟;领导气候变化及能源安全领域的地区合作;通过定制的发展合作伙伴关系,进行"贡献性外交";促进相互理解和交流。参见 The Government of the Republic of Korea, "Strategy for a Free, Peaceful, And Prosperous Indo-Pacific Region," December 2022.

② The White House, "Leaders' Joint Statement in Commemoration of the 70th Anniversary of the Alliance between the United States of America and the Republic of Korea," https://www.whitehouse.gov/briefing-room/statements-releases/2023/04/26/leaders-joint-statement-in-commemoration-of-the-70th-anniversary-of-the-alliance-between-the-united-states-of-america-and-the-republic-of-korea/,访问时间:2024年1月8日。

③ 2022年,美国提议与韩国、日本和中国台湾地区共同组建"芯片四方联盟"(Chip4),该联盟在芯片设计、关键生产材料、关键设备制造领域处于全球前列,有助于美国争夺对全球半导体供应链的控制权,目前韩国已经初步参与"芯片四方联盟"。但韩国前外长朴振曾对中国外交部部长王毅表示,韩国加入"芯片四方联盟"毫无排斥特定国家意图,从韩中间密切的经贸合作结构来看,韩国反而能在其中发挥桥梁作用,同时韩国也希望能与中国加强维护供应链稳定的沟通和合作。参见桂华春:《韩外长:韩国入芯片联盟可为中方扮演桥梁角色》,https://cn.yna.co.kr/view/ACK20220810005400881,访问时间:2024年1月8日。

政治、经济、安全等领域承担更多责任的同时,地位有所提高,但在同盟内的关键问题上仍缺乏话语权。在同盟外部联动中,韩国在美国支持下借助美韩同盟参与以美国为首的多边合作机制,扩展与"民主国家"的伙伴关系网络,努力构建"韩国+多边机制"的合作模式。2022年以来,韩国和北约的关系迅速发展,促进了美国大西洋盟友与"印太"盟友的跨区域合作。① 2022年5月,韩国作为创始成员国加入美国主导的多边经济合作机制——印太经济框架(Indo-Pacific Economic Framework,IPEF)。此外,韩国还考虑加强与七国集团(G7)、五眼联盟(Five Eyes Alliance)、美日印澳四边机制(QUAD)、美英澳三边安全伙伴关系(奥库斯,AUKUS)的沟通与合作。②

二、美韩同盟中的延伸威慑合作

在美韩两国着力构建的"全球全面战略同盟"中,两国在军事安全领域的延伸威慑合作始终是同盟的核心支柱和重要纽带。从概念上讲,延伸威慑(extended deterrence)是指"一个国家的决策者(防御者)在对抗中威胁对另一个国家(潜在的攻击者)使用武力,试图阻止该国家对防御者的盟友(或盟友控制的领土)使用武力。其目的是保护其他国家和领土免

---

① 2022年4月,韩国首次受邀参加北约外长会议,随后韩国军方高层也受邀参加北约军事委员会会议。5月,韩国宣布加入"北约合作网络防御卓越中心"。6月,韩国受邀参加北约马德里峰会。9月,北约理事会宣布接受韩国政府请求,将韩国驻比利时大使馆指定为驻北约代表处,韩国驻比利时、欧盟大使兼任韩国常驻北约代表。
② 2024年5月1日,韩澳外长防长"2+2"会晤探讨了韩国加入奥库斯第二支柱的可能性。奥库斯第二支柱是发展人工智能、水下无人机和高超音速导弹等先进作战能力的技术共享协定,此前日本已宣布加入。参见尹洪京:《韩澳外长防长会晤探讨韩方加入奥库斯可能性》,https://cn.yna.co.kr/view/ACK20240501001300881,访问时间:2024年6月9日。

受攻击，而不是防止对本国领土的直接攻击"。① 美国使用核力量的承诺是美韩延伸威慑合作的核心内容，拜登多次在美韩首脑会晤中表示，美国将利用其全部防御能力（包括核、常规和导弹防御能力）向韩国提供延伸威慑。

美韩间的延伸威慑合作始于冷战时期，当时美国主要通过"核保护伞"形式向韩国提供安全保障，两国间起初并没有专门的延伸威慑合作机制，主要是通过双边对话形式在安全和军事领域进行合作，相关合作机制包括始于1968年的美韩安全协商会议（Security Consultative Meeting, SCM）②、1978年建立的军事委员会会议（Military Committee Meeting, MCM）和美韩联合司令部（Combined Forces Command, CFC）。这一时期的美韩同盟无延伸威慑之名，却有延伸威慑之实。

冷战结束后，随着朝鲜半岛安全形势演变，美韩两国正式建立延伸威慑合作机制，机制化水平不断提高。在朝鲜进行第一次核试验后，2006年10月，美韩两国举行第38次美韩安全协商会议，会后发表的联合声明中首次提及"延伸威慑"。2009年6月，美韩两国发表《美韩同盟共同愿景》，强调《美韩共同防御协定》依然是美韩安全关系的基石，并表示持续的延伸威慑承诺（包括美国提供的核保护伞在内）为美韩同盟保持强有力防御姿态提供保障。③ "天安"号事件后，2010年7月美韩两国举行首次外长、防长"2+2"会谈，2011年美韩两国在美韩安全协商会议下设立美

---

① Paul K. Huth, "Extended Deterrence and the Outbreak of War," *The American Political Science Review*, Vol. 82, No. 2, 1988, p. 424.

② 1968年5月，美韩两国在华盛顿举行首次国防部长会谈，此后每年定期召开。从1971年开始，两国外交部门也派出高级别官员参会，该会议升格为美韩同盟的骨干性机制，会议名称变更为"美韩安全协商会议"。参见韩献栋：《美韩同盟的运行机制及其演变》，载《当代美国评论》2019年第3期，第84页。

③ The White House, "Joint vision for the alliance of the United States of America and the Republic of Korea," https://obamawhitehouse.archives.gov/the-press-office/joint-vision-alliance-united-states-america-and-republic-korea，访问时间：2023年12月29日。

韩联合国防协商会议（Korea-U. S. Integrated Defense Dialogue, KIDD）。在朝鲜进行第三次核试验后，2013 年 10 月，美韩两国举行第 45 次美韩安全协商会议，两国国防部长签署"定制型威慑战略"（Tailored Deterrence Strategy, TDS）以应对核武器和大规模杀伤性武器威胁。2015 年，美韩联合国防协商会议下设美韩威慑战略委员会（Deterrence Strategy Committee, DSC），整合 2010 年组建的延伸威慑政策委员会（Extended Deterrence Policy Committee, EDPC）和导弹应对能力委员会（Counter Missile Capability Committee, CMCC）。在朝鲜进行第五次核试验后，2016 年 12 月，美韩两国建立延伸威慑战略磋商机制（Extended Deterrence Strategy and Consultation Group, EDSCG），该机制由两国外交部门和国防部门共同参与，用于协调两国相关政策以推进"定制型威慑战略"的实施，加强两国的延伸威慑合作，2018 年 1 月后该机制一度停止运行。

尹锡悦上台后，美韩延伸威慑合作取得了重大进展。尹锡悦政府抛弃了对朝接触政策，变得更加强硬，朝韩双方敌对的局面再度出现，在提出的"自主拥核"要求基本不可能实现的情况下，韩国政府主张强化美韩同盟，寻求美国核保护伞的保护，要求明确的安全保障承诺，强化美国对韩国的延伸威慑。在朝鲜半岛问题上，虽然美国表示愿意与朝鲜进行对话，通过外交途径解决朝核问题，但同样认为面对朝鲜的核威胁要联合韩国对其进行威慑和反制。因此美国拜登政府对韩国的要求进行积极回应，双方通过首脑会晤就强化美韩同盟达成一致，在延伸威慑合作方面采取了一系列措施，主要包括加强延伸威慑承诺和延伸威慑合作机制两部分。

在延伸威慑承诺方面，美韩两国发表《华盛顿宣言》，双方就美国对韩国提供延伸威慑达成共识，美韩同盟提升为以核为基础的同盟关系。

在延伸威慑问题上，美国在《华盛顿宣言》中表示，美国对韩国的承诺是持久和坚定的，朝鲜对韩国的任何核攻击都将得到迅速、压倒性和决定性的回应。美国承诺以美国全部能力（包括核能力）为后盾向韩国提供延伸威慑,未来将进一步提高在朝鲜半岛战略资产的定期可见性。韩国表示相信美国的延伸威慑承诺,重申将遵守《核不扩散条约》以及《美韩和平利用核能合作协定》。双方还宣布成立核磋商小组(Nuclear Consultative Group, NCG)以加强延伸威慑,讨论核与战略规划,并管控朝鲜对核不扩散机制构成的威胁。此外,双方还将努力促成韩国在紧急情况下为美国核行动提供常规支持的联合执行和规划,并改进在朝鲜半岛实施核威慑的联合演习和训练活动。①《华盛顿宣言》作为未来美韩延伸威慑合作的纲领性文件,标志着美韩同盟正式成为包括核能力在内的军事同盟。

在延伸威慑合作机制方面,美韩两国注重"常规与核一体化"(Conventional and Nuclear Integration, CNI),通过提高延伸威慑制度化水平、加强美日韩三国合作、增强用于延伸威慑的实际力量,从而增强了美国对韩国延伸威慑承诺的可信性。

在提高延伸威慑制度化水平方面,首先,根据《华盛顿宣言》,美韩两国建立了持久性双边磋商机构——核磋商小组,双方至今已经举行三次会议。2023年7月,首次美韩核磋商小组会议在首尔举行。美国重申了向韩国提供延伸威慑的承诺,表示朝鲜对美国或其盟国的任何核攻击都是不可接受的。双方确认,核磋商小组将在讨论和推进核与战略规划和应对朝鲜侵略的双边方法(包括指导方针)方面发挥不可或缺的作用。为此,双方建立了一系列工作流程,以加强朝鲜半岛的核威慑和应对能力,包括制订安全和信息共享协议、危机和突发事件中的核磋商和沟通进程以及协调和制订相关规划、行动、演习、模拟、培训和投资活动。② 同年12

---

① The White House, "Washington Declaration," https://www.whitehouse.gov/briefing-room/statements-releases/2023/04/26/washington-declaration-2/,访问时间:2023年12月29日。
② The White House, "Joint Readout of the Inaugural U. S.-ROK Nuclear Consultative Group Meeting," https://www.whitehouse.gov/briefing-room/statements-releases/2023/07/18/joint-readout-of-the-inaugural-u-s-rok-nuclear-consultative-group-meeting/,访问时间:2023年12月29日。

月,第二次美韩核磋商小组会议在华盛顿举行,双方回顾了核威慑合作的相关进展,批准了拟议的工作计划和 2024 年上半年的主要活动,强调将尽快取得实质性进展。① 2024 年 2 月,美韩两国国防部官员在华盛顿五角大楼签署"核磋商小组框架文件"。② 同年 6 月,第三次美韩核磋商小组会议在首尔举行,双方完成了对《核磋商小组指南》文件的审查,该文件为美韩同盟维护和加强可信和有效的核威慑政策和态势提供了原则和程序,为美韩作为平等伙伴在延伸威慑方面的合作奠定坚实的基础。在"常规与核一体化"(CNI)方面,双方讨论了美韩在朝鲜半岛的 CNI 方案的共同规划与执行,并重申韩国先进的常规能力与美国核行动的一体化大大增强了同盟对朝鲜核与导弹威胁的威慑和应对能力。此外,双方还讨论了如何进一步提高美国在朝鲜半岛周边部署战略资产的可见性,以及如何开展与美国战略资产部署相关的美韩 CNI 演习和训练。③ 其次,美韩两国对此前建立的延伸威慑合作机制进行调整,并修订了"定制型威慑战略"。2022 年 9 月,美韩两国重启了此前中断 4 年多的延伸威慑战略磋商机制,并于 11 月正式启动导弹政策协商机制(Counter-Missile Working Group,CMWG),该机制隶属美韩威慑战略委员会。此外,美韩双方时隔 10 年修订"定制型威慑战略"。2023 年 11 月,美韩国防部长在

---

① The White House, "Joint Press Statement on Nuclear Consultative Group Meeting," https://www.whitehouse.gov/briefing-room/statements-releases/2023/12/16/joint-press-statement-on-nuclear-consultative-group-meeting/,访问时间:2023 年 12 月 29 日。

② U. S. Department of Defense, "Readout of U. S., South Korea Nuclear Consultative Group Framework Signing," https://www.defense.gov/News/Releases/Release/Article/3676776/readout-of-us-south-korea-nuclear-consultative-group-framework-signing/,访问时间:2024 年 6 月 10 日。

③ U. S. Department of Defense, "Joint Press Statement on the 3rd Nuclear Consultative Group (NCG) Meeting," https://www.defense.gov/News/Releases/Release/Article/3801107/joint-press-statement-on-the-3rd-nuclear-consultative-group-ncg-meeting/,访问时间:2024 年 6 月 11 日。

第55次美韩安全协商会议上签署修订版"定制型威慑战略"。根据美韩两国在《华盛顿宣言》中就延伸威慑合作达成的共识，该文件针对朝鲜使用核武器或大规模杀伤性武器的可能性提出了运用包括美国核能力在内的美韩同盟所有能力进行应对的方案，反映了美韩两国在情报共享、共同策划和执行等方面的延伸威慑战略导向。① 最后，美韩两国联合构建一体化延伸威慑体系。2024年7月，美韩领导人以北约峰会为契机举行双边会谈，发表《美韩关于朝鲜半岛核威慑与核作战指南的联合声明》，再次重申《华盛顿宣言》中的延伸威慑承诺，赞赏核磋商小组第一年取得的重大进展。② 韩国国家安保室第一次长金泰孝表示，两国领导人发表联合声明对核威慑与核作战指南予以批准后，韩美联合参与的一体化延伸威慑体系构建完成。美国对韩国的延伸威慑从"由美国决定并提供"升级为"由韩军组织、人力和武器与美国核武器共同参与"的一体化延伸威慑。最重要的是，美国承诺无论是战时还是平时，都会调遣遏制和应对朝核所需的核武器执行朝鲜半岛任务。③

在加强美日韩三国合作方面，美国作为美韩同盟和美日同盟中的主导国家，致力于推动改善韩日关系，促使美日、美韩两对双边安全合作关系向美日韩三边安全合作关系转变。2022年6月，美日韩三国领导人在北约峰会上举行首脑会晤，同意加强安全合作以应对朝鲜的核威胁和导

---

① 韩联社：《韩美修订对朝威慑战略文件加码应对核导威胁》，https://cn.yna.co.kr/view/ACK20231113002700881，访问时间：2024年1月10日。
② The White House, "Joint Statement by President Joseph R. Biden of the United States of America and President Yoon Suk Yeol of the Republic of Korea on U.S.-ROK Guidelines for Nuclear Deterrence and Nuclear Operations on the Korean Peninsula," https://www.whitehouse.gov/briefing-room/statements-releases/2024/07/11/joint-statement-by-president-joseph-r-biden-of-the-united-states-of-america-and-president-yoon-suk-yeol-of-the-republic-of-korea-on-u-s-rok-guidelines-for-nuclear-deterrence-and-nuclear-operations-o/，访问时间：2024年7月17日。
③ 韩联社：《韩美首脑发表韩半岛核威慑核作战指南》，https://m-cn.yna.co.kr/view/ACK20240712000400881，访问时间：2024年7月17日。

弹威胁。同年11月,美日韩三国在柬埔寨金边再次举行首脑会晤,同意在三国间实时分享朝鲜的导弹预警信息。2023年3月,尹锡悦在韩国"三一抗日独立运动"104周年纪念仪式致辞中表示:"日本已从过去军国主义的侵略者转变为与韩国拥有相同普世价值的合作伙伴,两国在安全和经济问题上开展合作,共同应对全球挑战。为了克服包括朝鲜日益增长的核威胁和全球多重危机在内的安全危机,韩美日三边合作比任何时候都更加重要"。①尹锡悦的这一表态表明其在政府层面改善韩日关系、推进美日韩三边合作的决心。同月,尹锡悦正式访问日本,韩国宣布恢复韩日间的《军事情报保护协定》,重启与日本的军事情报交流。5月,日本首相岸田文雄回访韩国,两国重启首脑定期会晤的"穿梭外交"。8月,美日韩三国举行戴维营峰会,就高级别三边磋商、加强安全合作、扩大"印太"地区合作、深化经济与技术合作等方面达成一致,共同开启三边伙伴关系新时代。②三国在峰会上一致同意每年举行三边"印太"对话,并在2024年1月举行了首次"印太"对话。三国一致谴责朝鲜继续进行非法的核与弹道导弹研发项目以及与俄罗斯扩大军事合作,重申坚决反对任何以武力或胁迫试图改变"印太"地区现状的单边行动。③ 2024年6月,美日韩三国防长借第20届香格里拉对话会之机举行会晤。三国一致谴责朝鲜近期试验和发射多枚弹道导弹、利用弹道导弹技术发射军事侦察卫星。为了增进各方对朝鲜导弹的探测和评估能力,三国决定年内启动

---

① Office of the President Republic of Korea,"Address by President Yoon Suk Yeol on 104th March First Independence Movement Day," https://eng.president.go.kr/speeches/lpuJ3C1r,访问时间:2024年1月4日。

② The White House,"Fact Sheet: The Trilateral Leaders' Summit at Camp David," https://www.whitehouse.gov/briefing-room/statements-releases/2023/08/18/fact-sheet-the-trilateral-leaders-summit-at-camp-david/,访问时间:2024年1月10日。

③ Ministry of Foreign Affairs of Japan,"Japan-U.S.-ROK Trilateral Indo-Pacific Dialogue,"https://www.mofa.go.jp/press/release/pressite_000001_00087.html,访问时间:2024年1月10日。

实时共享朝鲜导弹预警情报机制。①

在增强用于延伸威慑的实际力量方面,首先,根据《2024财年国防授权法案》,美国将维持在韩国的军事基地和当前大约2.85万人的驻韩美军规模。② 一国在盟国境内的常态化驻军通常被视为一种"绊索"(trip wire),发挥着"牵连"作用,一旦盟国遭受敌方攻击,这些驻军也将卷入冲突或战争,使派驻国"自动"加入作战。③ 其次,美韩两国和美日韩三国多次举行联合演习,增强对朝鲜核导威胁的联合应对能力。2023年2月,美韩第八次"延伸威慑"手段运用演习(Deterrence Strategy Committee Tabletop Exercise,DSC TTX)在美国五角大楼举行。3月,美韩两国举行代号"自由护盾"的大规模联合军事演习,时隔5年重启文在寅政府时期叫停的战区级实战机动演习。同月美韩两军负责核去功能化(除去引爆装置使核武器无法引爆)的部队在半岛实施联合演习。4月,美日韩三国在东海公海举行反导联合演习。6月,美军B-52H轰炸机同韩国空军在半岛上空实施联合演习。8月,美韩两国举行代号"乙支自由护盾"的联合军演。10月,美日韩三国在济州东南方向的公海上举行了海洋拦截与反海盗演习。同月美日韩空军在半岛附近上空首次实施联合空中演习。12月,驻韩美军特种部队同韩国特战司令部进行联合演习。2024年6月,美日韩三国举行代号"自由之刃"的多域联合军演,涵

---

① U. S. Department of Defense, "United States-Japan-Republic of Korea Trilateral Ministerial Meeting (TMM) Joint Press Statement," https://www.defense.gov/News/Releases/Release/Article/3793913/united-states-japan-republic-of-korea-trilateral-ministerial-meeting-tmm-joint/,访问时间:2024年6月12日;李政芸:《详讯:韩美日商定年内启动朝鲜导弹情报共享机制》,https://cn.yna.co.kr/view/ACK20230603000500881,访问时间:2024年6月12日。

② Congress of the United States, "National Defense Authorization Act for Fiscal Year 2024," https://www.congress.gov/118/plaws/publ31/PLAW-118publ31.pdf,访问时间:2024年6月12日。

③ 顾全:《"垄断"与"共享":美国延伸核威慑的亚欧差异》,载《亚太安全与海洋研究》2024年第3期,第59页。

盖海域、空域、网域等多个领域。最后,在战略资产方面,虽然美国表示暂时不会在韩国及其周围部署战术核武器,但将通过展示海基、空基、陆基"三位一体"核力量,提高美国在朝鲜半岛周边部署战略资产的可见性,以此向韩国表明美国延伸威慑承诺的可信性。2023年7月,美国海军俄亥俄级战略核潜艇"肯塔基号"访问釜山港,这是美军战略核潜艇时隔42年再临韩国。10月,可携带核武器的美国B-52H战略轰炸机飞越朝鲜半岛并首次在韩国着陆。11月,美国与韩国国防代表团在美国加州的范登堡空军基地共同观摩了美国"民兵-3"洲际弹道导弹的试射,这是韩国时隔7年再次派团参观美国洲际弹道导弹试射。

三、尹锡悦上台后美韩同盟强化延伸威慑合作的原因

尹锡悦上台后,升级为"全球全面战略同盟"的美韩同盟在政治、经济、军事等各领域发生显著变化,其中最重要的变化是两国强化了始于冷战时期的延伸威慑合作,在延伸威慑承诺和延伸威慑合作机制方面取得重大进展,这背后主要有以下四方面原因:

第一,全球安全局势恶化和地区冲突频发增加东北亚地区国家不安全感。

从全球安全局势看,各种矛盾交织使地区冲突与战争频发,地缘政治冲突加剧。2022年2月以来的俄乌冲突对"基于规则的国际秩序"造成重大冲击,2023年10月以来以色列与哈马斯间的军事冲突造成严重人道主义危机,东欧和中东的地区局势变得更加紧张和复杂,对世界和平产生了不利影响。全球安全局势的恶化也波及了东北亚地区,朝鲜半岛紧张局势明显升级,军备竞赛风险增加。面临朝鲜核威胁且自身没有核武器的韩国和日本也感到忧虑不安,寻求强化与美国的盟友关系,在延伸威慑方面获得更加明确的安全承诺和制度保障。

第二,随着朝核问题的演变和朝鲜半岛局势变化,美国再度向日韩两

国提供延伸威慑,延伸威慑呈现复兴态势。

冷战结束后,美国完全撤出部署在东北亚的战术核武器①,此时的延伸威慑基本处于名存实亡状态。随着朝鲜事实上拥有核武器且导弹能力不断提升,朝鲜对美日韩三国的核威胁大幅上升,朝鲜半岛安全结构严重失衡。此后虽然美国通过谈判、制裁、威胁以及六方会谈机制与朝鲜达成一系列共识,但依然无法阻止朝鲜核力量与导弹技术的发展,朝鲜仍在进行核试验和弹道导弹试射。为了应对朝鲜日益增强的核威胁,美国再次向日韩两国提供延伸威慑。

前届文在寅政府采取的接触政策并没有使朝鲜弃核,朝鲜半岛局势虽有所缓和但并未持续,特朗普与金正恩的多次首脑会晤也未取得理想成果,缺乏核武器的韩国愈发不安,韩国国内逐渐兴起了要求"自主拥核"的呼声,也有人支持美国重新在韩国部署战术核武器。2022年2月,美国芝加哥全球事务委员会发布的民意调查报告显示,71%的韩国民众支持韩国发展自己的核武器,56%的人支持美国在韩国部署核武器。当被要求在这两个选项中进行选择时,大多数人倾向于使韩国拥有独立的核武库(67%),而不是依靠美国部署的核武器(9%)。② 2023年4月,韩国峨山政策研究院发布的民意调查报告显示,64.3%的韩国民众表示支持韩国发展本土核武器,33.3%的人表示反对。当提及可能受到制裁时,对独立核武器的支持率下降到54.7%,反对率上升到42.3%。在部署美国战术

---

① 冷战时期,美国曾在亚太地区采取"前沿部署"的方式储存了超过3000枚战术核弹头,其中大部分位于韩国和日本。从20世纪70年代开始,战术核弹头的数量不断减少。1991年,老布什总统宣布,美国将单方面撤出部署在亚太的战术核导弹。参见孙逊、韩略:《冷战后美国延伸威慑战略模式探析——基于地缘政治的视角》,载《当代亚太》2017年第5期,第12页。

② The Chicago Council on Global Affairs, "Thinking Nuclear: South Korean Attitudes on Nuclear Weapons," https://survey.thechicagocouncil.org/research/public-opinion-survey/thinking-nuclear-south-korean-attitudes-nuclear-weapons,访问时间:2024年1月9日。

核武器问题上,61.1%的人表示支持。36.2%的人表示反对。[1] 以上民意调查数据表明,此前的美韩延伸威慑合作已经无法满足韩国的安全需要,需要进行调整和升级。

第三,美国针对中国在"印太"地区的战略竞争压缩了韩国的战略选择空间,改变了韩国的威胁认知。

2008年金融危机后,中国的经济实力和军事能力迅速增强,东北亚地区实力对比发生极大变化。美国认为中国正在挑战其地区霸权,对中国采取打压、遏制政策,中美关系陷入低谷。特朗普政府时期,美国认为"大国竞争回归",将中国视为战略竞争对手和威胁,发动贸易战和科技战对中国进行制裁和打压。与特朗普政府强调"美国优先"冲击盟友间关系不同,拜登政府上台后着力恢复美国的领导作用,借助同盟网络实施"印太战略",利用地区盟友的支持遏制和围堵中国。此外,美国认为中国的核力量不透明,推测中国核武器规模正在迅速发展,刻意渲染中国的核威胁,为自身未来部署更多核武器寻找借口。

在东北亚地区,朝鲜半岛的地理位置使其成为中美战略竞争的焦点,韩国的地缘战略价值凸显,因此美国更加重视美韩同盟关系。在"印太战略"背景下,通过强化美韩同盟关系,美国能实现三个目标:第一,通过延伸威慑制衡朝鲜、中国和俄罗斯等地区国家;第二,维系同盟中的领导地位,增强同盟内的凝聚力和对同盟的控制力,约束盟友行为,阻止盟友自主拥核;第三,将朝鲜半岛和东北亚地区作为服务"印太战略"乃至全球战略的战略支点,维护美国霸权。对韩国来说,2016年"萨德"(Terminal High Altitude Area Defense, THAAD,末端高空区域防御系统)入韩事件使韩中关系趋冷,当下仍升温缓慢,中美之间的战略竞争也在一定程度

---

[1] The Asan Institute for Policy Studies, "Transitioning Attitudes on North Korea: Perceived Threat and Preferred Response," https://en.asaninst.org/contents/transitioning-attitudes-on-north-korea-perceived-threat-and-preferred-response/,访问时间:2024年1月10日。

上压缩了韩国的战略选择空间。在与美国的同盟关系和自身战略利益影响下,韩国的威胁认知发生改变,在主要防备朝鲜的同时,将邻国中国视为竞争对手和潜在威胁。

第四,韩国尹锡悦政府选择放弃战略模糊,发展亲美外交,强化美韩同盟延伸威慑合作。

尹锡悦上台后,韩国对美韩同盟的看法从"不愿意被牵连"转向"不愿意被抛弃"。[①] 文在寅政府时期,韩国虽然保持与美国的同盟关系,但追求战略自主性,大力发展"国防自主"以降低对美国安全保护的依赖,并希望美国能尽快向韩国移交战时作战指挥权。韩国还在外交上奉行"战略模糊"和"对冲战略",在中美两国之间保持外交平衡,不选边站队,在涉及中国核心利益的敏感议题上采取谨慎态度,不愿意被美国牵连卷入中美战略竞争之中。但尹锡悦上台后,逐渐采取倾向美国的外交政策,放弃战略模糊,在台湾、南海、乌克兰等地区问题上与美国站在一起,在加强韩美日三边合作的同时减少与朝鲜、中国和俄罗斯的对话合作,同时强化美韩同盟延伸威慑合作保障自身国家安全。事实上,尹锡悦政府并非不担心韩国面临"被牵连"风险,而是认为这种风险可以通过加强与美国联盟体系中其他国家的合作得到化解,因此韩国加强了与北约的合作。[②]

韩国外交政策的转变有多种原因:首先,韩国内部保守派势力和尹锡悦本人及团队的亲美倾向,促使韩国转向亲美外交。强化美韩同盟符合韩国保守派一贯的政治诉求,相比前届文在寅政府,尹锡悦及其政府团队在政治上更加保守和倾向美国,这对尹锡悦政府制定和实施外交政策起

---

① 格伦·斯奈德认为,在同盟政治中存在"被抛弃"(be abandoned)和"被牵连"(be entrapped)两种困境,二者带来的风险往往呈反比关系,一方减少导致另一方增加。多极体系中的同盟不是绝对坚定的,因此被盟友抛弃的恐惧永远存在。"被牵连"是指被盟友卷入与自身利益不相关或只是部分相关的冲突中。参见 Glenn H. Snyder, "The Security Dilemma in Alliance Politics," *World Politics*, Vol. 36, No. 4, 1984, pp. 466-467.

② 田德荣:《身份认知、地位焦虑与尹锡悦政府"全球枢纽国家"构建》,载《当代韩国》2022年第4期,第36页。

到了相当大的作用。总的来说,相对保守的尹锡悦政府不仅继承了保守派亲美的战略政策,还延续并发展了文在寅政府增强韩国国际影响力的政策目标。① 其次,韩国正试图从"安美经中"(安全依靠美国,经济依靠中国)向"安美经世"(安全依靠美国,经济依靠世界)转变,以实现产业链和供应链多元化的名义降低对中国市场的依赖。② 此外,美日韩三国以"去风险化"的名义在经济安全领域的对话合作也表明此后韩国的经济安全将更加依赖美国。③ 在此背景下,虽然中韩两国在经济上无法实现"脱钩",但韩国对中国的战略诉求实际上有所减少。最后,美韩同盟是韩国实现"全球枢纽国家"(Global Pivotal State)目标的战略依托。尹锡悦上台后致力于使韩国成为自由、和平与繁荣的"全球枢纽国家",与全球各国建立更加密切的联系与合作,更为深入地参与国际和地区事务,增强韩国的国际影响力,使韩国获得与自身发达国家实力相匹配的国际地位。但实现这一目标并不容易,虽然韩国的经济实力在全球排在前列,但综合实力仍有不足,在中韩关系改善受阻的情况下,韩国在周边地区的影响力将大打折扣。鉴于美国在全球强大的政治、经济、军事影响力,尹锡悦政府选择依靠美韩间的同盟关系,加快韩国成为"全球枢纽国家"的步伐。

四、尹锡悦上台后美韩同盟强化延伸威慑合作的影响

在以上四方面原因的驱动下,尹锡悦上台后美韩同盟致力于强化延

---

① 杨帆、凌胜利:《尹锡悦政府的联盟政策与美韩联盟的走向》,载《当代韩国》2023年第1期,第17页。

② 魏志江、卢颖琳:《韩美同盟步入战略转型期》,载《现代国际关系》2023年第10期,第68页。

③ 2024年4月,美日韩三国在华盛顿举行"第一届颠覆性技术保护网络高级会议",三国将在关键技术保护和出口管制方面加强合作。参见 U. S. Department of Justice, "Readout of Disruptive Technology Protection Network Summit with Japan and the Republic of Korea," https://www.justice.gov/opa/pr/readout-disruptive-technology-protection-network-summit-japan-and-republic-korea,访问时间:2024年6月14日。

伸威慑合作,对朝韩关系、美日韩三边合作关系、中韩关系、东北亚地区安全局势产生了重要影响。

第一,尹锡悦上台后美韩同盟强化延伸威慑合作使朝韩关系发生严重倒退,朝鲜半岛局势再度紧张。前届文在寅政府采取了与前总统金大中、卢武铉相似的对朝接触政策,韩朝两国在2018年举行三次首脑会晤,虽然没有成功使朝鲜放弃核武器,但在南北和解方面取得了一定成效。2018年4月,文在寅和金正恩会晤后发表《板门店宣言》,同年9月签署《9.19平壤共同宣言》,在推动半岛无核化进程、加强南北交流与合作、努力把朝鲜半岛建成永久和平地带方面取得突破。但是,尹锡悦上台后将朝鲜定义为敌人,朝韩关系发生严重倒退,半岛局势再度紧张,朝鲜半岛无核化进程难以推进。2022年8月15日,尹锡悦在纪念解放日演讲中提出了所谓的"大胆倡议"(Audacious Initiative):朝鲜无核化对朝鲜半岛、东北亚和全世界的可持续和平至关重要。如果朝鲜停止发展核计划,并开始真正的、实质性的无核化进程,韩国将分阶段提供援助,极大地改善朝鲜的经济和人民生活。[①] 朝鲜劳动党中央委员会副部长金与正对尹锡悦的讲话进行严厉驳斥,称其毫无新意、荒谬绝伦,只不过是此前李明博政府"无核、开放、3000"的翻版,以"经济合作"换取"朝鲜无核化"的想法只是尹锡悦的白日梦。[②]

在朝鲜半岛局势再度紧张的情况下,美韩两国发表《华盛顿宣言》后,双方加强了延伸威慑合作,美韩两国和美日韩三国举行联合军演的次数也明显增加,朝鲜将其视为敌对行为和军事威胁,继续实行"强对强"的强硬政策并为可能爆发的武装冲突做准备,韩朝关系陷入恶性循环。2023

[①] Office of the President Republic of Korea,"Address by President Yoon Suk Yeol on Korea's 77th Liberation Day,"https://eng.president.go.kr/speeches/k4bSEz3J,访问时间:2024年1月4日。

[②] 朝中社:《朝鲜劳动党中央委员会副部长金与正发表谈话》,http://www.kcna.kp/cn/article/q/0332729e8bd20a7d201be9a206f8ffaa.kcmsf,访问时间:2024年1月8日。

年11月22日,作为对朝鲜成功发射侦察卫星"万里镜-1"号的反制措施,韩国宣布将中止《9.19军事协议》①的部分效力,次日朝鲜也宣布将不再受该协议约束。2024年6月4日,韩国宣布中止《9.19军事协议》全部条款的效力直至双方恢复互信,以应对朝鲜近期向韩国空飘"垃圾气球"等挑衅行为。②

朝韩两国关系已经再次成为敌对关系,朝鲜半岛局势愈发紧张。在2023年12月末的朝鲜劳动党第八届中央委员会第九次全体会议扩大会议上,金正恩在谈及朝鲜与韩国关系时宣称:北南关系再也不是同族关系、同质关系,而且完全固定为敌对的两个国家关系、战争中的两个交战国关系。③ 2024年1月,金正恩再次表示,朝鲜不会在朝鲜半岛靠压倒性实力单方面实行大事变,但也不会避免战争,如果韩国胆敢企图对朝鲜使用武力或策划威胁朝鲜主权和安全,朝鲜将毫不犹豫地动员手中的一切手段和力量彻底扫荡韩国。④ 金正恩的表态表明朝鲜对韩国的看法和政策出现了根本性改变,两国和解的可能性大幅降低。在韩朝关系中,韩国也采取了"以实力求和平"的政策。尹锡悦在2024年新年致辞中表示,韩国将坚定构筑依靠力量的真正和持久的和平,而非依赖对方善意的屈从和平。韩国将在上半年完成强化的韩美延伸威慑体系,从根本上遏制朝

---

① 该协议是《9.19平壤共同宣言》的附属协议,其中明确规定禁止朝韩双方在陆海空等一切空间采取任何敌对行为,在签署后的5年多来为防止朝鲜半岛出现紧张局势和武装冲突做出了贡献。参见韩联社:《详讯:韩朝签署军事协议禁止一切敌对行为》,https://cn.yna.co.kr/view/ACK20180919006200881,访问时间:2024年6月10日。

② 尹洪京:《详讯:尹锡悦批准中止韩朝军事协议全部条款效力》,https://cn.yna.co.kr/view/ACK20240604003800881,访问时间:2024年6月10日。

③ 朝中社:《关于朝鲜劳动党第八届中央委员会第九次全体会议扩大会议的报道》,http://www.kcna.kp/cn/article/q/5a9ffe6e4d6704ac1838b14785365295.kcmsf,访问时间:2024年1月4日。

④ 朝中社:《敬爱的金正恩同志视察一些重要军工厂》,http://www.kcna.kp/cn/article/q/4fcc783b186596b53a1304d2c2701419.kcmsf,访问时间:2024年1月11日。

鲜核导威胁。① 2024年1月，在朝鲜连续三天在西部海域实施炮击后，韩国宣布韩朝之间不再存在陆海缓冲区，韩国军队将重启在海陆缓冲区的军事训练。6月，韩军时隔7年重启西北岛屿海上炮击训练。7月，韩军时隔约6年在边界附近地区实施实弹射击演练。

第二，尹锡悦上台后美韩同盟强化延伸威慑合作推动美日韩三边安全合作关系发展。韩国和日本都是美国在"印太"地区的重要盟友和伙伴，美韩、美日之间存在安全合作关系，但因为韩日两国在历史问题和领土主权上的争端，韩日关系一直是三边关系中的薄弱之处，美日韩三边安全合作迟迟未有进展。为了应对朝鲜核威胁以及打压中国，美国借助强化美韩同盟的机会，极力促进韩日合作，加快构建美日韩三边安全合作机制。在美国引导和支持下，尹锡悦上台后主动改善韩日关系，努力弥合韩日分歧，强调与日本的共同价值观和伙伴关系，在地区安全问题上进行合作，日本对此做出积极回应，韩日关系有所缓和，重启了多个双边协商机制。2023年4月，韩日两国时隔5年在首尔重启外交、国防部门司局级"2+2"对话机制韩日安保政策协商会议，双方就朝核问题等东北亚安全形势、双边外交及国防政策合作现状、韩日及韩美日合作现状等广泛交换意见。② 同年10月，韩日两国时隔9年在首尔重启副外长战略对话会议，双方就朝核和朝俄动向等朝鲜问题、"印太战略"构想、乌克兰局势、东亚局势等交换意见并决定深化合作。③ 2024年7月，韩日两国时隔约9年在东京重启韩日国防政策工作会议，双方就地区安全局势、国防交流合作等事宜交换意见。此外，美日韩三国通过多次首脑峰会在共同面对朝

---

① Office of the President Republic of Korea, "2024 New Year Address to the Nation," https://eng.president.go.kr/speeches/R09h4tXx, 访问时间:2024年1月4日。
② 桂华春:《详讯:韩日2+2司局级外交安全对话时隔五年重启》, https://cn.yna.co.kr/view/ACK20230417005100881, 访问时间:2024年7月17日。
③ 韩联社:《详讯:韩日副外长战略对话会议时隔9年重启》, https://cn.yna.co.kr/view/ACK20231005004700881, 访问时间:2024年7月17日。

鲜核威胁、共享涉朝军事情报、进行联合演习等方面达成共识,目前已在首脑、部长、副部长等多层级建立安全磋商机制,为进一步构建和发展美日韩三边安全合作机制奠定基础。

第三,尹锡悦上台后美韩同盟强化延伸威慑合作损害中国安全利益和中韩间的政治互信,影响中韩关系改善发展。2016年美国在韩国部署"萨德"系统,严重损害中国安全利益,中韩关系一度陷入低谷。2017年文在寅政府向中国做出"三不一限"政策宣示,即不追加部署"萨德"、不谋求韩美日军事联盟、不参与美国的导弹防御系统、限制现有"萨德"的实际使用①,中韩双方基于这一立场达成谅解,双边关系有所回暖。然而,尹锡悦政府上台后这一立场发生明显变化,韩国外交部和总统办公室均表示"三不一限"仅是前届政府阐明的政策立场,并非对中方的承诺或双方达成的协议,并辩称韩国政府一贯坚持部署"萨德"反导系统是在朝鲜核导威胁的情况下为保护国民生命与财产安全而采取的自卫性防御措施,事关国家安全主权,不容妥协。② 尹锡悦政府的这一表态否认了前届文在寅政府为"萨德"入韩事件降温的努力,严重了损害中韩政治互信。此外,美韩同盟和美日韩三国不断进行联合演习以威慑朝鲜,美国将战略资产部署到朝鲜半岛周围,加剧朝鲜半岛紧张局势,破坏东北亚地区和平稳定的战略环境,对和平解决半岛问题和实现半岛无核化产生严重负面影响,严重损害中国战略利益。

---

① "三不一限"政策宣示是中方表述,韩方认为中方所表述的"一限"是韩方前届政府向中方说明的"萨德"不针对第三国立场。参见中国外交部:《2022年8月10日外交部发言人汪文斌主持例行记者会》,http://new.fmprc.gov.cn/web/fyrbt_673021/jzhsl_673025/202208/t20220810_10739931.shtml,访问时间:2024年1月2日;桂华春:《韩外长:萨德三不问题延续至今归咎前政府》,https://cn.yna.co.kr/view/ACK20220818003700881,访问时间:2024年1月2日。

② 全寅庆:《韩外交部重申涉萨"三不"非韩中间协议》,https://cn.yna.co.kr/view/ACK20220811000100881,访问时间:2024年1月2日;尹洪京:《韩总统室:萨德问题不容妥协》,https://cn.yna.co.kr/view/ACK20220811003900881,访问时间:2024年1月2日。

第四，尹锡悦上台后美韩同盟强化延伸威慑合作加剧了东北亚地区的紧张局势，是东北亚地区出现阵营对抗趋势的诱因之一。一方面，在美韩同盟和美日同盟的基础上，美日韩三国为应对朝鲜核威胁，加强了三边安全合作，不断进行军事演习，三国还在制衡中国、制裁俄罗斯、应对朝俄合作等问题上进行密切合作。另一方面，朝鲜亦寄希望于借助同盟关系应对美日韩三国的挑衅与威胁。在朝俄同盟方面，在2023年9月金正恩访俄后，朝鲜与俄罗斯间军事合作更加密切，朝鲜向正处于俄乌冲突中的俄罗斯运输武器的行为遭到美日韩三国的抵制和反对。2024年6月俄罗斯总统普京访朝期间，朝俄两国签订《朝俄全面战略伙伴关系条约》，条约明确规定：当双方中的一方受到个别国家或多国的武装侵犯而处于战争状态时，另一方依据联合国宪章第51条和朝鲜及俄罗斯法律，立即调动自己拥有的一切手段提供军事及其他援助。① 该条约的签订表明两国关系已正式升级为同盟关系。在朝韩再次敌对的背景下，一旦朝鲜半岛发生冲突或战事，阵营对抗的趋势或成为现实。这将加剧地缘政治竞争，导致地区安全结构失衡，不利于经济发展与和平稳定，但在当前各国仍保持谨慎和克制的情况下，短期内该地区局势尚在可控范围内，爆发大规模武装冲突甚至地区战争的可能性较低。

五、尹锡悦上台后美韩同盟强化延伸威慑合作的制约因素

尹锡悦上台后，美韩同盟强化延伸威慑合作的各项具体措施逐渐实施，已经取得一些阶段性成果，产生了一系列影响，但其中也存在一些制约因素，使美韩同盟强化延伸威慑合作的措施难以达到预期效果。

---

① 朝中社：《朝鲜民主主义人民共和国和俄罗斯联邦全面战略伙伴关系条约》，http://www.kcna.kp/cn/article/q/6a4ae9a744af8ecdfa6678c5f1eda29c.kcmsf，访问时间：2024年7月17日。

首先,美韩同盟的非对称同盟性质决定韩国以战略自主性换取安全,不平等的"美主韩从"的局面将长期持续,延伸威慑承诺效果有待验证。作为非对称同盟,美韩同盟存在"自主性—安全"交易。① 尹锡悦政府上台后,韩国选择依赖美国的延伸威慑承诺以应对朝鲜核导威胁,在获得安全保护升级的同时失去了部分战略自主性,美国移交战时作战指挥权的日期再度推迟。在美韩同盟中,尽管美国将韩国称为"平等伙伴",但由于两国在实力上的巨大差距和"自主性—安全"交易的存在,韩国在同盟内的关键问题上缺乏话语权,美主韩从的局面仍将维持相当长的时间。虽然尹锡悦政府有意淡化,但弱势盟友韩国被强势盟主美国"抛弃"的恐惧依然存在。虽然美国反复重申对韩国的延伸威慑承诺,但如果朝鲜的弹道导弹技术发展到能够威胁美国本土的程度,韩国以战略自主性换取的安全保障承诺在关键时刻能否发挥作用还尚未可知,需要实践的检验。

其次,美韩两国在延伸威慑问题上存在战略利益差异,延伸威慑合作存在上限。在朝鲜日益增强的核导威胁下,韩国在自身无法拥有核武器的情况下想争取美国最大限度的安全保障承诺,希望美国能在韩国部署一定数量的战术核武器且美韩进行某种形式的"核共享"。但这显然不符合美国的战略利益,一方面,美国在朝鲜半岛部署核武器将招致中国的极力反对和坚决反制,致使中美之间发生军事摩擦甚至是武装冲突的可能性大大增加,另一方面,在朝鲜半岛部署核武器和"核共享"将严重冲击核不扩散体系,可能引发地区核军备竞赛,破坏"印太"地区的和平与繁荣。虽然美国一再重申对韩国的延伸威慑承诺,成立核磋商小组并提升战略

---

① 根据"自主性—安全"交易模型(Autonomy-Security Trade-off Model),非对称同盟中的小国以牺牲一些自主性为代价换取大国盟友的安全保护,这些代价包括为大国权力投射提供居于战略位置的军事基地,或者签订协议允许大国在未来干涉小国国内政治。参见 James D. Morrow, "Alliances and Asymmetry: An Alternative to the Capability Aggregation Model of Alliances," *American Journal of Political Science*, Vol. 35, No. 4, 1991, pp. 913-914.

资产定期可见度,但部署战术核武器甚至实现"核共享"目前来看依然遥遥无期。当前的《华盛顿宣言》已是双方共识下达成的最优解,短期内不会有太大的变化。2024年美国大选的最终结果也将影响美韩同盟延伸威慑合作的实际效果,未来的美韩同盟延伸威慑合作依然存在很大变数。

再次,韩国内部矛盾影响尹锡悦国内支持率,制约延伸威慑合作实施。在韩国内部,保守派和进步派矛盾重重,追求战略自主性的呼声从未停歇,尹锡悦政府的对朝政策和亲美倾向招致包括前总统文在寅和最大在野党共同民主党原党首李在明等人的批评。在国内民意方面,李在明遇刺、医疗改革和国会选举失利等事件使尹锡悦的国内支持率遭受极大挑战。2024年7月3日,韩国国会请愿平台"国民同意请愿"官网上有关要求国会提出弹劾总统尹锡悦议案的帖子获得超过百万人赞成。① 7月15日,韩国民调机构 Realmeter 发布的民调结果显示,尹锡悦总统的施政好评率为 32.3%,差评率为 63.8%。② 在此情况下,美韩同盟强化延伸威慑合作难免受到韩国国内进步派和民意的掣肘。

最后,韩日两国貌合神离,难以实现和解,两国合作面临不确定性。韩日关系始终是美日韩三边关系中最薄弱的一环,虽然尹锡悦上台后为改善韩日关系做出了诸多让步,韩日两国也在面对共同威胁时达成了一系列合作,但韩日两国在历史积怨和领土问题上的分歧无法弥合,两国间不时发生摩擦,两国人民和解也难有突破,当前达成的合作机制在未来可能因为韩日矛盾再次激化而停摆。这将使未来美日韩三边安全合作面临很大不确定性,在一定程度上限制美韩同盟延伸威慑合作的进一步发展。

---

① 韩联社:《韩国现弹劾尹锡悦请愿帖 获上百万人同意》,https://m-cn.yna.co.kr/view/ACK20240703003000881,访问时间:2024年7月17日。

② 边龙珠:《民调:尹锡悦施政好评率32.3%差评率63.8%》,https://cn.yna.co.kr/view/ACK20240715000300881,访问时间:2024年7月17日。

结 论

美韩同盟至今已有70余年历史,冷战期间美韩两国进行延伸威慑合作,美国在韩国部署战术核武器,冷战结束后,延伸威慑一度衰落,但随着朝核问题演变和朝鲜半岛安全形势变化,美国再次向韩国提供延伸威慑并建立了正式合作机制。尹锡悦上台后,美韩同盟升级为"全球全面战略同盟",作为核心支柱和重要纽带的延伸威慑合作取得重大进展。在延伸威慑承诺方面,美韩发表《华盛顿宣言》,双方就美国对韩国提供延伸威慑达成共识,美国将利用其全部防御能力(包括核、常规和导弹防御能力)向韩国提供延伸威慑。在延伸威慑合作机制方面,美韩两国注重"常规与核一体化",通过提高延伸威慑制度化水平、加强美日韩三国合作、增强用于延伸威慑的实际力量,从而增强了美国对韩国延伸威慑承诺的可信性。

美韩同盟延伸威慑合作的强化之所以发生在尹锡悦政府时期,是多方面因素的共同作用:全球安全局势恶化和地区冲突频发增加东北亚地区国家不安全感;朝核问题的演变和朝鲜半岛局势变化促使美国再度向日韩两国提供延伸威慑;面对中美两国在印太地区的战略竞争,韩国的威胁认知受到影响;韩国尹锡悦政府选择放弃战略模糊,发展亲美外交。此外,美韩同盟强化延伸威慑合作的一系列举措造成了诸多影响:朝韩关系发生严重倒退,美日韩三边安全合作关系迅速发展,中韩关系改善陷入僵局,东北亚地区出现阵营对抗趋势。值得注意的是,美韩同盟延伸威慑合作的强化也存在着一些制约因素:美韩同盟的非对称同盟性质使韩国"被抛弃"的恐惧依然存在,美韩两国在延伸威慑上的战略利益差异使合作存在上限,韩国内部矛盾制约延伸威慑合作实施,韩日两国貌合神离使延伸威慑合作面临不确定性。

面对尹锡悦上台后美韩同盟延伸威慑合作的强化,中国应以中美关系为中心,兼顾朝鲜半岛问题和中日韩三边合作问题。在中美关系方面,中国应与美国落实两国元首在旧金山会晤中达成的共识,坚持"相互尊重、和平共处、合作共赢"的原则,在表明对美国在东北亚地区实施延伸威慑严重关切的同时,加强与美国在核政策上的协调合作,稳定地区安全局势;在朝鲜半岛问题上,中国应在"坚持半岛无核化,坚持维护半岛和平稳定,坚持通过对话政治解决问题"的基础上,兼顾各方合理关切,推动重启对话谈判,同时敦促各方保持冷静克制,避免地区紧张局势升级;在中日韩三边合作问题上,中国应通过三国领导人峰会和外长会议,在经贸、人文、教育、卫生等领域加强合作并逐步扩展到外交和安全领域对话合作,使中日韩三国合作重回正轨,推动中日、中韩关系健康稳定发展。

国际关系与区域国别研究

区域国别学视域之南京大学国际关系史研究[①]

郑安光

内容提要:南京大学是我国最早从事国际问题研究的学术机构之一,尤其以国际关系史研究见长。其学术源头可以溯及新中国成立之前的金陵大学和中央大学相关学科和学者。1964年成立英美对外关系研究室是自新中国成立后南京大学国际关系史研究的重要转折点,英美对外关系的研究重点从一开始就赋予了南大国际关系史研究鲜明的区域国别研究的性质和特点。近百年的学术传统铸就了国际关系研究的南大风格,对于我们探究区域国别建设的正确路径具有重要启示意义。

关键词:南京大学;国际关系史;区域国别研究

作者简介:郑安光,南京大学国际关系研究院教授。

南京大学的国际关系史研究源远流长,在国内学术界占据一席之地。其学术传统重视利用第一手档案资料进行严谨的史学研究,同时又融入了更广泛的国际关系研究方法。英美对外关系的研究重点从一开始就赋予了南大国际关系史研究鲜明的区域国别研究的性质和特点。进入21

[①] 本文根据《南大区域国别研究简讯》对作者的访谈整理而来,访谈内容见《南大区域国别研究简讯》2023年第14、19期。

世纪之后,南大国际关系研究逐渐向历史、理论和现状研究领域融合推进。近百年的学术传统熔铸了国际关系研究的南大风格。[①] 在当前国内区域国别学研究日益兴起之际,考察南京大学国际关系(史)研究的风格和特点对探究区域国别建设的正确路径具有重要意义。

一、南京大学国际关系史研究的发展沿革、研究特点

南大的国际关系史研究历史比较悠久,在国内算是起源最早的一批。大家耳熟能详的学科奠基人王绳祖先生,早在金陵大学求学时期就已经开始了对外关系史的研究。他编纂的《欧洲近代史》讲义是最早由中国学者著述的世界史教材。南京大学的国际关系史研究起源可以追溯到1964年,即英美对外关系研究室成立。正是在1964年,教育部决定在全国高校建立24个外事研究机构,其中两个设立在南京大学。除了英美对外关系研究室,另一个是属于地理系的非洲经济地理研究室(现名南京大学非洲研究所)。这两个机构从名字来看,都与区域国别研究有着非常密切的联系。

英美对外关系研究室的创系主任是王绳祖先生,里面还集合了许多著名的专家学者,如蒋孟引先生、王觉非先生等。英美对外关系研究室出版了《近代英美对外关系》刊物。值得一提的是,1972年周总理组织出版了世界上188个国家和地区的历史书籍,其中的《瑞士简史》就是由王绳祖和蒋孟引两位先生牵头翻译,该书后由江苏人民出版社出版。这也是区域国别研究的基础性工作。

"文革"期间,研究室曾短暂停摆,但于1973年重新运转,王绳祖先生继续担任主任。"文革"后重启的研究室主要开展一些诸如翻译等基础性的工作。例如,1972年,中国恢复了联合国合法席位,研究室就承担了大

[①] 刘卫忠:《中国国际关系史研究中的"南大风格"》,载《史学月刊》2001年第4期。

量联合国文件的翻译工作。此外,研究室还继续出版英美对外关系类的书籍和调研报告,当时还获得了中央政治局的参考。

改革开放以后,英美对外关系研究室的研究重点开始往国际关系史方向转移。研究室此前更多地关注当代国际问题研究,翻译过许多文件,服务于当时的国家战略需要,而在改革开放后往学术研究方向,尤其是国际关系史方向上发展。1977年开始,研究室开始招收国际关系史方向的硕士研究生。朱瀛泉先生和时殷弘先生都是研究室培养的第一届国际关系史专业博士,导师是王绳祖先生。钱乘旦先生是当时招收的第一届英国史方向的学生之一,他的导师是蒋孟引先生。

研究室第二个重要工作是发起成立中国最早的国际关系领域的学术组织。1979年,王绳祖先生牵头成立中国国际关系史研究会,并担任会长(当时称为理事长),此后连任会长。这个研究会就是现在中国国际关系学会的前身。

研究室的另外一个重要工作是编纂《国际关系史》,当时是作为1981年司法部的教材,也就是我们所熟知的王绳祖和何春超编写的两卷本《国际关系史》。其中,前一本是从17世纪到1945年,由王绳祖先生主编。此外,作为中国国际关系史研究会的规划之一,十卷本的《国际关系史》也是研究室的重要成果之一。这套书最后在1996年由世界知识出版社出版,还获得过"中国图书奖"。著名的学者号召全国的力量来进行编纂,在那个年代难能可贵,因此可以说这是中国国际关系研究非常重要的基础工程。

南京大学国际关系研究所1998年成立,2001年更名为南京大学国际关系研究院,从原来单纯的历史研究向着理论研究、现状研究和对策研究等各个方向发展,在研究的领域、方法、目标和对象等方面都有了很大的拓展,人才培养和学科建设也进入了一个新的层次。

从上述发展史可以看出,中国国际关系学科的起源和发展与南京大学有着密切的关系。

南大国际关系史研究的风格,总结起来有这么几个特点。第一,学术的传承相对来说比较悠久,而且传承有序。从学术源头来讲,可以追溯到新中国成立之前。国际关系史研究传统一直延续下来,没有中断,虽然中间有些波折,但学术传承的线索是非常清晰的。

第二个特点,按研究主题来讲的话,可能主要是以欧美为主要研究对象。从最早王绳祖先生的《马嘉里案和烟台条约》这一比较典型的外交史研究,到后来十卷本的《国际关系史》,主要方向是以欧美为主要的研究对象。1964年成立的机构也叫英美对外关系研究室,这也是国家赋予南大的责任。

第三个特点,是通史研究和个案研究相结合。既有几本非常重要的通史书,比如王绳祖先生和何春超先生的两卷本《国际关系史》,及后来的十卷本《国际关系史》,这些都是通史类型的,这些研究成果出现较早又比较全面。同时南京大学十分注重国际关系史案例研究。比如说王绳祖先生在牛津大学的毕业论文《马嘉里案和烟台条约》就是典型的利用档案进行的个案研究。还有,朱瀛泉先生写的《近东危机与柏林会议》也是一个通过以小见大来展现当时国际关系基本内在逻辑的杰作。

第四个特点,在方法上非常注重利用第一手的档案资料,特别是利用解密档案来还原重构,进而解释、分析和总结一段时期的国际关系,以呈现历史发展的原貌、内在的逻辑动因及其发展规律。[1]

二、国际关系史、冷战史研究与区域国别研究

南大国际关系史研究和冷战这一国际关系重要时态的进程本身有着密切的联系。因为国际关系的纵横捭阖,中国的外交政策往更广泛的国

---

[1] 王绳祖:《关于建设有中国特色的国际关系史的几个问题》,载《外交学院学报》1986年第2期,第4页。

际关系领域拓展,因而需要加强对资本主义世界体系的研究。出于现实政治需要,1964年成立了英美对外关系研究室。特别是到了1972年,中美关系正常化,同时中国已恢复了联合国合法席位,对此南大做了很多重要的工作,如翻译了一百多万字的联合国文件。这些工作本身和冷战进程有着密切的关系,并不纯粹是历史研究。南大的国际关系研究服务于国家重大战略需求。

南京大学国际关系研究虽然学术传承比较悠久,但并不是完全书斋式的研究。当然,跟全国其他优秀的冷战史研究相比的话,还是存在一些不足之处。主要表现为两点,其一在档案文献利用方面,虽然我们很强调第一手档案文献,但由于研究上要是针对英美,相应来讲,对像苏联这样的国家档案利用相对有点薄弱。

其二是在研究方法上。传统的国际关系史、外交史研究方法就是利用档案文献。但是还有很多其他的研究方法,比如定量研究等社会学的研究方法。国内的不少学者开始使用跨学科方法来开展国际关系研究。在这点上,我们的尝试可能还不够。虽然有些年轻的学者也在试图使用这些方法,但跟其他优秀研究相比的话,还是有些不足之处。

近年来冷战史研究得到了很大的拓展,就研究的内涵、研究的方法和所使用的理论等方面而言,现在的中青年学者都有很大的进步。我们知道,传统上冷战史的研究主要强调档案文献的利用,特别是利用多国的档案互相印证,去还原冷战时期的重大历史事件的发展过程、决策过程等。在坚持对档案的重视的前提下,现在的研究方法、研究风格有了很大的突破。

首先是研究对象上的突破,原来更多关注大国外交之间的一些重大事件,现在的冷战史研究不仅仅是针对大国的重大事件,更多开始往一些传统上不受重视的领域拓展。比如说,移民、种族和医疗,还有南大国际关系研究院最近做得比较多的情报史研究,情报学与冷战史研究相互结合。我们有一个情报与冷战史研究"石城论坛",这个论坛已经举办了两届,效果非常好。通过这个论坛,相关的研究视野拓展了,研究议题也大大地丰富了。另外全球史视角的研究日益兴盛。研究对象不仅仅是国家与国家之间的关系。全球史将人类社会看成整体来研究,关注技术、移民、种族、性别、环境和医疗等问题。本人最近发表的一篇论文,就是研究美苏之间关于艾滋病病毒起源的认知战,它既是美苏冷战的一个主题,同时也是医疗社会史的一个重要主题。[①]

另外在研究方法上也有比较大的拓展。现在大家更多地开始考虑使用历史学以外的方法,比如定量研究方法。特别是在经济、移民研究方面,甚至开始使用一些自然科学的研究方法,例如地理信息系统方法,取得了很好的研究效果。还有就是采取社会建构的方法,将社会学、国际关系研究的很多方法融入冷战史研究之中,如文化建构、社会建构。像环境史的研究,如观察冷战的环境因素,这里就运用到了很多的科学数据,这是所谓数字人文方法的一个重要拓展。当然不限于冷战史,通过大数据的方法去研究人文议题,还可以扩展到历史学及整个大人文学科。年轻学者可能更加重视使用综合的方法来进行研究,比如说可以用历史学的档案研究方法去还原史实,同时可以用国际法的理论框架来分析事实本身。所以跟前代的学术相比,应该是有明显的区别。跨学科的融合,是非常重要的。

冷战史研究在区域国别学建设的过程可以扮演一个怎样的角色呢?最近这几年,国家对区域国别学的建设特别重视,全国也成立了很多区域国别学的研究机构,现在正是这个学科大发展的阶段。区域国别学本身就是一个跨学科、多学科、交叉学科的研究,这是它的一个自有属性。就打通冷战史研究和区域国别学而言,首先,区域国别学的发展和冷战进程有着密切的关系。虽然说从大航海时代开始,欧洲国家就开始研究西方

[①] 郑安光:《20世纪80年代美苏关于艾滋病溯源问题的认知战》,载《世界历史》2023年第2期。

以外的区域,但是区域国别作为真正的学科起源于二战以后的美国,其中很重要的一个驱动因素就是冷战需求。冷战走向全球进程的过程中,美国急需要研究苏联、东欧的社会主义国家,同时要研究广大的亚非拉地区。因此学科产生本身就有重要的战略驱动因素,研究对象国的历史文化、政治社会基于很强的现实驱动。相对来说,英国的地区研究和现实政治之间的关联度没有那么高,比如利奇的《缅甸高地诸政治体系》这本名著,是民族志、社会学的研究,它纯粹从学术的角度去分析解释。总之,区域国别学和现实政治的关联度很高,这和国家战略因素有关。

其次,冷战史或者说国际关系史的研究是区域国别学的重要基础。因为区域研究和国别研究必然要了解这一地区或相应国别的历史发展过程,要了解它与外部世界的联系和互动关系的演变进程,这也是冷战史或国际关系史的重要内容。当代很多国家的对外关系和政治都是由冷战因素塑造,所以通过冷战史的研究去还原、剖析这种地缘政治因素的演变过程,可以说在今天同样具有重要的学术意义和现实意义。

再次,从更广泛、更宏观的角度来讲,世界很多区域的地缘政治结构,还是冷战国际关系结构的延续和发展。比如说东亚地区如朝鲜半岛问题、台海问题,虽然冷战结束了,但是冷战所塑造的地缘结构没有发生本质变化。我们通过冷战史的研究去剖析、还原过程,具有重要的意义,也是必须要做的一件事。随着很多档案文献的解密,我们能够更好地回溯这些地区的地缘结构形成和演变过程。

最后,在当代世界政治当中,区域国别研究,特别对中国的区域国别学来说,一个重要的目标就是服务国家的重大战略需求,服务"一带一路"倡议、全球发展倡议、全球安全倡议、全球文明倡议。从中国对外战略所面临的新环境而言,当代世界政治的大国竞争因素日益明显。甚至有人说,出现了所谓的"新冷战"。中美之间是否存在"新冷战",这一说法存在很多争议。那么即便不是新冷战,但至少从美国方面来说,以意识形态为基础、以集团对抗为手段的大国竞争形式仍带有非常强烈的冷战色彩。

所以，研究冷战史对于当前的区域国别研究有着很现实的指导意义。

南大的国际关系史研究如何促进区域国别学建设？区域国别学必然包括政治学、历史学、社会学和语言学等方面，这是一个交叉学科。既然南京大学的国际关系史、冷战史研究有很好的基础，它们当然也可以，或者说应该成为区域国别研究非常重要的支撑因素。

另外，从学科队伍来说，南大的冷战史研究或者说国际关系史研究的学科队伍中，很多学者不仅仅局限于历史学的研究，他们已经做了很多区域国别学的工作，比如说郑先武教授对东南亚的研究很有自己的特色。我觉得未来应该加强这方面的交流和互动，从而促进南大区域国别学的学科建设。包括在人才培养方面，也可以互相交流。比如，我们可以开放互相选课，这些措施都能很好地帮助打造具有南大特色的区域国别研究的学术体系、学科体系、人才培养体系。

三、对于未来区域国别学建设的看法与展望

现在，区域国别学在国内可以说是一个显学，大家热情很高。但学科建设还是需要扎扎实实做好一些基础性的工作。我们一直强调这个学科是交叉学科，是针对特定区域和国别的研究，故而对基础知识的积累非常必要。当前，我国的区域国别研究机构依托单位不同：有的是依托外国语学院，有的是历史系，有的是在国际关系系科，那么，这就会带来一些问题，仅仅依靠单一学科，显然不够全面，基础也不够牢靠。

首先，要规划一些基本的指导原则，就是要对一个地区或国家进行研究，应该首先要明确积累什么知识，了解什么内容，这是非常重要的。应该侧重于如何结合语言、文化、历史、政治和社会的研究来形成知识体系。

同时，在形成知识体系过程中，要形成有机的、相互补充的研究人才队伍。例如，既要有历史学方面的专家，又要有社会学、国际关系领域的专家，去对一个区域或国别进行系统性的研究。虽然我们现在已经建立

了很多的区域国别研究的学术机构,但是知识积累这一点还是做得不够的。把分散在各个学科的研究力量整合起来非常重要。我觉得,必须要有相应的人才整合机制,才能够形成一个稳定的、可持续的研究,而不至于在比较热门的时候大家都来做,过几年热度降下来后又散掉了,这样会非常可惜。区域国别研究需要一个长期的知识积累的过程,也需要一个长期的人才队伍建设过程。

当然,对中国的区域国别研究来说,我们有个很大的问题就是田野调查工作不够深、不够细。虽然有些学者、有些研究机构正在做这样的调查,但是从长远来看,还是需要一些更加深入的、长期的、跟踪式的田野调查。田野调查法是任何方法都不能够取代的,因为我们要对目标对象进行研究的话,只有直接面对它进行研究,才能获得更加丰富和全面的信息,学术产品才能更加可靠,也才能够在那个地区建立自己的学术人脉网络。诚然,现在的经费不足,出国也不是很方便,有些比较落后的国家和地区,大家不愿意去。但我们对田野调查,应该给予更大的支持和资源投入,这也是非常重要的积累过程。最后,还是要强调多学科的方法。比如之前提到的数字人文、大数据研究,这是很重要的研究方向。当然,这些都是建立在前面讲的知识和资料的积累基础之上的。

从全国范围来讲,区域国别研究急需要比较规范的学术规划,而不是一哄而上,然后一哄而散。我们需要国家层面的顶层设计,去安排哪些研究机构注重哪些方面。这样的话,既可以给予长期支持,也可以避免资源的浪费,避免不必要的过度竞争。特别是对一些相对小的、我们以往不太重视的地区和国家,应该安排一些具体的研究机构进行长期的研究,给予长期的支持。

新古典现实主义视角下拜登政府对华安全政策研究

纪雪岭

内容提要：拜登政府发布的《国家安全战略》报告标志着其对华安全政策框架已基本定型，该报告与之前发布的《国家安全战略临时指南》《美国印太战略》等报告多次将中国列为美国未来最大的挑战和竞争对手。自2021年初上任起，拜登政府通过构建"中国威胁"的话语叙事、制定具有较强针对性的不公平规则和建立更多灵活的联盟伙伴关系等手段，在政治、军事、经济和科技等多领域采取了全方位的对华安全政策包围。拜登政府的对华安全政策是由体系因素和单元因素的共同作用下形成的，从新古典现实主义角度分析，体系因素包含中国的日渐崛起和国际体系的变革带来的结构压力，单元因素则包含拜登政府对华的认知及偏好和美国复杂的国内政治环境。从新古典现实主义理论角度进行系统分析，对理解拜登政府对华安全政策的形成以及思考中美关系的未来走向和中国的应对具有较强的启示意义。

关键词：拜登政府；对华安全政策；新古典现实主义

作者简介：纪雪岭，南京师范大学东亚国际问题研究中心硕士研究生。

2022年10月12日,美国总统拜登正式发布了《国家安全战略》(National Security Strategy)报告(以下简称《战略》报告),该报告阐述了美国对整体国际形势的判断、未来的主要竞争问题、保持优势的路径以及推进国家安全战略的优先事项。① 这是继2021年3月拜登签署《国家安全战略临时指南》(Interim National Security Strategic Guidance)后的又一重磅安全战略文件,同时标志着拜登政府对华安全政策的框架已基本定型。② 拜登政府提出未来十年是大国竞争的"决定性十年"(the decisive decade),其对华施压的紧迫感日益上升。选择国际关系理论中的新古典现实主义分析研究拜登政府的对华安全政策,有助于我们更加深入地了解其对华意图,把握中美之间的关键问题与矛盾。

一、拜登政府对华安全政策的新古典现实主义背景

(一)新古典现实主义理论源流

现实主义一直是国际关系理论中影响最大的流派,也是国际政治研究中占据主导地位的理论流派。相比于自由主义、建构主义等理论流派,现实主义在承认国际无政府状态的基础上更加强调国家行为体自身的利益——安全、权力的最大化,并且奉行的是一种工具理性的思维,一直为众多国家和学者所推崇。作为现实主义国际关系理论的奠基人,汉斯·摩根索(Hans J. Morgenthau)提出了著名的"现实主义六原则":第一,政治受到根植于人性的客观法则的支配;第二,以权力界定利益的概念能够

---

① The White House, "National Security Strategy", https://www.whitehouse.gov/wp-content/uploads/2022/10/Biden-Harris-Administrations-National-Security-Strategy-10.2022.pdf, 访问时间:2023年7月8日。

② The White House, "Interim National Security Strategic Guidance", https://www.whitehouse.gov/wp-content/uploads/2021/03/NSC-1v2.pdf, 访问时间:2023年7月8日。

给现实主义提供理解国际政治理论与客观事实的路径;第三,现实主义以权力界定的利益概念,具有客观适用的普遍性,但是也并非固定不变的;第四,政治行动的成功与道德标准之间存在不可避免的矛盾,但普遍的道德准则并不能够以抽象的、一成不变的形式应用于国家行动之中;第五,特定国家的道义抱负不能等同于普适于世界的道德规范;第六,现实主义与其他思想之间存在着深刻的分歧,但它所持有的知识理性和道德态度是不容辩驳的。[1]

随着20世纪末冷战的结束与国际格局的重大变动,国际关系理论也得到了发展和创新,众多现实主义的分支应运而生——主要有进攻性现实主义、防御性现实主义和新古典现实主义。经历了近30年的发展,新古典现实主义理论这一分支流派愈加完整和科学,它对古典现实主义和结构现实主义的理论都加以批判继承,增强了对现实政治的解释力。

古典现实主义强调的是单元层次的分析,并将权力视为目的,认为国家致力于追求越来越大的权力;结构现实主义则强调体系层次,忽略对单元要素的行为,并把权力看作是一种手段,最终关注的是国家的安全。"系统理论解释了为什么不同的单元行为彼此相似,而且尽管他们各不相同,但他们产生的后果都属于一个可预期的范围之内。相反,单元层次的理论则告诉我们为什么不同的单元在系统中地位相似而行为各异。"[2]新古典现实主义在综合了古典现实主义的单元要素和结构现实主义的体系要素的基础上,找到联结两个分析层次之间的纽带,即在无政府状态下,国际行为体会受到体系环境的约束和影响,同时也会受到单元内——国家内部的政治因素的影响。

---

[1] 详见[美]汉斯·摩根索:《国家间政治:权力斗争与和平》,徐昕、郝望、李保平译,北京:北京大学出版社,2006年,第16-27页。

[2] [美]肯尼思·华尔兹:《国际政治理论》,信强译,上海:上海人民出版社,2017年,第76页。

(二) 新古典现实主义的研究框架

新古典现实主义认为体系层次的环境刺激是政策变化的起点,即首要原因。正如吉迪恩·罗斯(Gideon Rose)1998 年在《世界政治》(*World Politics*)发表的文章中所写的,"国家对外政策的范围和雄心首先而且主要取决于国家在国际体系中的位置,尤其取决于国家的相对物质势力"[①]。新古典现实主义将国际体系看作是自变量,关注国家在国际体系中的实力和地位消长,这些因素确定了行为体可能的战略选择范围。

在此基础上,新古典现实主义认为单元层次的中介变量起到了重要的干预作用,影响了外交政策的认知背景、内容制定和具体执行。诺林·里普斯曼(Norrin Ripsman)、杰弗里·托利弗(Jeff Taliaferro)和斯蒂芬·洛贝尔(Steven Lobell)等三位学者归纳提出了四种类型的国内层次的中介变量:领导人的意象,指领导人的信息认知、个性特征和价值信仰,

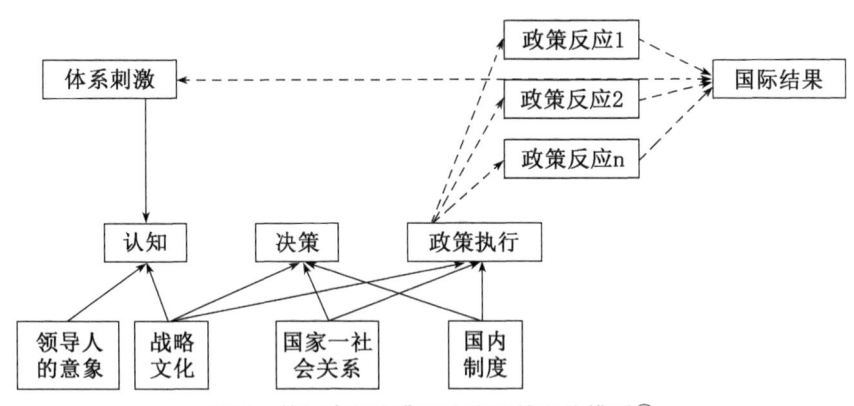

图 1 第三类新古典现实主义的理论模型[②]

---

① [加拿大]诺林·里普斯曼、[美]杰弗里·托利弗、[美]斯蒂芬·洛贝尔:《新古典现实主义国际政治理论》,刘丰、张晨译,上海:上海人民出版社,2017 年,第 34 页。
② [加拿大]诺林·里普斯曼、[美]杰弗里·托利弗、[美]斯蒂芬·洛贝尔:《新古典现实主义国际政治理论》,第 34 页。

能为国家的安全政策与外交政策提供直接的意图内核；战略文化，指根深蒂固的意识形态、世界观和安全观，能够潜在地影响决策层对政策及手段的权衡倾向；国家—社会关系，指国家的核心制度与各个经济或社会集团之间的互动特征，能够从社会服从度、凝聚水平、公众支持度等多方面左右国家领导人对国家能力的汲取、动员和利用；国内制度，指由正式制度、组织惯例和程序以及官僚机构监督等组成的制度结构，以制度为本具体地影响国家在应对体系压力时做出决策的过程和结果。

本文在解释拜登政府对华安全政策的制定时，将新古典现实主义的理论模型结合研究实际进行调整，尝试建立一个探索性的解释框架（如图2）。该框架将兼顾体系层次和单元层次的影响因素，其中自变量是以中国的崛起和国际秩序的变革作为体系层面的结构压力，而在国家内部起到干预作用的拜登政府的认知及偏好、国内政治环境两项因素是中介变量，拜登政府对华安全政策则为因变量。

体系压力 （自变量）	国内影响 （中介变量）	对华安全政策 （因变量）
• 中国的崛起 • 国际秩序变革	• 拜登政府认知及偏好 • 国内政治环境	• 在技术、经济、政治、军事等领域击败中国

图2 新古典现实主义下拜登政府对华安全政策的研究框架

结构压力指的是大国在世界舞台上面临的主要行为体之间实力对比及变化趋势所带来的压力，中国的崛起就是一个很鲜明的对美结构压力，另外以俄乌冲突为代表的一系列国际秩序变革也给美国带来了新的结构压力。

拜登政府的认知是理解其对华态度的基础和政策的前提，其政策偏好则会影响其对华政策的手段选择。国内政治环境则受美国国会、政治联盟和国内民众的影响，间接性地干预拜登政府对华安全政策的制定。

二、拜登政府对华安全政策的表现

拜登政府在《战略》报告中强调,"在技术、经济、政治、军事、情报和全球治理领域击败中国至关重要"①。拜登政府采取的对华安全政策,主要可以总结为以下几个特点:第一,通过国际话语权优势不断建立和加强"中国威胁"叙事,持续抹黑中国的国际形象,一方面美化宣传自己的美式"民主"和"自由",另一方面则通过树立共同敌人来为拉拢盟友创造机会和借口;第二,打造多领域多层次的"小院高墙"——以不公平标准限制中国的自由经济贸易与科技交流,在关键领域打压中国发展,破坏中国的产业链和供应链;第三,不断建立双边和多边的联盟,同时注重结盟的针对性和实效性,灵活地联合盟友力量加强自己的话语影响力和对华遏制效果。拜登政府上台后主要在政治、军事、经济和文化等四个方面对华采取了较为强硬的举措。接下来,本文将从以上四个领域来梳理拜登政府对华安全政策的具体表现。

(一) 政治安全政策

与之前的特朗普政府相比,拜登政府对中国的政策定位更具有强烈的感情色彩和党派风格。拜登政府于2022年2月发布新版主要针对中国的《美国印太战略》(Indo-Pacific Strategy of the United States)报告(以下简称《印太》报告),并在《战略》报告中将中国认定为"将威权统治与修正主义外交政策相结合的大国"(powers that layer authoritarian

---

① The White House, "National Security Strategy", https://www.whitehouse.gov/wp-content/uploads/2022/10/Biden-Harris-Administrations-National-Security-Strategy-10.2022.pdf,访问时间:2023年7月8日。

governance with a revisionist foreign policy)①,多次强调美式"民主"和"自由",意图在其国内营造出团结的氛围以防止分裂,同时在价值观层面塑造出一个"共同敌人"形象,以提升盟友阵营的团结程度和协作水平,促进盟友主动承担防务责任,最终达到在国际社会中拉拢更多国家孤立中国的目的。此手段充分表明拜登政府意图在全球范围内巩固自己"全球霸主"的地位和权力。

相比于特朗普政府的"退群"与"不按规则行事",拜登政府更加注重加强联盟作用,并孜孜不倦地在国际社会中主张按照美国的意志塑造国际规则。联盟是美国维持霸权地位的最佳助推力,拜登政府在《战略》报告中将其在世界各地的联盟和伙伴关系称为美国"最重要的战略资产"(our most important strategic asset)②,例如美日印澳"四方安全对话"机制(QUAD)就是美国拉拢的意在遏制中国的"小团体"。美国还与澳大利亚、日本、新西兰和英国建立"蓝色太平洋伙伴"(the Partners in the Blue Pacific)关系,名义上是为了帮助太平洋岛国,实际上是美国在太平洋海域打造的对华集体制衡联盟。同时美国借口国际规则,在各方面限制中国。拜登政府意图把联盟与规则结合发挥出"1+1>2"的效果,服务于自己的"大国竞争"目标,削弱中国的国际地位和影响力。

(二) 军事安全政策

拜登政府十分重视维护美国作为世界最强军事力量的目标,并以此应对中国的军事和技术挑战。摩根索在《国家间政治:权力斗争与和平》

---

① The White House,"National Security Strategy", https://www.whitehouse.gov/wp-content/uploads/2022/10/Biden-Harris-Administrations-National-Security-Strategy-10.2022.pdf,访问时间:2023 年 7 月 8 日。

② The White House,"National Security Strategy", https://www.whitehouse.gov/wp-content/uploads/2022/10/Biden-Harris-Administrations-National-Security-Strategy-10.2022.pdf,访问时间:2023 年 7 月 8 日。

一书中提到,"从军事上讲,一国权力的大小也取决于士兵与武器的数量,及其在军事机构各部门间的分配情况"。① 基于现实主义理论,大国拥有更为强大的军事力量能够应对甚至避免其他竞争对手的挑战,因此,谋求军事优势是美国国家安全战略的首要目标。

为了更好地遏制中国的发展,美国调整了自己的军事战略部署,对中东地区采取一定的战略收缩,通过在亚太地区集中军力部署来达到围堵和威慑中国的目的。拜登政府在《印太》报告中指出,美国"在该地区驻扎的军事人员比在其他任何地区都多",并将继续"扩大美国海岸警卫队在东南亚、南亚和太平洋岛屿的存在与合作"。② 对此,拜登政府进一步加大了在"印太"地区的军力部署。美国 2021 财年《国防授权法案》提出"太平洋安全威慑倡议"(Pacific Deterrence Initiative),旨在提升美国在太平洋地区的军事存在。而自该倡议设置以来,总是出现美国国会实际拨付额度远远大于预算需求额度的情况:美国 2022 财年的倡议预算为 51 亿美元,国会最终批准拨付 71 亿美元;2023 财年的倡议预算为 61 亿美元,国会最终批准了 115 亿美元。而在 2024 财年,倡议预算经费为 91 亿美元,其实际额度可能会远高于此。2024 财年的"太平洋安全威慑倡议"的预算申请中:三分之一的财力是对老化的军力进行现代化更新,包括关岛防御体系架构、中程导弹能力生成,海军作战部队是现代化更新的重点;23.8 亿美元用于驻日美军基地、关岛、澳大利亚空军基地在增建机库、通信设施、停机坪等方面的建设,扩大设施规模,以提高美军响应能力和弹性。③ 《战略》报告中明确强调,"使我们的军队实现现代化并得到加强,

---

① [美]汉斯·摩根索:《国家间政治:权力斗争与和平》,第 166 页。
② The White House, "Indo-Pacific Strategy of the United States", https://www.whitehouse.gov/wp-content/uploads/2022/02/U. S. -Indo-Pacific-Strategy.pdf,访问时间:2024 年 2 月 2 日。
③ Under Secretary of Defense (Comptroller), "Overview-FY 2024 Defense Budget", https://comptroller.defense.gov/Portals/45/Documents/defbudget/FY2024/FY2024_Budget_Request_Overview_Book.pdf,访问时间:2024 年 2 月 2 日。

为与主要大国进行战略竞争的时代做好准备",随后又在现代化军队建设的篇章中具体指出"军方将采取紧急行动来维持和加强威慑,以应对中国带来的主要挑战"。① 美国在不断提升联合部队的现代化技术水平与作战能力的同时,还将核威慑作为其综合威慑的基础。美国正在加强核的三位一体建设与现代化改造,以在21世纪30年代威慑两个世界主要核大国——中国和俄罗斯。

在增强自身军事力量的同时,美国不断维护并构建新的军事安全联盟和机制,完善自己的全球军事网络。拜登政府在《印太》报告中强调,美国"将阻止对自己国家以及盟友和伙伴的军事侵略,并通过发展新的能力、作战概念、军事活动、国防工业计划和更具弹性的军力态势来促进地区安全"。② 例如,美国选择英国和澳大利亚两位盟友作为两翼成立"三边安全伙伴关系"(AUKUS),拉拢英国共同向澳大利亚售卖核潜艇,美国积极建立AUKUS的本质目标是通过提高澳大利亚的军事能力使其在亚太地区能够达到对抗中国的水平。2024年4月日本宣布加入AUKUS,这无疑是在加快构建亚太地区的"遏华"军事架构,以限制中国的军事影响范围。③ 另外,在情报和信息领域,美国还加强"五眼联盟"的功能和作用,《战略》报告中明确指出"我们将继续深化'五眼'(与澳大利

---

① The White House, "National Security Strategy", https://www.whitehouse.gov/wp-content/uploads/2022/10/Biden-Harris-Administrations-National-Security-Strategy-10.2022.pdf,访问时间:2023年7月8日。

② The White House, "Indo-Pacific Strategy of the United States", https://www.whitehouse.gov/wp-content/uploads/2022/02/U.S.-Indo-Pacific-Strategy.pdf,访问时间:2024年2月2日。

③ TASS, "Press review: EU facing empty weapons larder after Kiev aid binge and AUKUS eyes expansion", https://tass.com/pressreview/1659877,访问时间:2023年7月9日。

亚、加拿大、新西兰和英国）的合作"①，以强化与盟友在信息收集与情报分享之间的联盟，并将其称为"一项战略资产"（a strategic asset）。美国积极通过盟友的情报搜集对华进行情报刺探，例如通过派遣加拿大籍情报人员进入中国，在收集情报的同时还恶意撰写材料抹黑中国。总之，美国正在一步一步地迈开步伐，不断加强、升级与地区军事盟国之间的合作。

（三）经济安全政策

拜登政府宣称"经济安全就是国家安全"②，并将经济竞争视为中美博弈的重点领域。从一定程度上来讲，拜登政府总体上继承了特朗普政府在经济方面对华"脱钩"的思路，继续推行对华强硬贸易政策，加强产业链和供应链的"去中国化"。

2021年3月拜登政府公布的《国家安全战略临时指南》中，要求重建药品、医疗设备等关键产品的供应链，降低对他国的依赖性。随后在《基础设施投资和就业法案》（Infrastructure Investment and Jobs Act）、《通胀削减法案》（Inflation Reduction Act）等支持下，拜登政府通过加大对药品、新能源技术、稀土等战略性公共投资来加强自己的现代化产业，以加快降低对中国产业链的依赖性，提升自身供应链的韧性。与此同时，拜登政府以"窃取商业机密""不公平贸易"等莫须有的借口限制中美企业的经贸关系。2022年2月初，美国商务部将33家中国实体企业列入所谓

---

① The White House, "National Security Strategy", https://www.whitehouse.gov/wp-content/uploads/2022/10/Biden-Harris-Administrations-National-Security-Strategy-10.2022.pdf，访问时间：2023年7月8日。

② Joseph R. Biden, Jr., "Why America Must Lead Again? Rescuing U. S. Foreign Policy after Trump," https://www.foreignaffairs.com/articles/united-states/2020-01-23/why-america-must-lead-again，访问时间：2023年7月9日。

"未经核实名单"中，并表示这些企业将受到更严格的出口管制。① 2023年1月5日，拜登签署了《2022年保护美国知识产权法案》（Protecting American Intellectual Property Act of 2022），该法案成为美国政府对中国企业实施制裁的政治工具。② 同年6月12日，美国商务部工业与安全局（BIS）新公布了一份于两日后生效的"实体清单"——出口管制条例，其中大多数为中国企业。截至2023年8月，美国已将600多家中国企业纳入了"实体清单"，实施销售禁令，其中科技领域属于"重灾区"。

特朗普执政期对盟友实行打压并退出各种经济合作协定，而拜登政府则纠正了这一问题，与盟友和伙伴之间实现优势互补与能力叠加。因此，拜登政府非常注重加强与印度、日本等盟友的经济合作。2022年9月，美国主导的"印度太平洋经济框架"（IPEF）（以下简称"印太经济框架"）正式建立，共有14个国家参与进来，其中包含印度、日本、韩国、泰国和越南等中国邻国。2024年3月，美国与其在亚太地区的重要经济合作伙伴日本、韩国在釜山共同启动了第三次经济安全对话，持续将经济议题安全化，就深化供应链、核心与新兴技术、数字领域的合作方案进行了讨论，以加强在亚太地区对华经济的进一步封锁和压制。"印太经济框架"和美日韩三边经济安全对话机制都是拜登政府通过在经济基础领域加强盟友合作，同时不断将供应链的议题加入其中的重要平台。尤其是"印太

---

① The Associated Press, "Commerce Dept. Adds 33 Chinese Companies to Red Flag List," https://apnews.com/article/business-china-27c61929cdbc91cc3c425572ac197662，访问时间：2024年3月25日。
② The White House, "Press Release: Bills Signed: H. R. 680, H. R. 897, H. R. 1082, H. R. 1154, H. R. 1917, H. R. 7939, S. 450, S. 989, S. 1294, S. 1402, S. 1541, S. 1942, S. 2333, S. 2834, S. 3168, S. 3308, S. 3405, S. 3519, S. 3946, S. 3949, S. 4104, S. 4120, S. 4240, S. 4411, S. 4439, S. 4926, S. 4949, S. 4978, S. 5016, S. 5066, S. 5087, S. 5168, S. 5328, S. 5329", https://www.whitehouse.gov/briefing-room/legislation/2023/01/05/press-release-bills-signed-h-r-680-h-r-897-h-r-1082-h-r-1154-h-r-1917-h-r-7939-s-450-s-989-s-1294-s-1402-s-1541-s-1942-s-2333-s-2834-s-3168-s-3308-s-3405-s-35/，访问时间：2023年7月9日。

经济框架",它不同于以往的区域贸易协定,是拜登政府联合各方盟友将中国排除在外的新国际产业供应链,有针对性地削弱中国在关键领域的经济优势,最终达到在亚太地区乃至在全世界压制中国经济发展的目标。

(四)科技安全政策

在拜登政府看来,能否在高科技领域占据优势地位是中美两国之间战略竞争的核心与关键,也是美国能否保持长期竞争优势的核心,因此,拜登最重要的投资都放在了半导体、人工智能、量子计算、生物技术等关键领域。

美国一直是世界芯片研发大国,但是其芯片产品大多源于进口,芯片产能远远不能满足自身的电子信息产业的需要。1990年美国芯片产能占全球份额的37%,2020年已降为12%。[1] 拜登政府为了确保美国的技术制造和国防技术的供应链安全,正在不断扩大美国的芯片产业,以提升本国先进芯片的产能,试图最终与中国的供应链脱钩。2022年8月《芯片与科学法案》(CHIPS and Science Act)生效,该法案涉及的政府和私营投入资金总额高达2800亿美元,其中一部分通过资金补贴和税收优惠政策来吸引各国芯片的巨头产业进驻美国建厂生产,另一部分则用于美国在半导体、量子计算和生物技术等前沿技术领域的研发与创新。[2] 拜登还在《战略》报告中强调,"吸引更多的全球STEM人才是我们国家安全和供应链安全的优先事项"。科技竞争的制高点是人才的争夺,因此,科技人才竞争在中美博弈中处于重要的战略地位。2021年,500多名电

---

[1] Sidley Austin, "The U. S. Innovation and Competition Act: Senate Passes Sweeping $250 Billion Bill to Bolster Scientific Innovation and Compete With China," https://www.sidley.com/zh-hans/insights/newsupdates/2021/06/an-overview-of-the-united-states-innovation-and-competition-act,访问时间:2023年8月20日。

[2] H. R. 4346, "Supreme Court Security Funding Act of 2022", https://www.congress.gov/117/bills/hr4346/BILLS-117hr4346enr.pdf,访问时间:2023年7月9日。

子工程、计算机、机械工程等理工类专业的中国留学生在申请赴美攻读硕士或博士学位时，遭到了美国的拒签。美国在高新技术领域对华留学生无合理根据的拒签行为以及持续增加的限制，本质上是对中国高科技领域的封锁和打压。而2022年1月21日，拜登政府为吸引STEM人才赴美、留美发布了一系列新政，主要包括四个方面，一是新增22类STEM专业/研究领域，二是STEM专业的J-1实习期时长翻倍，三是放宽了O-1A签证审理规则，四是STEM博士可通过"国家利益豁免"计划申请绿卡，以上政策旨在为外国学生和STEM领域的专业人士长期留在美国铺平道路。

在对内投资建设技术产业并不断吸纳高新技术人才的同时，美国依然看重"对外打压"，利用政策话语和联盟伙伴来限制中国的科技发展和影响力。2021年6月，在美国—欧盟峰会期间，拜登政府与欧盟宣布成立美国—欧盟贸易和技术委员会（TTC），该机构的成立有很大一部分原因是试图通过跨国伙伴关系来统一战线，通过共同协调投资和出口管制来阻止中国在芯片制造、人工智能等高科技领域的发展和进步。美国联邦调查局局长克里斯托弗·雷（Christopher Wray）在2022年初公开宣称，"当我们统计我们在调查中看到的情况是没有哪个国家比中国对我们的思想、创新和经济安全构成更广泛的威胁"。[1] 美国政府及其相关部门恶意捏造事实并以此来污蔑中国企业，借以遏制和打压中国的科技发展。2022年10月，美国商务部工业与安全局（BIS）继续加强对华半导体的制裁，对向中国出口的先进计算和半导体制造物项实施新的出口管制，其中包括限制中国企业获取高级芯片和计算机、限制美国人为中国相关领域的公司提供服务等禁令。《战略》报告中还指出，"我们必须确保战略竞争

---

[1] The Associated Press, "FBI chief: Threat from China 'more brazen' than ever before", https://apnews.com/article/winter-olympics-sports-business-2020-tokyo-olympics-foreign-policy-817f522caca44af57a35e0e479a2fdc3，访问时间：2024年3月25日。

对手不能利用美国和盟国的基础技术、知识或数据来破坏美国和盟国的安全"[1],对此拜登政府采用了出口管制、投资审查、市场封锁等措施妄图限制中国科技产业的正常发展和技术产业的合法经贸活动。在联盟方面,美国选择韩国、日本和中国台湾地区组建"芯片四方联盟",妄图破坏中国在东亚地区的半导体产业链合作,限制中国芯片的发展空间。

三、新古典现实主义视角下拜登政府对华安全政策分析

与特朗普政府相比,拜登政府的对华安全政策又有了很多新的变化并具有鲜明的风格,一方面是因为感受到了来自国际社会主要角色之间实力对比与变化,以及"百年未有之大变局"的国际秩序变革给拜登政府带来的影响,另一方面则是拜登政府的认知及偏好和复杂的国内政治环境作为中介变量进一步催化美国的对华安全政策的具体产生。

(一) 体系层面

1. 国际秩序的变革

当前世界正处于"百年未有之大变局",所谓"变局"指的是国际力量的对比变化。以中国为代表的新兴国家群体性崛起并在国际社会中发挥的作用愈加突出,美国的霸权地位则因为经济危机、对外战争等受到影响。当下美国依然是世界唯一的超级大国,也是唯一拥有超 20 万亿美元 GDP 的国家,其军事、经济、科技等实力和现代化水平也一直居于世界首位,但美国的 GDP 优势在持续萎缩中,其 GDP 世界占比(购买力平价)也在不断下降。2019 年美国 GDP 世界占比为 15.9%,到 2022 年已降为

---

[1] The White House,"National Security Strategy",https://www.whitehouse.gov/wp-content/uploads/2022/10/Biden-Harris-Administrations-National-Security-Strategy-10.2022.pdf,访问时间:2023 年 7 月 8 日。

15.5%；相比之下中国GDP世界占比从2019年的17.4%增长到2022年的18.4%。与此同时，新兴市场和发展中经济体的GDP世界占比也从2019年的56.9%增长到了2022年的58.3%。①

随着自身群体实力的不断强大，新兴国家也开始注重改良旧有的国际秩序，以减少对发达国家的依赖性。2023年8月22日至8月24日，金砖国家(BRICS)领导人第十五次会晤在南非约翰内斯堡举办。金砖国家原有五个成员国，而自2024年起，已扩充为"金砖十国"。② 据世界银行统计，金砖五国的2022年GDP总和达到了25.95万亿美元，占世界总量的25.55%，2024年完成扩员后，其经济总量与G7的差距将获得极大的缩小。作为新兴国家群体中最具影响力的国家，中国积极倡导创建多边层次的国际金融机制。2014年，中国与其他国家合作先后建立了金砖国家新开发银行(New Development Bank)和亚投行(Asian Infrastructure Investment Bank)。新开发银行的启动资金用于减少金砖国家对美元、欧元的依赖，并设立专项资金池用来帮助金砖国家抵抗金融危机等风险；截至2022年，亚投行共有104个成员国，成为仅次于世界银行的全球第二大多边开发机构，用于加强亚洲区域建设和经济一体化合作。新开发银行与亚投行的建立，对完善全球现有的金融架构发挥着重要的示范作用。

除了新兴国家快速发展所带来的国际秩序变革外，2022年2月爆发的俄乌冲突被视为"9·11"事件以来最为重大的地缘政治事件。这场冲突不仅引发了国际社会的动荡，也最终坚定了美国对华安全政策的决心并增强了力度。首先，俄罗斯在冲突中的被动表现让美国更为坚定地认为，俄罗斯的军事实力与战略能力暴露不足，其对美国所造成的可能威胁

---

① 数据源于IMF官网：https://www.imf.org/external/datamapper/PPPSH@WEO/OEMDC/ADVEC/WEOWORLD，访问时间：2023年8月28日。

② 原有五个成员国分别为：巴西、俄罗斯、印度、中国、南非，新加入的五个成员国为：沙特阿拉伯、埃及、阿拉伯联合酋长国、伊朗和埃塞俄比亚。

远不及中国。美国认为,在协助乌克兰对抗俄罗斯的同时,应将更多的精力和资源投入中国以及"印太"地区上面。在《战略》报告中,拜登政府将俄罗斯定位为"直接和持续的威胁"(an immediate and persistent threat),而将中国定位为"美国最重要的地缘政治挑战"(America's most consequential geopolitical challenge),明确了中国是美国未来十年中最为重要的挑战与竞争对手。[1] 其次,俄乌冲突的发展让美国感受到"中俄"战略协作关系的威胁。最后,俄乌冲突事件也让美国看到了机遇,被其借以用来捆绑"中俄"关系,加以创造价值观的矛盾来团结欧洲国家及"印太"联盟,最后实现"大联合"来压制中国的发展。

2. 中国的崛起

自冷战结束,美国就一直以霸权国地位主导国际社会中的各项事务。但随着新兴国家的崛起,尤其是中国近十年的发展,给美国的霸权地位带来了一定程度的冲击。

(1) 硬实力的发展

新古典现实主义者认为,经济实力和军事实力是给其他国家构成清晰威胁的三大条件之一。[2] 经济实力是国家综合实力的基础性因素。根据国际货币基金组织(IMF)2022年的数据统计,按照现价汇率来计算,2022年美国的GDP总量为25.46万亿美元,中国为18.1万亿美元,中国已经达到了美国GDP的75%左右,其差距还会持续缩小;购买力平价(Purchasing Power Parity,简称PPP)方面,中国总量达到了30.22万亿美元,美国为25.46万亿美元,中国已经约是美国的1.19倍。[3] 而在

---

[1] The White House, "National Security Strategy", https://www.whitehouse.gov/wp-content/uploads/2022/10/Biden-Harris-Administrations-National-Security-Strategy-10.2022.pdf,访问时间:2023年7月8日。

[2] [加拿大]诺林·里普斯曼、[美]杰弗里·托利弗、[美]斯蒂芬·洛贝尔:《新古典现实主义国际政治理论》,第42页。

[3] 数据源于IMF官网:https://www.imf.org/external/datamapper,访问时间:2023年8月28日。

2023年,根据国际货币基金组织(IMF)总裁克里斯塔利娜·格奥尔基耶娃在国际货币基金组织—世界银行春季会议开幕致辞中所说,"2023年的全球经济增速将低于3%","部分增长势头来自新兴经济体——其中,亚洲的表现尤为亮眼","预计到2023年,印度和中国两国将贡献全球经济增长的一半"。① 中国在经济体量和发展速度上的表现让美国的战略紧张感更加强烈,拜登政府的各种对华经济安全政策就是最鲜活的证明。

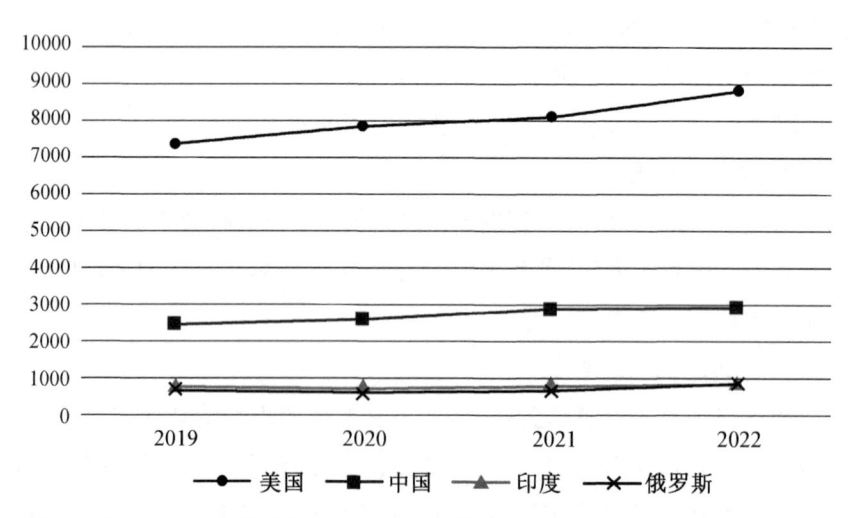

图3 2019—2022年全球军费开支前四位的国家军费增长情况(单位:亿美元)

而在军事实力层面,新古典现实主义将每年的国防开支水平、武装力量的规模和构成、军事研发等看作国家军事实力。② 中国正在从以上各个方面缩小与美国之间的差距。首先是国防开支方面。美国依旧是全球最大的军费支出国,其2021年军费开支为8062.3亿美元,2022年为

---

① 克里斯塔利娜·格奥尔基耶娃:《实现增长之路:三大优先行动事项》,https://www.imf.org/zh/News/Articles/2023/04/06/sp040623-SM23-CurtainRaiser,访问时间:2023年8月28日。

② [加拿大]诺林·里普斯曼、[美]杰弗里·托利弗、[美]斯蒂芬·洛贝尔:《新古典现实主义国际政治理论》,第41页。

8769.4亿美元。中国的军费开支在二十几年的时间里稳居世界第二,并且与后续国家的差距逐渐拉大,其中2021年的军费开支为2859.3亿美元,2022年为2919.6亿美元,而处于2021年第三位的印度军费开支仅为763.5亿美元,2022年第三位的俄罗斯军费开支也仅为863.7亿美元。① 中国的军费开支一直保持着合理的增长态势,近几年中国军费支出相对稳定地保持在美国军费支出的30%以上,2021年更是达到了35.47%。其次是武装力量的规模方面。中国虽在军事技术方面与美国还存在一定的差距,但是武装人员的数量却是占有优势的。而技术方面的差距也随着中国的科技发展和突破在实现逐年缩减。最后是在军事研发方面,中国的军事科技实力日益突飞猛进。例如在战斗机方面,目前我国已研发并投入使用的双座版隐形战斗机,已经具备世界领先的多功能战斗能力以及可以指挥无人机进行作战,而在2023年,我国的最新战斗机歼-35也实现了首飞成功,给予了国际社会极大的震撼。

(2)软实力的发展

除这些硬实力外,新古典现实主义认为国家实力还包括"各种无形资源,比如民族的道义力量、领导者和外交的质量"②,就当下来看,中国在国际影响力、国家外交形象、民族文化等软实力方面,已经能够与美国比肩,同时深得国际社会和众多国家的赞赏。

中国自古崇尚"和"的思想,中共十八大第一次明确提出了人类命运共同体的新理念,即在面对各种诸如经济危机等全球性问题时,任何国家也无法做到"独善其身",这是中国对当今人类社会的深刻理解。在2020年爆发的新冠疫情中,中国更是通过各种行动表现出一个大国该有的责任与担当,得到了国际社会的称赞,中国作为负责任大国的形象也得到了

---

① 数据源于SIPRI Military Expenditure Database:https://www.sipri.org/databases/milex,访问时间:2023年8月31日。

② [加拿大]诺林·里普斯曼、[美]杰弗里·托利弗、[美]斯蒂芬·洛贝尔:《新古典现实主义国际政治理论》,第41页。

巩固和展现。

因此，不管是硬实力差距的不断缩小，还是软实力的愈加亮眼，中国综合国力的崛起已经让美国感受到了压力，美国也开始更加关注中国的举动和进步。也正是因为这样，学术界近些年对于"修昔底德陷阱"的讨论愈渐火热，中美之间的结构关系也愈显焦灼。

(二) 单元层面

1. 拜登政府的认知及偏好

拜登对于美国的国家安全环境持相对消极的认知，他认为，美国的霸权地位正在逐步下降，国际原因在于中国的崛起所带来的秩序变动。在拜登的国家安全威胁认知中，中国经济实力和军事实力的提升不仅增加了美国维持全球霸权的风险，也对本国的安全产生了严重威胁。

首先，拜登是典型的民主党建制派成员，奉行"自由主义"的内外政策，十分珍视美国在二战后所建立起来的全球霸权，因此拜登对华政策的首要目的就是维护美国原有的强大优势和霸权地位。拜登非常重视价值观在国际外交和国内治理中的作用，因此在对华安全政策中，拜登比较善于使用价值观手段诋毁中国、破坏中国的良好形象，一方面强化美国的"民主"旗帜，利用对华竞争进一步凝聚盟友，另一方面通过舆论工具在意识形态领域加强与盟友之间的团结合作，重塑领导权。而对于军事行动，拜登则倾向于将它作为实现国家安全的终极手段，即军事行动上采取"后发制人"或降低"先发制人"的优先性。

其次，拜登的政治外交经验十分丰富，曾担任过外交委员会主席一职，是华盛顿的职业政客，自加入参议院对外关系委员会以来拜登曾四度访问中国，对中国较为了解，因此其对华安全政策具有系统性和针对性。拜登喜欢谈判外交的手段，十分重视两国的经常性的沟通和交流，以分段达成自己的谈判目的。拜登同时奉行"多边主义"外交，重视加强联盟作用与伙伴关系，通过联合更多的力量和构建更多的规则对中国形成多方向围堵,共同遏制中国的发展和应对各个方面的挑战,建立"排华"的新国际秩序。

最后,与拜登总统本人保持一致,其决策团队都是具有丰富政治外交经验的民主党建制派精英,大部分都是奥巴马时期的外交官员,因此,整个决策团队政治外交水平较高,且风格较为统一。现任美国国务卿布林肯(Antony Blinken)有着二十几年的外交经验,并多次访华,曾负责中美战略安全对话的工作,对中国了解较为深刻,但他对中国的认知和政策倾向都是消极的,认为中国是拜登政府面临的最大外交挑战。[①] 国家安全顾问杰克·沙利文(Jake Sullivan)曾担任国务院政策规划办公室主任,也曾创立"国家安全行动组织"(NSA)——成员由民主党建制派外交官员和国安会核心成员组成,沙利文重视多边合作,主张构建联盟伙伴关系,通过多领域的国际合作以遏制中国的发展。另外,现任美国国防部部长劳埃德·奥斯汀(Lloyd Austin)在《2022年国防战略》(2022 National Defense Strategy)发布会上声称,"俄罗斯与中国不同,它无法长期系统性地挑战美国"[②],且他的团队一直都专注于考察中国给美国所带来的挑战。

综合来看,拜登具有积极外向的性格特征,体现出很强的亲和力,注重决策团队的内部协商,尊重成员的政策意见并对成员的工作给予肯定,因此其决策团队的政策风格较为稳定,拥有较强的凝聚力。但与此同时,由于拜登及其主要决策团队核心成员都是有着丰富外交经验的建制派政治精英,并且持有深刻的自由主义观念,造成了其决策团队信息闭塞的缺

---

① "Blinken Assails China's 'Alignment with Russia' over Ukraine Invasion", https://www.rferl.org/a/blinken-china-russia-talks-wang/31936167.html,访问时间:2023年7月10日。

② U.S. Department of Defense,"Secretary of Defense Lloyd J. Austin Ⅱ Holds a Press Conference", https://www.defense.gov/News/Transcripts/Transcript/Article/3202353/secretary-of-defense-lloyd-j-austin-iii-holds-a-press-conference/,访问时间:2023年7月10日。

陷。另外他们都对中国持有较为消极的认知，导致拜登政府整体对华安全态度强硬，将中国视为挑战对手和最大威胁，因此在多个领域联合盟友加大力度地遏制中国发展，以削弱后者所带来的"不安全感"。

2. 国内政治环境

美国作为最具代表性的三权分立国家，国会掌握着重要的立法大权，同时美国也是一个两党制的国家，因此国会及国会中的政党关系在美国对华安全政策的制定中起到了至关重要的作用，这种作用大多是消极的。近年来，美国国会提出了大量与中国相关的法案，数量上也越来越多，主要涉及两国贸易、国家安全、科技等多个领域。2023年2月1日，14名共和党派参议员联名要求布林肯在访华时就人权、不公平竞争等方面直接向中国施压。同月，美国众议院的金融服务委员会就提出了10项反华法案，其中已有两项法案通过众议院的表决。虽然国会中的两党常常处于争论对抗的局面，但在对华安全政策方面，两党的态度较为一致，甚至可以称为"一拍即合"。美国两党以及国会在反华的问题方面达到了一定程度的共识。曾多次担任众议院议长的佩洛西（Nancy Pelosi）就是极端的对华强硬派，在中国的众多问题上颠倒是非，不断地干涉中国内政，给中美关系造成了严重危害。

其次，美国国内政治行为体具有多元性和分散性，因此美国的国家战略和对外政策也深受各类行为体的影响。国内政治联盟作为美国执政者权力基础，是以国内不同领域、产业和阶层为代表的社会力量联合体，他们有着相近乃至相同的利益偏好，很容易形成议题的联结，同时国内政治联盟也会对拜登政府的外交政策产生重大影响。在国内中产阶级群体的影响下，拜登政府积极推行包含"中产阶级外交"在内的"服务中产阶级"的政策：在国内施行"制造业回流"，以保护美国关键产业领域的供应链安全，创造更多的中产阶级就业机会；对外则在国际贸易中重视捍卫中产阶级的利益，推进其所谓的"公平贸易"。拜登政府甚至于2021年1月签署行政令，明确提出要"最大限度地使用在美国生产的货物、产品和材料以及在美国提供的服务"①。

另外,在制定政策时,总统、国会等都会更多地考虑美国公民的想法,以尽可能地获取尽可能多的选民支持,提高议题的民众支持率,因此社会公众舆论的偏向也成为影响美国外交政策的重要干预性变量。2023年4月12日美国皮尤研究中心(Pew Research Center)公布的一组民调资料显示,美国受访者中对华持有负面看法的占比高达83%,仅有14%的受访者对中国持正面看法。2024年3月18日,盖洛普(Gallup)公布一项新民调结果显示,认为中国是当今美国的"头号敌人"(greatest enemy)的美国民众占比41%,虽然比去年的50%相比有所下降,但仍然表明有相当一部分美国民众将中国视为最大的威胁。② 美国社会公众对华持负面看法占比的居高不下,很大程度是受到美国政治精英对华消极认知的引导,加之媒体对于"中国威胁"舆论导向的掌控所造成的。但与此同时,美国民众对华的大量负面看法又会成为美国国会乃至总统对华实行强硬政策的支撑和依据,如此形成对外政策的恶性循环。

结　语

《战略》报告的出台,标志着拜登政府的国家安全战略已调整完毕,其对华安全政策的战略方向和框架模型也已基本定型。拜登政府在该报告中将中国定义为"唯一一个既有重塑国际秩序的意图,又有越来越大的经

---

① The White House, "Executive Order on Ensuring the Future Is Made in All of America by All of America's Workers", https://www.whitehouse.gov/briefing-room/presidential-actions/2021/01/25/executive-order-on-ensuring-the-future-is-made-in-all-of-america-by-all-of-americas-workers/,访问时间:2023年9月10日。

② 数据来源于:《新民调:把中国视为头号敌人的美民众降至四成》,https://www.uschinapress.com/static/content/SZ/2024-03-19/1219645046887976960.html,访问时间:2024年3月25日。

济、外交、军事和科技实力的竞争对手"[1],并在不断加快自身发展的基础上,通过对抗性意识形态工具构建"中国威胁"话语叙事、制定对华不利规则以及强化发展联盟和伙伴关系等手段,从政治、军事、经济、科技等多领域全方位地遏制中国的发展。根据新古典现实主义的分析模型,拜登政府对华安全政策的制定是由多层次因素造成的,既有国际秩序变革及中国实力崛起带来的结构压力,也有国内拜登政府团队的认知和偏好倾向、复杂的国内政治环境所产生的中介变量的影响作用,最终导致其对华强硬安全政策的战略成型。

当前,国际格局处于大变革时期,中国的发展机遇和挑战并存。中美关系的走向不仅对两国本身产生复杂的影响,也会对世界秩序和体系产生深远的影响。面对拜登政府的对华安全政策,中国应在稳定并加快国内发展的基础上,采取对话的方式实现正向沟通交流,加深彼此的了解,最大限度地化解误会与矛盾,以避免两国的恶性竞争。中国也要继续在国际社会中强化自身的良好形象,承担好大国的责任,做好大国外交。面对时有动荡的国际环境,中美两国都应深刻明白,两国之间切忌落入"修昔底德陷阱",避免出现零和博弈,稳定中美关系才是对两国皆有益的方向。

---

[1] The White House, "National Security Strategy", https://www.whitehouse.gov/wp-content/uploads/2022/10/Biden-Harris-Administrations-National-Security-Strategy-10.2022.pdf,访问时间:2023年7月8日。

中国与国际金融制度改革：
以亚投行的创建为例

秦　莹　舒建中

内容摘要：亚投行的建立是国际金融制度改革的一项重要成果，在亚投行的筹建中，中国发挥了积极的主导作用。一方面，中国抓住亚洲基础设施建设面临严重资金缺口的难题，率先倡导建立亚投行，将亚洲基础设施融资议题纳入多边合作议程。另一方面，中国展开了全方位的外交努力，吸引有关国家的广泛参与，合理设计谈判程序，稳妥推进谈判进程，最终促成了亚投行的建立。以亚投行的创建为标志，中国推动国际金融制度在股权和投票权规则、治理结构、融资模式等方面实现了新的突破，进一步完善了区域和全球金融治理，深化了国际金融制度的改革与创新。因此，亚投行是中国主导创建国际金融新制度的成功实践。

关键词：中国；亚投行；国际金融改革；国际制度

作者简介：秦莹，南京大学历史学院博士研究生；舒建中，南京大学历史学院教授，博士生导师。

中国倡导并推动建立的亚洲基础设施投资银行（Asian Infrastructure Investment Bank，简称亚投行，AIIB）引起了有关国家和国际社会的关注，掀起了一股"亚投行热"。作为一个新的多边开发银行，亚投行是首个由中国倡导建立的国际金融机构,从根本上讲实现了新形势下国际融资制度的改革和创新。因此,依据国际制度及其变革理论,探讨亚投行与国际金融制度改革之间的关系,以及中国发挥的主导作用,对于充分认识亚投行的改革内涵与制度创新,无疑具有重要意义。为此,本文将首先探讨国际制度及其变革理论,分析国际权力结构影响国际制度变革的基本维度。在此基础上,本文将从议程设置、外交推动和规则生成的角度,分析中国在亚投行建立过程中的主导作用,阐明亚投行的制度改革意义。本文认为,在亚投行的运转中,中国应继续发挥主导作用,进一步创新议程设置,发挥外交引领功能,协调相关各方利益,努力将亚投行建设成开放包容、高效透明的多边开发银行。

一、国际制度的创建与改革

所谓国际制度,是指规范国家行为的一系列规则。按照基欧汉的解读,国际制度可体现为以下三种形式中的一种:1. 正式的政府间国际组织和跨国性非政府组织。2. 国际机制,即国际关系特定领域行为体预期汇聚而形成的一整套原则、规范、规则和决策程序;国际组织一般都包含在相应的国际机制之中。3. 国际惯例。[1]

现实主义和自由主义均认为,基于实力的权力是创建国际制度的决定性因素,国家间实力对比(即国际权力结构)的变化亦是决定国际制度发展变革的关键因素。但对于国际权力结构如何影响国际制度变革这一重要问题,学术界则众说纷纭。从根本上讲,国际权力结构是国际制度发展变革的基础,议程设置能力、外交推动能力和规则生成能力则是国际权力结构影响国际制度发展变革的三个维度,权力正是通过这三个维度影

---

[1] Robert O. Keohane, *International Institutions and State Power: Essays in International Relations Theory*, Boulder: Westview Press, 1989, pp. 3-5.

响国际制度的发展变革的。

(一) 国际议程设置与制度变革

所谓国际议程设置,就是相关行为体寻求将其关注的议题纳入国际议程并使其获得优先关注的过程。国际议程设置是有关行为体影响国际关系发展变革的重要渠道,全球政治变化的过程从某种意义上讲就是重大议题提出和解决的过程,同时也是议程变革的过程。① 约瑟夫·奈甚至将国际议程设置能力视为软权力的重要组成部分。②

一般地讲,影响国际议程设置的因素主要有三点:第一,权力是影响国际议程设置的根本因素。基欧汉和约瑟夫·奈就强调,在相互依赖的世界中,国际议题呈现多元化趋势,各国在不同问题领域的权力分布也不尽相同,因此,各议题领域中权力资源分配的变化将对议程产生影响,③具体议题领域的议程设置能力取决于该议题领域内的权力分布。第二,议题的选择和界定是影响国际议程设置的关键环节。当今国际社会面临的议题纷繁复杂,国际议程的范围逐步拓展,只有那些能够获得足够支持或引起强烈共鸣的议题才有望进入国际议程。④ 因此,议题的选择和界定是成功设置国际议程的一个重要前提。第三,途径选择是影响国际议程设置的程序因素。利文斯通认为,国际政治的议程设置应选择恰当的切入点,国际组织或国际机制就是重要的议程切入点之一。正是通过适

---

① John A. Vasquez and Richard W. Mansbach, "The Issue Cycle: Conceptualizing Long-Term Global Political Change," *International Organization*, Vol. 37, No. 2, 1983, pp. 259 – 261.

② Joseph S. Nye, Jr., "The Changing Nature of World Power," *Political Science Quarterly*, Vol. 105, No. 2, 1990, p. 181.

③ Robert O. Keohane and Joseph S. Nye, *Power and Interdependence: World Politics in Transition*, Boston: Little, Brown and Company, 1977, pp. 32 – 33.

④ 韦宗友:《国际议程设置:一种初步分析框架》,载《世界经济与政治》2011 年第 10 期,第 49 页。

当的议程切入点、问题界定、政策方案以及议题显著性三者结合起来,从而塑造国际议程。从某种意义上讲,国际议程设置的成功取决于议程设置者是否处于有利地位,恰好拥有或可以利用这些切入点。①

由此可见,议程设置既是影响国际制度建立的重要途径,也是影响国际制度变革与创新的重要渠道,成功的议程设置是改革国际制度的第一个重要步骤。

(二) 外交推动能力与制度变革

在完成议程设置之后,运用外交手段推动相关议程的谈判与落实就成为实现制度变革与创新的第二个重要步骤。所谓外交,是指以和平手段处理国与国之间的事务,②因此,外交是国家间和平交往的重要方式,是国家执行其对外政策的重要工具。

对于外交的含义与作用,摩根索做出了更具启迪意义的解读。摩根索认为,外交包括外交政策的整个范畴,即各种层级外交政策的制定和执行。在此基础上,摩根索阐述了外交应当遵循的四项原则:1. 外交应根据实际和潜在的力量,决定其实现的目标;2. 外交必须判断其他国家追求的目标以及实现其目标的能力;3. 外交必须权衡国家间不同目标的一致性程度;4. 外交必须采取适合于实现其目标的手段。③ 实际上,摩根索的外交四原则亦为相关国家运用外交方式推动国际制度的改革提供了可资借鉴的思路。

随着第二次世界大战结束后国际关系制度化的发展,参与国际组织

---

① Steven G. Livingston, "The Politics of International Agenda-Setting: Reagan and North-South Relations," *International Studies Quarterly*, Vol. 36, No. 3, 1992, pp. 313, 316 – 317.

② [英]戈尔·布思主编:《萨道义外交实践指南》,杨立义、曾寄萍、曾浩等译,上海:上海译文出版社,1984年,第3页。

③ Hans J. Morgenthau, *Politics Among Nations: The Struggle for Power and Peace*, New York: The McGraw-Hill Companies, Inc., 2006, p. 539.

和国际制度亦成为一国外交的重要内涵,包括运用外交手段推进国际议程的设置以及国际制度的变革。就国际制度的改革而言,外交推动的作用主要体现为:根据已经宣示或确定的制度改革议程,进一步阐明改革的目标及其意义,寻求与相关国家政策目标的契合点;在外交谈判中进行广泛的利益动员,塑造利益预期,扩大共同利益,力争就相关国际制度的改革议程达成最大限度的共识,进而为制度规则的改革创造条件。因此,外交谈判是实现国际制度改革的基本途径之一。

由此可见,外交推动是连接议程设置和规则生成的关键环节,没有成功的外交,就没有国际议程的谈判和解决,也就没有国际制度的改革、创新和发展。

(三)国际制度改革——新规则和新制度的建立

所谓国际制度改革,从根本上讲是对现有国际制度的发展完善,因此,厘清国际制度的创设途径,对于理解国际制度改革具有重要意义。奥兰·扬将国际制度的形成方式分为三类:自发式、谈判式和强加式。国家之间长期互动而形成并被广泛接受的国际惯例和规则,即自发式国际制度。与国家的政治或经济利益密切相关的国际制度一般经由谈判产生,此即谈判式国际制度。在实力严重不对称时,强国将于己有利的规则强加给相关国家,从而形成强加式的国际制度。[1] 纵观国际制度的发展历程,经外交谈判创设制度规则是国际制度形成的主要方式;同理,通过外交谈判确立新规则或创建新制度亦是国际制度改革的主要途径。

第二次世界大战结束后,制度化是国际关系发展的一个显著特征,国际制度几乎囊括了国际关系的所有领域。随着国际关系,尤其是国际权力结构的发展变化,国际制度始终处在调整和改革之中。对于国际制度

---

[1] Oran R. Young, "Regime Dynamics: The Rise and Fall of International Regimes," *International Organization*, Vol. 36, No. 2, 1982, pp. 282 - 285.

的变革,克拉斯纳做出了有益的解读。克拉斯纳认为,原则和规范奠定了国际机制的基本特征,但可与原则和规范相匹配的规则和决策程序却很多,因此,规则和决策程序的变革只是机制内部的变革,而原则和规范的变革则意味着机制本身的变革。① 依据国际制度的变革理论,只要原则和规范不发生变化,不管是规则和决策程序的变革,还是新规则或新制度的建立,均属国际制度的改革范畴。

由此可见,国际制度改革的路径就是以议程设置为先导,以外交谈判为手段,推动确立新的规则或建立新的制度,因此,新规则和新制度的建立是国际制度改革的重要标志。

综上所述,改革是战后国际制度发展演进的核心议题,改革的动力则源自国际权力结构的变化,而议程设置能力、外交推动能力和规则生成能力则是影响制度改革的三个维度。

二、中国与亚投行的建立

自改革开放以来,中国的经济建设取得令世界瞩目的成就。进入 21 世纪之后,中国经济稳步发展。2010 年,中国成为世界第二大经济体,是推动世界经济增长的核心力量,国际经济领域的实力对比发生了有利于中国的明显变化,为中国倡导并推进国际经济的制度改革创造了条件。在国际金融领域,外汇储备是衡量一个国家金融实力的重要指标,也是一项重要的金融权力。② 改革开放以来,中国的外汇储备稳步增加,根据中国人民银行 2016 年 1 月 7 日发布的报表显示,截至 2015 年 12 月,中国的外汇储备为 3.33 万亿美元,居世界第一,这就为中国倡导国际金融制

---

① Stephen D. Krasner, "Structural Causes and Regime Consequences: Regimes as Intervening Variables," *International Organization*, Vol. 36, No. 2, 1982, pp. 187-188.

② 黄琪轩:《世界政治中的"权力贴现率"与美元贬值》,载《当代亚太》2012 年第 6 期,第 84 页。

度改革奠定了基础。此外,随着经济的快速发展,中国在基础设施建设领域取得巨大成就并积累了丰富经验,引起了世界的高度关注,①为中国倡导建立亚洲基础设施投资银行提供了更为有利的条件。

以亚投行的建立为标志,中国推动国际金融制度改革进入一个新阶段。筹建期间,中国发挥议程设置和外交引领作用,推动了亚投行的建立以及新的国际金融制度规则的生成,展现了中国参与塑造国际金融秩序的意愿与能力。②

(一) 议程设置

在经济和社会发展进程中,基础设施建设具有至关重要的意义,没有交通、能源和通信等基础设施体系,经济和社会就无法运转。③ 进入 21 世纪后,亚洲经济稳定增长,在全球经济中扮演着日益重要的中心角色。但同时应当看到,亚洲的基础设施建设总体上仍然低于全球平均水平,经济的快速增长亦对亚洲现有的基础设施构成严峻挑战,其中,交通、能源和通信面临的压力尤为巨大,基础设施建设滞后成为亚洲经济的瓶颈。因此,基础设施投资一直是亚洲发展战略的核心,④是亚洲国家共同关心的重大议题。

与此同时,亚洲基础设施建设又面临融资难题。据估计,2010—2020年,亚洲基础设施的投资总需求约为 8 万亿美元,每年的投资需求约为 7300 亿美元。⑤ 因此,寻求融资渠道是亚洲基础设施建设必须直面的问

---

① ADB, *Infrastructure for Supporting Inclusive Growth and Poverty Reduction in Asia*, Manila: Asian Development Bank, 2012, p. 10.
② 张运成:《审视亚投行的三个坐标》,载《现代国际关系》2015 年第 5 期,第 4 页。
③ Neil S. Grigg, *Infrastructure Finance: The Business of Infrastructure for a Sustainable Future*, Hoboken: John Wiley & Sons, Inc., 2010, p. 1.
④ ADB Institute, *Infrastructure for a Seamless Asia*, Tokyo: Asian Development Bank Institute, 2009, pp. 15 - 16.
⑤ ADB Institute, *Infrastructure for a Seamless Asia*, pp. 167 - 168.

题,但现有全球性多边融资平台以及区域性开放银行在基础设施领域的融资规模明显不足。亚洲开发银行就公开承认,亚洲基础设施的投资需求不仅超出了主权国家的融资能力,而且远远超出了亚洲开发银行的融资能力。① 实际上,世界银行、亚洲开发银行等现有多边开发银行在亚洲基础设施领域的年度投资规模仅为100亿—200亿美元,②根本无法满足亚洲基础设施建设的需要。亚洲基础设施建设面临巨大融资缺口的事实,彰显了建立新的基础设施融资平台的必要性和紧迫性。

中国抓住亚洲基础设施建设面临融资难题的重大议题,不失时机地倡导建立以亚洲基础设施融资为目标的亚投行。2013年10月2日,中国国家主席习近平在雅加达同印度尼西亚总统苏西洛举行会谈时宣布,为促进亚洲地区互联互通建设和经济一体化进程,中方倡议筹建亚洲基础设施投资银行,③标志着中国将亚投行作为一项国际议程正式提出。

更为重要的是,中国从一开始就阐明了亚投行的国际定位,即亚投行是对现有多边金融机构的补充,亚投行将在现有国际金融秩序的框架内推进多边合作。这就意味着,亚投行将在遵循现有国际金融秩序及其原则和规范的基础上,创建亚洲基础设施融资的新制度,进一步完善国际发展融资框架。因此,亚投行具有改革和创新的特征。

基础设施建设事关亚洲区域的经济发展与社会福利,是亚洲国家共同关心的重大议题,在亚洲区域合作中占据至关重要的地位。中国凭借强大的经济实力、雄厚的外汇储备以及丰富的基础设施建设经验和技术,率先倡导建立亚投行,并将其作为亚洲基础设施融资合作的议程切入点,

---

① ADB, *Infrastructure for Supporting Inclusive Growth and Poverty Reduction in Asia*, p. 3.
② 崔文苑:《在亚洲打开世界经济动力之门——写在亚投行开业之际》,《经济日报》,2016年1月16日,第4版。
③ 杜尚泽、刘慧:《习近平同印度尼西亚总统苏西洛举行会谈》,《人民日报》,2013年10月3日,第1版。

从而发出了进一步改革并完善国际金融制度的信号,体现了中国国际议程设置能力的增强,亚投行倡议也是中国主导国际议程设置的一个成功案例。

(二) 外交推动

在发出亚投行倡议之后,中国展开了积极的外交努力,吸引有关国家参与谈判,有序推进谈判进程,最终促成了亚投行的建立。具体地讲,中国的外交推动主要体现在三个方面:

1. 精心组织谈判进程,推动谈判有序进行

在亚投行倡议发出一个月后,亚投行筹建进程于 2013 年 11 月启动。中方秉持开放包容的原则,按照先域内、后域外的步骤,首先以外交磋商的方式凝聚共识。根据中方的安排,有关各方自 2014 年 1 月至 9 月共举行五次多边磋商会议,就亚投行的原则宗旨、资金规模、治理结构等达成共识,为亚投行协定的谈判奠定了基础。10 月 24 日,21 个首批意向创始成员国在北京签署《筹建亚投行备忘录》,①标志着亚投行的筹建进入一个新阶段。

在达成原则共识之后,中国抓住有利时机,推动有关国家就亚投行展开正式谈判。2014 年 11 月,筹建亚投行首次谈判代表会议在云南昆明举行,22 个意向创始成员国出席会议。在此之后,筹建亚投行第二次谈判代表会议和第三次谈判代表会议于 2015 年 1 月和 3 月分别在印度孟买和哈萨克斯坦阿拉木图举行,亚投行的筹建稳步推进。

2. 吸引域外国家的参与,注重与现有国际金融机构的合作

除与亚洲国家谈判之外,中国还秉持开放态度,欢迎世界其他国家的参与。2015 年 3 月 12 日,英国申请加入亚投行,成为第一个申请加入亚

---

① 李丽辉:《为亚洲经济发展注入新动力——写在亚洲基础设施投资银行成立开业之际》,《人民日报》,2016 年 1 月 16 日,第 1 版。

投行的西方发达国家,紧随英国的脚步,法国、德国和意大利于 3 月 17 日提交了亚投行意向创始成员国的资格申请,欧洲四大经济体的加入成为亚投行筹建过程中具有重要意义的关键节点。① 此后,澳大利亚、韩国、俄罗斯、巴西等国亦先后申请成为亚投行意向创始成员国。2015 年 4 月 15 日,亚投行意向创始成员国最终确定为 57 个国家,其地域范围囊括了世界五大洲,中国的外交努力结出丰硕成果。

中国还特别注重亚投行与现有国际金融机构的合作,进一步展示了在现有国际金融秩序内推进多边合作的意愿。时任中国财政部部长楼继伟就强调,亚投行是国际开发领域的新成员,侧重于亚洲基础设施建设;由于总体定位和业务重点不同,亚投行与世界银行、亚洲开发银行等多边开发银行是互补而非竞争的关系,②亚投行无意也不可能取代现有国际金融机构。

3. 秉持开放包容原则,积极回应并化解有关猜疑

亚投行的筹建得到亚洲乃至世界其他国家的积极参与,但有人却认为,中国倡导的亚投行意图在美国控制的现行国际金融体系之外另起炉灶。③ 正是出于对亚投行的偏见,美国向有关国家施加压力,试图阻止这些国家参与亚投行。美国和日本还异口同声地宣称,对于亚投行在管理、环境和社会保障等方面是否具有"高标准"存在担忧。④

对于美、日等国的质疑,中国采取了积极的措施予以回应。例如聘请

---

① 赵柯:《欧盟亚太政策转向"新接触主义"?——理解欧盟国家加入亚投行的行为逻辑》,载《欧洲研究》2015 年第 2 期,第 17 页。

② 《大公报讯:21 国签约亚投行成立》,《大公报》,2014 年 10 月 25 日,第 A13 版。

③ Helmut Reisen, "Will the AIIB and the NDB Help Reform Multilateral Development Banking?" *Global Policy*, Vol. 6, No. 3, 2015, p. 298.

④ 丁小希等:《批评伦敦"擅入"亚投行 担忧北京提升影响力:美不满英国"倒向"中国》,《环球时报》,2015 年 3 月 14 日,第 1 版。

中国与国际金融制度改革：以亚投行的创建为例

包括世界银行前高管在内的著名经济学家参与亚投行章程的起草等。①中方同时表示，将与其他成员国一道，以国际标准共同商讨亚投行内部治理结构，秉持开放、包容的姿态进行章程谈判；亚投行还将借鉴世界银行等现有多边国际机构的管理模式和成功经验。

中国的政策立场和具体措施有力回击了美、日等国对亚投行的责难，为亚投行的筹建创造了良好的国际环境。实际上，面对亚投行赢得越来越多的国际支持，美国智库专家亦对美国政府反对和抵制亚投行的政策提出诸多批评。②

正是在中国的推动下，亚投行谈判排除干扰，稳步前行。2015年6月29日，亚投行57个意向创始成员国在北京出席亚投行协定签署仪式，亚投行的筹建迈出最关键一步。

2015年12月25日，《亚洲基础设施投资银行协定》正式生效，亚投行宣告成立，总部设在北京。2016年1月16日，亚投行正式开业。2017年3月，亚投行批准比利时、加拿大、匈牙利、秘鲁等13个新成员的加入申请。2018年6月，亚投行批准黎巴嫩的加入申请。截至2021年10月，亚投行成员国总数已扩展到104个，进一步彰显了亚投行的活力和吸引力。

总之，在亚投行的建立过程中，中国发挥了积极的外交引领作用。在筹建初期，中国设计的从外交磋商到正式谈判的推进程序，有助于在先期达成原则一致的基础上，就亚投行的具体协定展开谈判，为筹建工作的展开提供了保障。在随后的正式谈判中，中国进一步向有关各方阐明亚投行的目标和意义，寻求与相关国家的政策共同点和利益契合点，积极扩大共识，努力化解分歧和猜疑，最大限度地扩展亚投行的合作阵营，推动亚

---

① 陈绍锋：《亚投行：中美亚太权势更替的分水岭？》，载《美国研究》2015年第3期，第18页。

② 刘颖、韦磊：《美国智库学者眼中的亚投行》，载《国际论坛》2015年第4期，第59—60页。

投行在短短两年多的时间里如期建立。因此,中国的外交引领是亚投行顺利建立的重要因素。

(三) 中国与亚投行的主要制度规则

亚投行的建立标志着全球迎来首个由中国倡导设立的多边金融机构,是中国负责任大国形象的一个集中体现,有助于推动国际金融制度的改革和创新。

就股权和投票权分配而言,根据中国的倡议,亚投行股本金为1 000亿美元,域内和域外成员的出资比例为75∶25;成员国主要按照国内生产总值确定股权。① 在投票权分配方面,亚投行的总投票权由股份投票权、基本投票权和创始成员投票权组成。股份投票权等于成员国持有的股份数;基本投票权由全体成员(包括创始成员和加入成员)平均分配;每个创始成员国拥有600票创始成员投票权。因此,亚投行的股权和投票权分配模式既考虑到成员国国内生产总值的权重,又兼顾了域内成员国和域外成员国、创始成员国和新成员国的利益,能够更好地体现一国在区域乃至世界经济中的地位与贡献,体现了股权和投票权分配模式的改革与创新。

在治理结构方面,在中国的倡导和支持下,亚投行设立理事会、董事会和管理层三层管理架构。理事会是亚投行最高决策机构,由各创始成员国财长组成,拥有对亚投行重大决策的最终审批权。董事会在理事会的授权下负责监督、指导亚投行的日常运营。管理层由行长、副行长、首席运营官等组成,面向全球招聘,负责亚投行日常运营。其中,董事会是非常驻的,每年定期召开会议就重大政策进行讨论,目的就是提高效率,降低成本。此外,亚投行还设立专门部门评估绩效和职员的职业与道德

---

① 李丽辉:《协定签署 亚投行筹建迈出最关键一步》,《人民日报》,2015年6月30日,第4版。

操守,并直接向董事会报告。由此可见,亚投行的治理结构体现了公开、透明和高效的标准,以及精干、廉洁、绿色的核心价值观,预示着亚投行将成为具有先进治理理念的新型多边金融机构,体现了亚投行在治理结构方面的创新。

在融资制度方面,根据中国的倡议,亚投行将基础设施建设作为融资的首要目标,专注于基础设施投融资亦是亚投行融资方向的重大创新。在融资模式方面,除立足于成员国政府出资之外,亚投行还引入公私合作伙伴关系模式,政府与私营部门的合作成为亚投行的一个重要创新模式,[1]动员主权财富基金、养老金等社会资本投入基础设施建设亦是亚投行融资模式的组成部分。因此,亚投行的融资模式是政府、私营部门和社会资本的有机整合,体现了亚投行融资模式的创新。在融资标准方面,亚投行是一个以发展中国家为主导的多边开发机构,在向发展中国家提供贷款时将更多考虑发展中国家的利益和诉求,发展导向的融资标准是亚投行融资制度创新的又一个重要标志。[2]

总之,中国主导建立的亚投行在股权和投票权分配模式、治理结构、融资制度等方面均实现了新的突破,进一步完善了全球金融治理的制度体系。因此,亚投行既是发展中国家寻求改革国际金融秩序的新尝试,也是中国对构建更加合理的国际金融秩序的贡献。[3]

综上所述,在亚投行的建立过程中,中国依托日益增强的综合实力,秉持开放包容的区域主义,充分发挥议程设置和外交引领作用,确立了基础设施投融资的新规则,推动了国际金融制度的改革和完善。因此,亚投行是中国主导创建国际金融新制度的成功实践。

---

[1] 《大公报讯:世行副行长表欢迎,外媒揭美搅局阻挠》,《大公报》,2014年10月25日,第A13版。
[2] 舒建中:《亚洲基础设施投资银行与国际金融秩序》,载《国际关系研究》2015年第4期,第24—25页。
[3] 王达:《亚投行的中国考量与世界意义》,载《东北亚论坛》2015年第3期,第57页。

三、亚投行的世界意义与启示

作为新的多边开发机构,亚投行的制度规则具有诸多创新。不仅如此,亚投行的建立对于国际经济秩序的发展和改革同样具有重要意义。

首先,作为全球第一个致力于基础设施投融资的多边平台,亚投行开拓了国际融资制度的新领域,进一步丰富了国际经济秩序的制度安排。在亚投行建立之前,亚洲基础设施的互联互通不仅缺乏资金,而且缺少一个促进和协调跨国、跨区域基础设施建设的多边平台,亚投行就是对亚洲发展中国家基础设施建设需求的一次积极回应。[1] 从更广阔的意义上讲,基于基础设施建设在世界经济发展中所发挥的基础性作用,亚投行搭建的新的基础设施多边融资平台不仅创新了国际金融制度,更将基础设施融资问题制度性地纳入区域乃至国际经济秩序及其运转体系之中,彰显了基础设施投融资在世界经济发展中的地位和作用。因此,亚投行拓展了国际经济秩序的制度内涵,推动了国际经济制度的创新和发展。

其次,亚投行秉持发展导向的治理理念,为国际发展议程增添了新的内涵和动力。20世纪60年代以来,发展中国家的发展问题就引起了国际社会的高度关注,为此,联合国先后启动了四个"联合国国际发展战略"以及"千年发展目标",将发展问题纳入国际议程。[2] 但在关注经济发展、减少贫困等议题的同时,国际发展议程并未将基础设施的融资和建设作为目标。亚投行是一个由发展中国家占据主导地位的新型多边开发机构,以基础设施建设和经济发展作为目标定位,顺应了发展的时代潮流,有助于增强发展中国家在国际发展合作中的地位和作用,为丰富全球发

---

[1] 张瑶瑶:《亚投行启航:全球经济治理增添新力量》,《中国财经报》,2016年1月19日,第1版。

[2] 舒建中:《国际经济新秩序:历史与现实》,南京:南京大学出版社,2013年,第154—158页。

中国与国际金融制度改革:以亚投行的创建为例

展理念和实践模式提供了一个全新的平台。① 因此,亚投行的建立是国际发展议程的延续和发展,是对国际发展议程的重要贡献。

再次,亚投行秉持和平发展、合作共赢的理念,立足于打造利益共同体、责任共同体和命运共同体的根本宗旨,②开启了全球经济治理新格局的新起点。推动建设人类命运共同体,是中国基于全球治理而提出的中国方案,2011年《中国的和平发展》白皮书就强调,要以命运共同体的新视角,寻求人类共同利益和共同价值的新内涵。实现命运共同体的重要途径,就是以利益共享、权责共担为基础,改革并强化国际规范,构建利益共同体、责任共同体和命运共同体的制度框架。亚投行遵循合作共赢的原则,不仅为亚洲基础设施建设和区域一体化奠定了更加坚实的制度基础,而且是东西方携手合作、共促发展的新范例。因此,亚投行是中国与相关国家密切合作,依托新的国际金融制度,寻求构筑利益共同体、责任共同体和命运共同体的创新实践,为开创全球金融治理乃至全球治理的新格局提供了新的动力。

总之,亚投行的目标就是创建一个平等、包容、高效的基础设施投融资平台,亚投行的建立预示着前所未有的国际制度创新和国际格局变革——发展中国家占据创始国多数且拥有较大话语权,③因此,亚投行的建立在国际金融制度改革进程中具有里程碑意义,标志着全球经济治理体系的改革进程步入一个新阶段。

亚投行的建立展现了中国的议程设置能力、外交推动能力和规则生成能力,同样,在亚投行的运转中,中国应继续发挥议程引领和外交推动的主导作用,以议程设置为切入点,以外交推动为抓手,努力将亚投行建

---

① 史耀斌:《万里征程自今始 扬帆共图发展梦》,《中国财经报》,2016年1月18日,第1版。
② 张运成:《审视亚投行的三个"坐标"》,载《现代国际关系》2015年第5期,第3页。
③ 田原:《携手打造人类命运共同体的创新实践》,《经济日报》,2016年1月18日,第3版。

设成开放包容、高效透明、发展导向的多边开发银行。

在议程设置方面,中国应立足亚投行的宗旨和目标,积极设置亚投行的运转议程,进一步推动亚投行治理结构和制度规则的创新与发展。首先,中国应根据优势互补、合作共赢的政策原则,积极寻求与其他成员国的利益契合点,在此基础上设置新的合作议程,通过具体的合作项目展示亚投行的创新价值和示范作用。其次,中国应结合和平发展的外交战略,包括"一带一路"倡议,积极引领新的议程设置,充分利用亚投行这一多边平台发出中国声音,展示中国智慧,实现互利合作、共同发展的目标。总之,引领议程设置是中国在亚投行进一步发挥积极作用的重要渠道,也是中国进一步推动国际金融治理结构改革的重要方式。

在外交推动方面,鉴于中国是亚投行的首倡者和主导者,因此,中国的外交推动对于亚投行的运转具有重要意义,这主要体现在两个方面:(1)协调与现有国际金融机构的关系。亚投行与世界银行、亚洲开发银行以及其他多边开发机构既是互补关系,但也存在程度不等的竞争关系。因此,中国应展开积极的外交努力,寻求彼此间的合作点,共同促进亚洲基础设施的投融资。(2)协调亚投行成员国以及其他国家之间的关系。促进亚洲基础设施投融资是亚投行成员国的共同诉求,但由于社会制度和利益取向的不同,相关成员国之间难免出现分歧,其他非成员国亦对亚投行抱有程度不等的疑虑。鉴于此,中国应做好不同发展理念的沟通者,不同发展话语体系的翻译者,各成员国利益的协调者,集体行动的核心引领者,[①]确保亚投行健康稳定地发展。总之,中国外交协调的目的就是为亚投行的运转创造良好的环境。

---

① 魏亮:《做实亚投行应先解决的三个问题》,载《现代国际关系》2015年第5期,第12页。

情报与国家安全研究

福特政府时期美国情报体制改革研究

谭云潇

内容提要:20世纪70年代初,美国国会情报监督意愿的增强和美国情报体制内部固有的问题与矛盾,促使福特政府主动思考对美国情报体制进行改革和重组。福特政府通过颁布总统行政令、参与国会立法进程,对美国情报机构的领导机制、监督机制进行了改革和完善,首次明确规定了各情报机构的职责及权限,维护了国家安全局和联邦调查局在美国境内开展电子监控的能力,通过任命布什接任中情局局长,改善了情报机构与国会的关系,巩固并提高了情报在美国外交决策中的地位和作用。此时期,总统在外交事务上虽然受到越来越大的制约,但在情报这一涉及国家安全的特殊领域仍占据主导地位。

关键词:福特政府;情报体制;中情局;总统;国会

作者简介:谭云潇,南京大学历史学院。

一、福特政府时期美国情报体制改革的背景

在冷战背景下,美国国会对情报活动的监督总体持"放任"态度,行政部门几乎垄断了对所有情报活动的决策权和监督权。因此,20世纪70

年代以前美国情报体制的变革多是机构内部主动变革，趋势是情报界的权力逐渐膨胀。到 20 世纪 70 年代初，越南战争和"水门事件"对总统和政府的威信产生了极大的冲击，美国国会的情报监督权力开始复兴，情报机构在国内外开展的违法活动陆续被揭露出来，形势的迅速发展迫切需要福特政府对情报体制做出主动变革。

（一）美国国会情报监督权力的复兴

美国国会负责监督情报活动的机制为参众两院军事委员会的小组委员会。在二战后到 20 世纪 70 年代之间的二十余年时间内，美国情报界几乎未受到有效监督，军事委员会通常一整年都没有一次关于情报问题的会议。[1] 20 世纪五六十年代，佐治亚州参议员理查德·拉塞尔（Richard Russell）主导了参议院的情报监督工作，众议院从 1947 年至 1974 年则主要由卡尔·文森、孟德尔·里弗斯和爱德华·赫伯特三位主席控制。[2] 这些主席都是情报工作的坚定支持者。[3] 国会之所以在情报领域采取迁就和默许的态度，是因为在冷战的国际局势下，美国政府和国会之间在意识形态和对外政策上取得了基本共识。到了 20 世纪 70 年代初，越南战争导致美国国内"冷战共识"瓦解，美国政治中总统与国会交替主导权力的"周期性"钟摆向国会倾斜，国会权力开始复兴，在情报领域则体现为国会监督意愿的增强。

---

[1] Marvin C. Ott, "Partisanship and the Decline of Intelligence Oversight," *International Journal of Intelligence and Counterintelligence*, 2003, p. 74.

[2] 拉塞尔于 1951—1953 年和 1955—1969 年分别担任参议院军事委员会主席，在此期间的大部分时间里，他还担任拨款委员会成员，并于 1969—1971 年担任该委员会主席。详见：L. Britt Snider, "Sharing Secrets with Lawmakers: Congress as a User of Intelligence," Central Intelligence Agency, 1997, p. 4., https://www.cia.gov/resources/csi/books-monographs/sharing-secrets-with-lawmakers/。

[3] L. Britt Snider, "Sharing Secrets with Lawmakers: Congress as a User of Intelligence," Central Intelligence Agency, 1997, p. 2.

1971年1月21日,长期主导参议院情报监督工作的拉塞尔议员去世,标志着国会与政府就情报问题长期合作的时代结束,随之而来的是大批年轻议员被选入国会参众两院,国会委员会内部议员的变动成为推动国会走向积极监督的一个重要因素。1971年7月7日,参议院通过第2224号法案作为1947年《国家安全法》的修正案,该法案要求中央情报局定期向国会参众两院的军事委员会、参议院外交关系委员会和众议院外交事务委员会提交报告。此法案将使国会获得新的情报监督权。[①] 然而,美国国务院对该法案提出三项反对意见:一是中央情报局向国会报告的义务与其作为总统的主要外交政策顾问的角色不相容;二是可能涉及宪法的三权分立原则;三是可能导致情报信息被广泛传播,从而导致情报来源和方法泄露。参议院外交关系委员会驳回了上述反对意见。1972年9月14日,军事委员会再次收到一份来自中情局的反对该法案的报告,军事委员会以及参议院没有采取进一步行动。虽然该法案最终没有获得通过,但这体现了美国国会内部对情报界日益增长的不满情绪。

(二)"水门事件"引发媒体对情报界的广泛关注

1972年,时任美国总统尼克松为了争取连任,其竞选委员会动用各种手段获取民主党的竞选情报。6月17日,5人秘密潜入位于华盛顿水门大厦的民主党全国委员会办公室,被警察当场逮捕,这便是著名的"水门事件"。次日,《华盛顿邮报》头版报道了此事件,称闯入民主党驻地的人携带了电子窃听器和照相机,为首的是一名叫詹姆斯·麦考德(James McCord)的前中情局官员和反情报专家,弗兰克·斯特吉斯(Frank Sturgis)和马丁内斯(Eugenio R. Martinez)同样具有中情局工作背景,曾参与过猪湾行动。

---

① Frederick M. Kaiser, "Legislative History of the Senate Select Committee on Intelligence," *Congressional Research Service*, August 16, 1978, p. 5.

在媒体关于中情局介入"水门事件"的各种报道出现后，中情局局长施莱辛格(James Schlesinger)在中情局内部发布了一道命令，要求所有高级官员立即汇报正在进行或已经进行的超出法律框架的行动，其他雇员报告其所知道的任何此类行动。① 1973 年 5 月 23 日，中情局再次发布备忘录，要求所有与"水门事件"相关的人员均需向局长报告。② 这些调查最终形成长达 600 多页的"家族珍宝"("Family Jewels")行动报告。③ 该报告揭露了中情局自 20 世纪 50 年代以来所从事的各种违法活动。然而，施莱辛格并未将报告提交给尼克松总统或国务卿基辛格，只是下令停止美国境内所有可疑的反情报行动。"家族珍宝"报告的存在为日后媒体大范围揭露中情局行动埋下了隐患。

1974 年 8 月 8 日，尼克松总统因水门事件辞职。9 月 8 日，继任的福特总统宣布了对尼克松的赦免。但媒体仍然在持续揭露美国情报机构从事的违法活动。《纽约时报》在 9 月 8 日刊登了西摩·赫什(Seymour Hersh)关于尼克松政府曾向阿连德政府反对者秘密提供资金支持的报道。④ 此后一周内赫什在《纽约时报》上连续发表相关内容，密集的报道

---

① "Memorandum From Director of Central Intelligence Schlesinger to All Central Intelligence Agency Employees," in *FRUS*, Volume 33, Part 2, Organization and Management of Foreign Policy/Public Diplomacy, 1973-1976, May 9, 1973, document 6.

② "Memorandum From the Executive Secretary of the Central Intelligence Agency Management Committee (Colby) to All Central Intelligence Agency Employees," in *FRUS*, Volume 33, Part 2, Organization and Management of Foreign Policy/Public Diplomacy, 1973-1976, May 23, 1973, document 7.

③ "Memorandum From Director of Central Intelligence Schlesinger to All Central Intelligence Agency Employees," in *FRUS*, Volume 33, Part 2, Organization and Management of Foreign Policy/Public Diplomacy, 1973-1976, May 9, 1973, document 6.

④ Seymour M. Hersh "C. I. A. Chief Tells House of ＄8 Million Campaign against Allende in '70-73," *New York Times*, September 8, 1974.

引起了轩然大波。① 12月22日,赫什又发表一篇重磅报道,题为《有关尼克松政府时期美国中央情报局针对反战势力和其他持不同政见者的大规模行动的报告》。② 报道称,中情局直接违反其章程,对美国的反战运动和其他持不同政见者进行了大规模的窃听和监视活动,其中包括国会议员。报道还提到了"家族珍宝"报告的存在,称从20世纪50年代开始中情局在美国境内还开展了其他数十项违法活动。

赫什的报道令国会开始质疑政府在情报领域的举措,情报问题由过去的秘密领域转而成为政府与国会斗争的焦点。在随后一年中,国会与政府就情报调查与监督展开了激烈的博弈,情报问题成为福特政府最棘手的问题之一,故1975年又被称为美国的"情报年"(The Year of Intelligence)。

二、福特政府与国会的博弈

(一) 先发制人:洛克菲勒委员会成立

1975年1月3日,福特总统在度过圣诞节后返回华盛顿,当天便召见了国务卿基辛格、中央情报局局长科尔比(William Egan Colby)、白宫办公厅主任拉姆斯菲尔德、白宫法律顾问菲利普·布肯、约翰·马什等人

---

① Seymour M. Hersh "State Department Backs Reports of a Hands-Off Policy," *New York Times*, September 10, 1974. "Censored Matter in Book about C. I. A. Said to Have Related Chile Activities," *New York Times*, September 11, 1974. "Senator Church to Press C. I. A. Issue," *New York Times*, September 12, 1974. "C. I. A. Chief Says Covert Activities Are Not Vital," *New York Times*, September 14, 1974. "Kissinger Called Chile Strategist," *New York Times*, September 15, 1974.

② Seymour M. Hersh, "Huge C. I. A. Operation Reported in U. S. Against Antiwar Forces, Other Dissidents in Nixon Years; Files on Citizens Helms Reportedly Got Surveillance Data in Charter Violation," *New York Times*, December 22, 1974.

到椭圆形办公室开会。① 3日至4日，福特总统在白宫共召开6次会议，商讨如何应对此次情报界危机。会上，福特总统强调了妥善处理此次危机的目标，一是鉴于情报能力对维护美国国家安全至关重要，必须保证中情局继续作为一个强大的机构运行；二是必须保证情报活动在符合国家法律和政治准则的基础上继续进行。② 这为福特政府此后应对危机和实施改革奠定了基础。经过讨论，福特总统决定成立一个特别小组来调查相关指控。

1月4日，福特总统发布第11828号行政令，设立美国总统调查中央情报局国内活动委员会，由副总统尼尔森·洛克菲勒（Nelson Rockefeller）担任主席，因而该委员会又称"洛克菲勒委员会"。③ 正如其名所示，该委员会的职权范围非常狭窄，主要针对中情局可能存在的国内非法活动的指控。

6月6日，洛克菲勒委员会向总统提交了最终报告。④ 报告提出中情局存在以下两方面问题：一是缺乏有效监督机制。国会虽然设有监督委员会，但一般不会进行详细的审查。行政部门内部的管理机制如国家安全委员会、管理和预算办公室、总统对外情报顾问委员会都不负责审查中情局活动的合法性和适当性。在松散的监督机制下，中情局从事了几项

---

① "Memorandum of Conversation," January 3, 1975, in *FRUS*, 1969-1976, Volume 38, Part 2, Organization and Management of Foreign Policy/Public Diplomacy, 1973-1976, Document 21. [美]威廉·科尔比：《情报生涯三十年——美国中央情报局前局长科尔比回忆录》，纪晴译，北京：群众出版社，1984年，第342页。

② Donald Rumsfeld, *When the Center Held: Gerald Ford and the Rescue of the American Presidency*, Free Press, 2018, p. 106. "Memorandum of Conversation," January 4, 1975, in *FRUS*, 1969-1976, Volume 38, Part 2, Organization and Management of Foreign Policy/Public Diplomacy, 1973-1976, Document 24.

③ Gerald R. Ford, "Executive Order 11828—Establishing a Commission on CIA Activities Within the United States," Online by Gerhard Peters and John T. Woolley, The American Presidency Project, https://www.presidency.ucsb.edu/node/268730.

④ 洛克菲勒委员会报告全文参见 https://history-matters.com/archive/contents/church/contents_church_reports_rockcomm.htm。

违反章程的活动。委员会建议应该在国会成立联合委员会加强对情报活动的监督,扩大总统对外情报顾问委员会的监督职能,增强中情局局长的地位和权力,并将其与中情局的日常管理分离开来。二是职责和权限未得到明确规定。委员会不认为需要从根本上重新修订1947年《国家安全法》,而是需要对中情局的角色和职能做出一些说明和澄清,明确中情局的活动必须限制在对外情报活动的范围内,申明未经授权不得披露情报来源和方法。委员会还建议总统颁布行政令禁止中情局收集美国公民的国内活动信息。洛克菲勒委员会报告为此后美国情报体制改革奠定了基础,其中的大部分建议得到了采纳。

(二) 左支右绌:国会调查范围的扩大

1975年1月至2月,国会参众两院相继成立调查委员会,对情报界开展大规模调查,相关人员被传唤听证,越来越多的文件被解密、情报活动被揭露。以赫什12月22日发表的报道为基础,国会参众两院的调查委员会在一开始主要关注的是中情局和联邦调查局(FBI)在国内开展的非法活动。随着调查的不断深入和媒体报道的不断增加,情报界更多的非法活动被揭露出来,国会的调查范围也不断扩大,其中最令行政部门头疼的是对美国国家安全局(NSA,以下简称国安局)电子监视活动以及中央情报局的国外暗杀行动的调查。

1975年5月,参议院调查委员会"丘奇委员会"从洛克菲勒委员会得到了一份"家族珍宝"报告的副本。这份报告中披露中央情报局曾要求国安局监视某些积极参与反战运动的美国公民的通信。这一发现使得委员会的调查工作取得了突破性进展,负责调查国安局的布里特·斯奈德(L. Britt Snider)和彼得·芬恩(Peter Fenn)根据这些线索发现了两个合法性存疑的项目。① 第一个项目名为"三叶草"(Shamrock),该项目始于二战期间美国军事情报部门对外国电报通信的收集,战后仍在继续。② 第二个项目被称为"尖塔"(Minaret),此项目开始于肯尼迪总统被暗杀后,主要是为了监控可能对总统安全构成威胁的人员。到20世纪70年代初,此项目的"监控名单"已经发展到1000多个(包括个人和实体),其中有大量美国公民,包括持不同政见者、涉嫌贩毒人员等。③

与国安局电子监视活动同时引起国会注意的还有中情局的暗杀活动。1975年5月21日,科尔比出席丘奇委员会的闭门听证会,回答了三个小时关于暗杀活动的问题,科尔比的证词表明中央情报局确实策划了此类行动。6月,洛克菲勒委员会向丘奇委员会提供了一份关于暗杀活动的报告,其中有关"猫鼬行动"的文件对丘奇委员会的调查发挥了重要作用。④ 文件提供了上千条线索,包括姓名、日期、地点。丘奇委员会确定美国政府至少实际策划了两起谋杀,分别针对古巴领导人卡斯特罗和刚果(金)领导人卢蒙巴(Patrice Lumumba)。文件还显示,中央情报局不仅通过暗杀消灭敌人,还通过使用毒药、化学物质和生物制剂损害对方

---

① L. Britt Snider, "Recollections from the Church Committee's Investigation of NSA," in Center for the Study of Intelligence, p. 4, https://www.cia.gov/static/814a15316b3e559bb387efe5300c7d40/Recollections-Church-Committee-Investigation.pdf.

② L. Britt Snider, "Recollections from the Church Committee's Investigation of NSA," in Center for the Study of Intelligence, p. 6.

③ "Cryptologic Almanac 50th Anniversary Series: The Time of Investigations, Part 1 of 2," National Security Agency, September-October 2002, http://documents.theblackvault.com/documents/nsa/cryptoalmanac/time_of_investigations_part_1.pdf; Loch K. Johnson "A Season of Inquiry: The Senate Intelligence Investigation," American Politics, No. 13, 1985, p. 94, https://uknowledge.uky.edu/upk_political_science_american_politics/13.

④ "猫鼬行动"是1961年猪湾惨败之后,美国对古巴实施的一场新的大规模的隐蔽行动,行动范围十分广泛,涉及政治、经济、心理、准军事行动等各个方面。详见李姣云:《美国对古巴的猫鼬行动探析》,陕西师范大学硕士学位论文,2008年。

的行动能力。①

随着国会对情报调查的深入以及范围的扩大,中情局的形象大受损伤,甚至面临被解散的危险。② 9月12日,白宫秘书詹姆斯·康纳(James Connor)警告说,如果福特总统不采取行动,情报界的士气将日益低落,国务卿基辛格的所有行动都将受到质疑。因此,总统必须决定如何进行这场"政治斗争"。康纳认为,总统可以自己加入战斗,或者"他可以选择一个人为他战斗,从而保持自己的灵活性"。康纳建议采取后一种行动。③

三、情报体制改革

在国会调查范围不断扩大的情况下,福特政府不得不考虑做出主动的改革。1975年9月19日,福特总统下令组建了一个正式的白宫协调小组,由白宫法律顾问约翰·马什担任主席,成员包括国务卿基辛格、国防部长施莱辛格、管理与预算办公室主任、中情局局长科尔比和白宫法律顾问菲利普·布肯。福特总统要求这个新的协调小组密切协商,定期进

---

① Nicholas M. Horrock, "The Church Committee Must Address That, Among Other Questions," *New York Times*, June 22, 1975, Loch K. Johnson, "A Season of Inquiry: The Senate Intelligence Investigation," p.55.

② "Memorandum From the Director of the Defense Intelligence Agency (Graham) to the Chairman of the Joint Chiefs of Staff (Brown)," April 29, 1975, in *FRUS*, 1969 - 1976, Volume 38, Part 2, Organization and Management of Foreign Policy/Public Diplomacy, 1973 - 1976, Document 40.

③ White House, Office of Staff Secretary, James E. Connor, Memorandum to Assistant to the President, Donald Rumsfeld, "The Intelligence Community," September 12, 1975, Gerald R. Ford Presidential Library: White House Operations, James E. Connor Files, Intelligence Series, Box 58, Folder, "Rockefeller Commission Records, Implementations (5)," https://nsarchive.gwu.edu/document/15215-document-03-white-house-office-staff.

行汇报。① 情报协调小组成立一个月之后,制定出了具体的应对策略。② 小组认为目前的直接目标便是使行政部门重新获得主动权,而目前对情报机构的调查对于福特总统而言,可能会提供一个重塑情报界的运作方式及其社会角色的历史性机遇。在此背景下,福特政府开始着手对当前的情报体制进行改革。

(一) 第 11905 号行政令的颁布

1975 年 11 月 14 日,福特总统指示国家安全事务助理斯考克罗夫特 (Brent Scowcroft) 发布对外情报机构的组织管理进行全面审查的备忘录,并成立由国务卿、财政部部长、国防部部长、司法部部长、管理和预算办公室主任、中情局局长组成的特别小组,负责撰写研究报告。审查的内容包括目前情报界的基本结构、组织和管理的关键问题、资源分配、指导机制、情报产品供需关系、洛克菲勒委员会的相关建议等,在此基础上小组应对目前的对外情报机构的组织结构是否需要改变以及如何改变提出自己的方案和建议。研究报告需要在一个月之内完成,届时将提交给总统于 9 月 19 日成立的协调小组。③

---

① "Memorandum From President Ford," September 19, 1975, in *FRUS*, 1969 – 1976, Volume 38, Part 2, Organization and Management of Foreign Policy/Public Diplomacy, 1973 – 1976, Document 49; Harold P. Ford, *"William E. Colby as Director of Central Intelligence,"* Central Intelligence Agency: CIA History Staff, 1993, p. 189.

② "Memorandum From the Executive Director of the Intelligence Coordinating Group (Raoul-Duval) to the President's Counselor (Marsh)," October 23, 1975, in *FRUS*, 1969 – 1976, Volume 38, Part 2, Organization and Management of Foreign Policy/Public Diplomacy, 1973 – 1976, Document 53.

③ "Memorandum by the President's Assistant for National Security Affairs (Scowcroft)," November 14, 1975, in *FRUS*, 1969 – 1976, Volume 38, Part 2, Organization and Management of Foreign Policy/Public Diplomacy, 1973 – 1976, Document 58.

福特政府时期美国情报体制改革研究

1975年12月16日,特别小组研究报告草案完成。[1] 报告将情报体制改革的方向明确为两方面:一是让情报机构纳入合法的框架,二是提高情报工作的质量和效率。报告提出了四项方案:一是建立一个新的扩大的情报机构,由情报总监领导;二是仅设立情报总监;三是设立外国情报总监(DFI),拥有广泛的协调能力,但没有直接的资源控制与方向指导权力,此方案的前提是认为独立于情报界的领导人最能协调各项活动;四是保留现在的情报界组织关系,但为中情局局长增加一位全职副手,负责管理中情局的日常事务。该报告还讨论了将隐蔽行动从中情局转移到一个新的独立机构。

1976年1月10日下午,从维尔市休假回来的福特总统主持召开了情报界重组的会议,会议聚集了包括洛克菲勒、基辛格、拉姆斯菲尔德、斯考克罗夫特、布肯等在内的各个相关部门的主要代表。[2] 会议针对此前特别小组研究报告提出的四项方案进行了广泛的讨论。与会者普遍认为重大的组织变革是不可取的,因此方案四是重组情报界的首选方案。[3]

1月30日,福特总统与政府重要官员就情报界重组再次进行了广泛的讨论,审查了洛克菲勒委员会报告、国会调查报告,和中央情报局、国防部、国务院等部门提出的意见和建议,并做出了初步决定。在此次会议结果的基础上,白宫起草了题为《美国对外情报活动指令》的第11905号总统行政令。2月18日,福特总统正式签署该行政令,这是美国历史上第

---

[1] "Executive Summary of a Draft Report to President Ford by an Ad Hoc Interdepartmental Group," December 16, 1975, in FRUS, 1969 – 1976, Volume 38, Part 2, Organization and Management of Foreign Policy/Public Diplomacy, 1973 – 1976, Document 62.

[2] "Memorandum From the President's Assistant for National Security Affairs (Scowcroft) to President Ford," in FRUS, 1969 – 1976, Volume 38, Part 2, Organization and Management of Foreign Policy/Public Diplomacy, 1973 – 1976, Document 64.

[3] Douglas F. Garthoff, *Directors of the Central Intelligence as Leaders of the U. S. Intelligence Community*, 1946 – 2005, Washington, D. C.: The Center for the Study of Intelligence, 2005, p. 106.

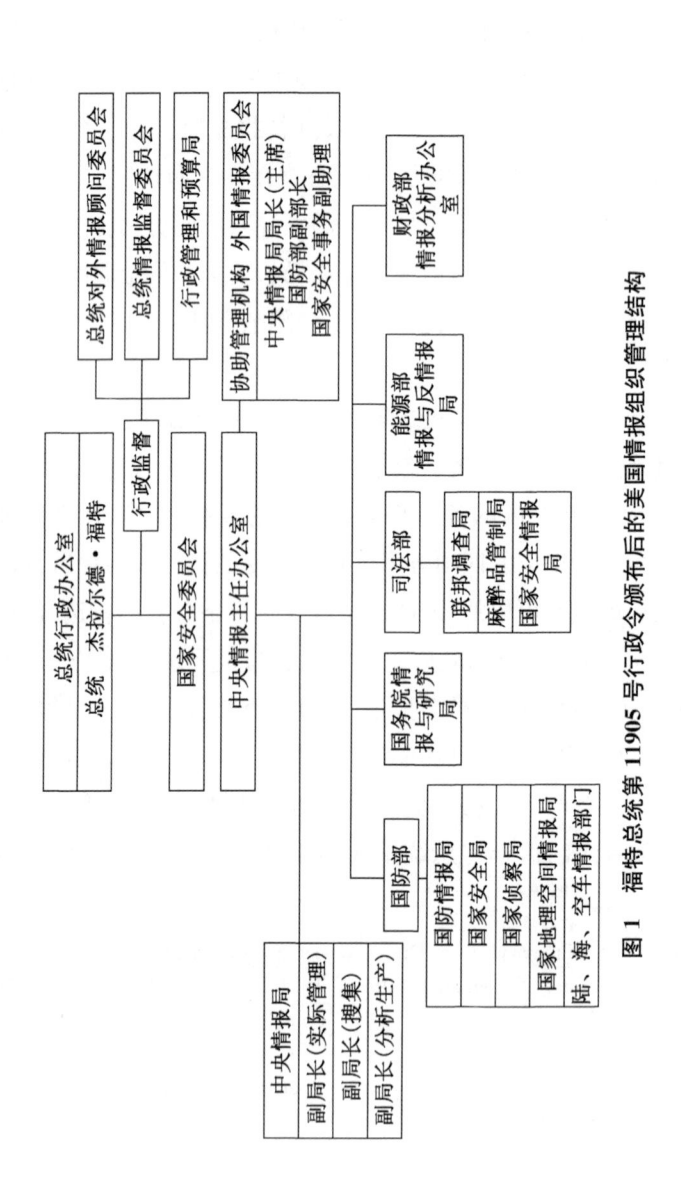

图 1 福特总统第 11905 号行政令颁布后的美国情报组织管理结构

一份公开的有关情报活动的总统行政令。① 行政令由八个部分组成,核心是第三至第七部分,分别是关于美国情报机构的领导机制、情报界的责任和义务、情报活动的限制、情报活动的监督机制、情报来源与方法的保密机制。

在领导机制方面,行政令设立了四个机构。第一个国家安全委员会是法定的情报指导机构,但除开传统职能外,行政令还规定国家安全委员会应每半年对情报政策和正在进行的隐蔽行动进行一次审查。第二个是重新组建的外国情报委员会(Committee on Foreign Intelligence, CFI),由中情局局长担任主席,成员包括负责情报的国防部副部长、国家安全事务副助理,根据委员会的工作情况,参谋长联席会议主席、副国务卿、财政部副部长、联邦调查局局长和总统指定的其他人选将不定时作为观察员出席会议。这个委员会将取代现有的国家安全委员会情报委员会(NSCIC)、情报资源咨询委员会(IRAC)和美国情报委员会(USIB),直接向国家安全委员会报告。第三是撤销了"40委员会",代之以行动咨询小组(the Operations Advisory Group),负责为总统就外交政策提供建议,定期审查过去的项目,批准行动部的特殊敏感情报,收集行动并定期审查正在进行的行动。最后也是最重要的就是再次强调中情局局长的职权,将其指定为总统的外国情报主要顾问。行政令还授权中情局局长担任情报界在国会的主要发言人,协调与国会的关系。为协助中情局局长指导和监督情报界,行政令首次设立了副局长职位,负责管理中情局的日常运作。

行政令首次明确阐述了情报界各机构的责任和权限。根据修订的1947年《国家安全法》、《1949年中央情报局法案》及其他法律、法规和指令的授权,中情局负责生产和传递与国家安全有关的外国情报;在司法部部长的批准下,与联邦调查局协调,在美国境外和境内进行反间谍活动;

---

① 申华:《美国国家情报管理制度研究》,北京:军事科学出版社,2010年,第60页。

根据总统或国家安全委员会的指示，在适用法律范围内开展其他支持国家外交政策目标的特别活动，也就是隐蔽行动；根据国家安全委员会的指示，为情报机构提供其他服务，如监控外国公共无线电和电视广播、外国出版物的获取和翻译等。联邦调查局负责发现和制止外国势力或其代理人在美国境内进行间谍活动、破坏活动、颠覆活动和其他非法活动；经总统授权和司法部部长特别批准，进行包括电子监控等合法活动，支持其他情报机构收集外国情报的要求。国防情报局主要向军事机构以及酌情向非军事机构提供军事情报。国家安全局主要负责信号情报的收集，并进行研究和开发，提高信号情报收集和保障通信安全方面的技术水平。

在监督机制方面，行政令的第六部分在总统对外情报顾问委员会的基础上新设立了情报监督委员会（Intelligence Oversight Board，IOB），由总统任命的三名成员构成，其成员要求均来自政府以外，且需要具备多样化的背景和经验，不得与情报界的任何机构有私人关系。[①] 监督委员会应听取情报界检察专员和法律顾问关于情报活动合法性和适当性的报告，定期对情报系统各成员进行内部调查。一旦发现严重的违法活动应及时向司法部部长和总统报告调查结果。情报界的总检察长和总法律顾问应该充分与委员会合作，对可疑的活动展开调查。

由于在"情报年"的调查中，不断有关于情报的保密信息被泄露，行政令制定了保密机制，加强了对情报来源和方法、从事情报活动人员的保护。行政令规定行政部门所有成员及其承包商在获得情报前需签署一份保密协议，在未经授权的情况下泄露相关信息的将接受行政处分或面临司法部的法律诉讼。

第11905号行政令于3月1日生效。可以看到行政令对情报界做出

[①] 总统对外情报顾问委员会（President's Foreign Intelligence Advisory Board，PFIAB）最初由艾森豪威尔总统于1956年1月颁布的第10656号行政令设立，委员会成员由总统任命，总统可以通过颁布新的行政令改变其规模和职责。1977年卡特总统废除了该委员会，里根总统时期又重新建立。

的调整是相对保守的,并未进行大幅度的机构改革,例如总统并未采纳此前国防部、中情局提出的设立一名新的情报总监的建议,而是重申了中央情报局局长的核心地位,避免了烦琐的国会批准程序。但行政令对情报界各机构责任和义务的规定和限制、主动建立的监督机制和保密机制,体现了总统最大限度利用自己的行政权力,试图为情报界建立起合法框架的努力,其最终目的是维护情报界的正常及高效运行。

(二) 布什接任中央情报局局长

早在1975年年初,国防部长施莱辛格就建议,如果要重组情报界,应该首先考虑人事任免,而中情局局长科尔比由于在国会调查中持过于开放的态度,与国会合作过于紧密而缺少与行政部门的协调,应该首先成为被撤换的人员。[1] 对于接任科尔比职务的人选,福特总统最终选择了正在中国担任驻北京联络处主任的乔治·赫伯特·沃克·布什(George Herbert Walker Bush)。[2] 布什曾任得克萨斯州国会议员、共和党全国委员会主席、驻联合国大使以及驻北京联络处主任,与情报界打交道较少,而这也成为其被选为接替科尔比职位人选的重要原因。[3]

布什临危受命,其首要任务便是重振情报界的士气,修复情报机构与国会的关系,改善情报机构在公众舆论中的形象和声誉。第11905号行政令发布后,中情局局长的地位得到了巩固和加强,布什将作为总统的对外情报主要顾问提供建议,并担任情报界在国会的主要发言人,协调情报界与国会的关系。事实证明,布什强有力的领导能力极大地推动了行政令的贯彻执行。

---

[1] "Memoranda of Conversation," March 28, 1975, in Gerald R. Ford Presidential Library, https://www.fordlibrarymuseum.gov/library/document/0314/1553011.pdf.
[2] 后文叙述中的"布什"即指乔治·赫伯特·沃克·布什。
[3] Douglas F. Garthoff, *Directors of the Central Intelligence as Leaders of the U. S. Intelligence Community*, 1946-2005, p.112.

布什在接任中情局局长之前曾提出两个条件,一是可以不经过白宫工作人员的批准直接接触总统;二是可以自主任命中央情报局副局长及其他工作人员。[1] 这两个条件均得到了国家安全委员会的同意。[2] 每周四或周五,布什前往白宫向总统和国家安全事务助理汇报情报简报。布什非常重视《总统每日简报》的撰写以及每周直接向总统汇报的机会,他认为这有利于将中央情报局的分析直接传达给总统。[3] 在涉及技术问题时,布什还会带上一两个情报专家参与汇报。[4] 这一简单的行动极大地鼓舞了中央情报局的士气,有利于提高情报工作质量。

在人事任免上,布什任命中央情报局的情报专家亨利·洛奇(Henry Lodge)为副局长,约翰·麦克马洪(John McMahon)为助手,同时更换了16名高级官员中的12名。7月,布什写信给行政管理和预算局局长,申请了18个新的特级职位,其中包括负责苏联事务的分析师弗里茨·艾尔马特(Fritz Ermarth)以及负责国家图像情报收集的分析师理查德·克尔(Richard Kerr)。[5]

在中情局的组织和管理上,布什表现出了充足的信心和热情。布什将办公地点选择在位于弗吉尼亚州兰利的中情局总部,而不是位于宾夕法尼亚大街,与白宫、行政管理和预算办公室及其他高级行政机构相邻的

---

[1] Douglas F. Garthoff, *Directors of the Central Intelligence as Leaders of the U. S. Intelligence Community*, 1946-2005, p. 112.

[2] [美]乔治·布什:《乔治·布什自传》,涂芝译,北京:世界知识出版社,第141页。

[3] David Priess, *The President's Book of Secrets: The Untold Story of Intelligence Briefings to America's Presidents from Kennedy to Obama*, New York: Public Affairs, 2016, p. 167.

[4] Dane M. Holtmeyer, "The President and the Intelligence Community-The Importance of the Relationship," Naval Postgraduate School, December 2017, p. 65. David Priess, *The President's Book of Secrets: The Untold Story of Intelligence Briefings to America's Presidents from Kennedy to Obama*, p. 103.

[5] Douglas F. Garthoff, *Directors of the Central Intelligence as Leaders of the U. S. Intelligence Community*, 1946-2005, p. 121.

办公地点。① 上任一个多月后,布什发布了一份给中情局全体员工的备忘录,表达了作为中情局局长,领导中情局在合法的框架内,继续履行保卫国家安全职责的决心。② 布什承诺,将严格遵守总统颁布的行政令,同时也呼吁美国公众给予中央情报局更多的信任,更加重视情报信息保密的重要性和必要性。

在处理与国会的关系上,布什认为最重要的是品格、正直和诚信。③布什对国会负责任的监督表示欢迎,其在任期间曾在 51 个不同的场合向国会作证,创造了中情局局长出席国会听证会的记录。布什还经常在家中安排一系列晚宴,邀请国会议员参加,调和中情局与国会议员之间的关系。④

在与其他情报机构的关系上,布什主张充分的沟通和协商。行政令颁布后,国防部对中央情报局在军事领域权力的扩大表达了担忧,布什充分利用新成立的外国情报委员会提供的平台,与国防部就战术情报项目和国家侦察计划的开展进行充分协商。⑤ 对于新设立的情报监督委员会,布什指示中央情报局的法律顾问与主要情报机构的对应人员联系,定期向委员会汇报情报活动的开展情况。⑥

布什任职期间,基本达到了目标。一方面他重申了情报工作的重要

---

① [美]乔治·布什:《乔治·布什自传》,第 141 - 142 页。

② "Memorandum from George Bush for all CIA Employees," March 12, 1976, in George Bush, *All the Best, My Life in Letters and Other Writings*, New York: Simon & Schuster, 1999, p. 98.

③ "Letter from George Bush to Jack Marsh," November 20, 1975, in George Bush, *All the Best, My Life in Letters and Other Writings*, p. 95.

④ "George H. W. Bush-The 11th Director of Central Intelligence," December 1, 2018, https://www.cia.gov/stories/story/george-h-w-bush-the-11th-director-of-central-intelligence/.

⑤ Douglas F. Garthoff, *Directors of the Central Intelligence as Leaders of the U. S. Intelligence Community, 1946 - 2005*, p. 117.

⑥ Douglas F. Garthoff, *Directors of the Central Intelligence as Leaders of the U. S. Intelligence Community, 1946 - 2005*, p. 118.

性,在总统与中央情报局之间建立了直接联系,提升了情报以及情报机构在国家安全决策和外交决策中的作用。另一方面,他修复了情报机构与国会之间的紧张关系,建立了向国会定期汇报情报活动的渠道。布什也因此成为中央情报局历史上最受爱戴的局长之一。[1]

(三)《外国情报监控法》的出台

第11905号行政令并没有解决国家安全局电子监控这一敏感问题,丘奇委员会仍然准备制定法律,限制国安局在美国境内大规模收集信息的能力。司法部部长列维(Edward H. Levi)和白宫法律顾问建议对电子监控提出单独的立法提案。[2] 3月23日,福特总统会见了国会领导人,表示希望与国会合作建立外国情报电子监控的程序。政府参与起草法案得到了国会的支持。[3]

电子监控引起公民担忧的主要原因是人们认为政府会不加区分地进行监控,所以对监控对象进行明确定义以及说明在什么情况下进行监控非常重要。列维与司法部以及白宫法律顾问针对法案中的相关概念进行了反复讨论。法案中提到将允许对外国势力或外国代理人进行电子监控,经过讨论认为其中的"外国势力"主要包括外国政府、由一个或多个外

---

[1] "George H. W. Bush-The 11th Director of Central Intelligence," December 1, 2018, https://www.cia.gov/stories/story/george-h-w-bush-the-11th-director-of-central-intelligence/.

[2] "Memorandum of Conversation, Ford, Kissinger, Schlesinger, Levi, Lynn, Colby, Buchen, Marsh, Raoul-Duval, Rumsfeld," 13 October 1975, in Ford Library, http://www.fordlibrarymuseum.gov/library/document/0314/1553270.pdf. Memorandum from Philip Buchen to the President, "Intelligence Legislation Proposed by the Justice Department," 13 February 1976, Presidential Handwriting File, Box 31 (National Security, Intelligence) (9), Ford Library.

[3] "Meeting with Congressional Leaders on Electronic Surveillance Legislation," 22 March 1976, Duval Papers, Box 11 (Meeting with POTUS and Congressional Leaders on Electronic Surveillance), Ford Library.

国政府控制的实体、境外恐怖组织或境外政治组织;"外国代理人"包括外国势力所雇佣的官员或职员、参与违反美国法律的情报活动的人或在知道此人为外国势力或代理人从事秘密情报活动的情况下,仍与此人合谋或为其提供帮助的人,在外国情报机构的指示下,为该情报机构传递情报信息的人,以及在外国势力指示下从事恐怖活动等其他破坏活动的人。其中"破坏活动"系指美国法典第 18 章各节所禁止的活动。"恐怖活动"指暴力的、危及生命的犯罪行为,目的是恐吓或胁迫平民或通过此类行为威胁政府。"外国情报信息"包括与美国保护自己免受外国势力或外国代理人攻击或其他类似敌对行为有关的信息,与国防、军事、国家经济安全有关的信息。"电子监视"则是指通过电子、机械或其他监视设备获取由在美国境内的特定的、已知的美国人发送或打算接收的任何有线或无线电通信的内容,如果该内容属于个人的合理隐私,则需要获得搜查令。①

经过对国内电子监控活动合法性进行广泛调查后,1977 年 5 月 18 日,参议员泰德·肯尼迪(Edward Moore "Ted" Kennedy)与其他九位共同发起人正式提出《外国情报监控法》(Foreign Intelligence Surveillance Act, FISA)。1978 年 10 月 25 日,法案最终由卡特总统签署成为法律。在情报搜集越来越信息化、技术不断发展的背景下,《外国情报监控法》为国家安全局和联邦调查局在美国境内开展电子监控构建了法律框架,使电子监控能够继续开展。在法案制定的过程中,行政部门充分参与,巩固了其在情报领域的主导地位。

四、情报体制改革的影响

在"情报年"危机中,福特政府对美国情报体制进行了改革和重组,在

---

① "Memorandum from Antonin Scalia to Participants in 7/30 Meeting on S. 3197 [FISA]," 30 July 1976, Loen and Leppert Files, Box 13 (Intelligence, General), Ford Library, https://www.fordlibrarymuseum.gov/library/document/0014/1075836.pdf.

这个过程中,行政部门充分发挥了自身优势,最大限度保护了情报机构的地位和作用。

(一)情报机构的组织和管理得到完善

"施莱辛格报告"和"洛克菲勒委员会报告"均深入分析了美国情报界存在的主要问题,包括三个方面:一是情报界缺乏权威的领导;二是各机构之间职责不清,存在分散和重叠的现象;三是缺乏有效的监督机制。

在领导机制方面,福特总统行政令以统一的外国情报委员会(CFI)取代了国家安全委员会情报委员会、情报资源咨询委员会和美国情报委员会,废除了名目繁多的各委员会领导机制。除了在形式上的整合,外国情报委员会在成员构成上也进行了精简,常设成员仅包括中情报局局长、国防部副部长、国家安全事务副助理,也就是美国对外情报的两个主要生产者和一个主要的情报产品消费者,其中中情局局长担任主席,其他如财政部副部长、管理与预算办公室主任、联邦调查局局长则根据具体情况被指定为观察员。[①] 成员的缩减有利于提高沟通的效率,促进权力的集中,推动决策的执行,尤其是为中情局和国防部之间的充分协商搭建了平台。

在各机构职责划分方面,总统行政令吸收了"洛克菲勒委员会报告"的相关建议,首次对情报界各机构的职责及权限进行了明确。针对中情局和联邦调查局在国内反间谍活动上存在职责重叠的情况,行政令明确规定联邦调查局为主要负责机构,对外情报机构不得在美国境内进行未经司法部批准的情报收集活动。但行政令赋予了中情局在特殊情况下,经过司法部部长的批准,与联邦调查局协作,在美国境外和境内进行反间谍活动的合法性。国家安全局和联邦调查局经总统授权并经司法部部长特别批准,可通过包括电子监视在内的合法活动,支持其他情报机构收集

[①] Douglas F. Garthoff, *Directors of the Central Intelligence as Leaders of the U. S. Intelligence Community*, 1946–2005, p. 114.

外国情报的需求。有关中情局的职责,行政令的重点是继续规定中情局要用隐蔽行动支持美国对外政策目标的实现,但禁止采取暗杀活动和人体生物实验。行政令还加强了国防部与中情局的协作,如规定中情局应该向国防部等其他情报机构提供外国广播信息服务、照片分析服务、外国出版物的获取与翻译等服务,要求国防部配合外国情报委员会确定的计划和任务,国家安全局根据中央情报局局长确定的目的、要求和优先次序收集、处理和传递信号情报等。

在监督机制方面,此次行政令建立了内部监督和外部监督相结合的监督形式,改变了美国情报界的情报文化。原有的总统情报顾问委员会作为总统行政办公室的一个顾问机构,对情报活动进行监督只是其众多职责中的一项。[①] 情报监督委员会的成立使得行政部门内部建立起独立的情报监督机构,中情局内设情报监察长,定期向情报监督委员会汇报,对不法活动立即展开调查。此时的外部监督也更加完善,形成了由国家安全委员会、情报监督委员会和新成立的、由布什本人担任主席的外国情报委员会三个机构共同监督的模式。行政部门主动构建的监督机制有利于平息国会以及公众对情报活动的质疑,保持行政部门在情报领域的主动权。

(二) 情报机构在外交决策中的地位得到巩固和提升

布什任中情局局长期间,面对源源不断的针对中情局的指控,其坚定地维护以中情局为代表的情报界的地位和作用,并致力于建立与政策制

---

① "Memorandum From [name not declassified] of the Central Intelligence Agency to the President's Assistant for National Security Affairs-Designate (Kissinger)," January 7, 1969, in *FRUS*, 1969 - 1976, Volume 2, Organization and Management of U. S. Foreign Policy, 1969 - 1972, Document 180.

定者更加密切、持续的联系。① 福特总统非常重视布什的工作，经常邀请布什参加重要会议。布什任期内参与的最重要的情报分析会议是关于1976年黎巴嫩首都贝鲁特的形势。根据中情局和其他情报机构提供的材料，布什在会议上表示美国驻黎巴嫩大使梅洛的遇害是贝鲁特出现更危险的恐怖主义活动的信号，足以证明有必要指示大使馆建议美国公民离开黎巴嫩。会后，福特总统命令派遣一支海军特遣部队去协助撤离。②

布什也得到了吉米·卡特总统的信赖。1976年6月，时任佐治亚州州长的吉米·卡特（Jimmy Carter）在被正式提名为民主党总统候选人之前，就表达了希望中情局能够继续提供情报简报。③ 布什向卡特出示了《总统每日简报》等情报产品，并就目前的国际局势和地区态势进行了详细的汇报。在长达六个小时的会议中，卡特全程聚精会神地聆听。④ 卡特会后表示希望能够更好地利用这些情报信息。

出于党派问题的考虑，卡特当选总统后，并没有继续任用布什为中情局局长，而是让斯坦斯菲尔德·特纳（Stansfield M. Turner）接任。1977年3月9日，在中情局局长宣誓就职的仪式上，卡特总统发表了个人声明，明确表示特纳将是情报界的实质性负责人，而不仅仅是名义上的，从而展示出了对中情局在情报界所扮演角色的坚定支持。⑤ 卡特总统会在《总统每日简报》的空白处提出自己的疑问，或者表达赞成和反对的态度，

---

① "A speech to the fellow employees of CIA," January 19, 1977, p. 104, in George Bush, *All the Best, My Life in Letters and Other Writings*, Scribner, 2013.
② [美]乔治·布什：《乔治·布什自传》，第146-147页。
③ David Priess, *The Presidents Book of Secrets: The Untold Story of Intelligence Briefings to America's Presidents from Kennedy to Obama*, p. 37.
④ David Priess, *The Presidents Book of Secrets: The Untold Story of Intelligence Briefings to America's Presidents from Kennedy to Obama*, p. 37.
⑤ Douglas F. Garthoff, *Directors of the Central Intelligence as Leaders of the U.S. Intelligence Community, 1946-2005*, p. 132.

中情局也因此在打印简报时留出了更多的页边距。① 时任国家安全事务助理的布热津斯基(Zbigniew Brezinski)也对《总统每日简报》表示满意,认为简报在一些重大问题上对总统的决策非常有帮助,特别是在军备控制和战略层面。②

在里根总统时期,中情局局长威廉·凯西(William Casey)成为总统的亲密助手,也是第一位担任内阁成员的中情局局长。③ 宣誓就职后不久,凯西便在中情局总部礼堂会见了全体工作人员,向他们传达了总统的支持,并表示将重视人力资源的收集和分析,加强在国外开展隐蔽行动的能力。④ 里根总统和凯西的密切合作,使得中情局尤其是隐蔽行动成为推行美国对外政策的主要力量。⑤

可知,福特政府时期形成的总统与中情局局长良好的合作关系为之后奠定了基础。卡特政府延续了对《总统每日简报》的重视。里根政府继续加强中情局局长的权力,并提高隐蔽行动在美国实施外交政策中的作用。在经历了"情报年"危机后,美国情报界作为美国对苏冷战的重要工具发挥着更加举足轻重的作用。

---

① David Priess, *The Presidents Book of Secrets. The Untold Story of Intelligence Briefings to Americas Presidents from Kennedy to Obama*, p. 41.

② David Priess, *The Presidents Book of Secrets. The Untold Story of Intelligence Briefings to Americas Presidents from Kennedy to Obama*, p. 41.

③ Stephen J. Flanagan, "Managing the Intelligence Community," *International Security*, Summer, 1985, Vol. 10, No. 1 (Summer, 1985), p. 68. Douglas F. Garthoff, *Directors of the Central Intelligence as Leaders of the U.S. Intelligence Community, 1946-2005*, p. 151.

④ Douglas F. Garthoff, *Directors of the Central Intelligence as Leaders of the U.S. Intelligence Community, 1946-2005*, p. 154.

⑤ [美]杰里尔·罗塞蒂著:《美国对外政策的政治学》,周启明等译,北京:世界知识出版社,2005年,第207页。

（三）缓和了情报机构与国会之间的关系

在情报界的保密制度和三权分立的民主制度下，情报活动与民主体制在某些情况下是互相矛盾的。在保密制度下，情报界可以以保护国家安全为由拒绝向公众公开有关信息，而在民主制度下，公众享有对行政部门活动的知情权。此次"情报年"危机便聚焦在此冲突上。

就国会对情报界的调查来看，国会的权力的确得到了一定程度的复兴，其通过制造舆论、设置议程、履行调查权、召开听证会、发布报告、提出政策建议等方式力图对现有情报体制、情报活动的决策过程产生影响。而美国国会能否以及在多大程度上影响情报政策制定的进程还需要具体考虑。由于自身有限的信息沟通和获取渠道、自身党派利益的斗争、烦琐复杂的决策程序，国会的实际影响力是有限的。

面对情报这一关乎国家安全和美国对外政策稳定性的特殊领域，福特总统在应对国会调查的过程中努力寻求主导权。首先，总统通过建立总统委员会控制危机扩大，里根总统在伊朗门事件中也使用了这一技巧。其次，主动制定情报解密等级和获取流程，设置专门的与国会联络人员，如白宫法律顾问、中央情报局的法律顾问等，从而控制国会掌握的信息范围以及控制国会知情圈子。再次，主导调查程序和议题，如听证会是否公开以及对参与听证会的范围提出限制，避免国会对国安局的电子监视活动进行过多的调查等。同时，干预国会调查报告的发布，行政部门以保护国家安全为由掌握报告的最终审阅权。最后，总统颁布行政令对情报界进行适当地调整和重组，避开了国会的批准程序，回应了媒体和民众的关切。情报部门结束其在美国政府中的特殊地位，开始在法律的框架内运行，这也是适应当时社会要求的转变。

因此，20世纪70年代初，美国总统在外交事务上虽然受到越来越大的制约，但在情报这一涉及国家安全的特殊领域，国会的监督难度较大，行政部门仍占据主导地位。

结 论

20世纪70年代,美国总统与国会围绕外交权的博弈已经深入美国外交活动中最敏感、最隐秘的情报领域。国会通过积极行使监督权,对这个历来属于总统行政权力主导的领域发起全面挑战。国会情报监督意愿的增强和情报体制内部固有的问题与矛盾,促使福特政府主动思考对美国情报体制进行改革和重组。

美国情报体制长期存在的问题是缺乏权威的领导机制和有效的监督机制,其中领导机制的核心问题是中情局局长角色和权力的界定。从杜鲁门政府到尼克松政府都曾尝试通过加强中情局局长的权力来强化情报界的统一领导,然而中情局局长有限的权力与其广泛的职责之间的矛盾一直未能得到有效解决。福特政府通过整合之前复杂的情报委员会机制,将权力集中到外国情报委员会之中,使其成为总统和国家安全委员会之下的最高情报决策机构,至于针对具体事务建立小组委员会,则由中情局局长视情况而定。形式的整合并没有造成冗员,而是使得成员更加精简,即由美国对外情报的两个主要生产者和一个主要的情报产品消费者组成。外国情报委员会的组织形式和成员构成都更加有利于沟通协调和权力集中,尤其是为中情局和国防部之间的充分协商搭建了平台。

从美国情报界一体化的角度来看,福特政府的此次改革仍然相对保守,在很大程度上是为了回应国会和舆论的关注。最主要的是仍然维持了中情局局长双重角色的设定,而没有建立一个新的国家情报总监。"施莱辛格报告"、国防情报局局长格雷厄姆、中央情报局研究小组编写的"美国情报未来框架"报告等都曾提议建立一个新的国家情报总监办公室,来统一掌握情报资源的分配,承担实质性的协调职能。然而,设立国家情报总监需要由国会立法批准,对于想要尽快平息危机,转移国会和公众注意力的福特政府来说,显然希望避开这一程序,于是通过颁布行政令对情报体制进行了适度的调整。

在情报监督机制方面,福特政府则做出了突破。新设立的情报监督委员会形成了内部监督与外部监督相结合的机制,以调查对外情报活动的合法性和适当性,改变了中情局的情报文化。从"家族珍宝"报告到"洛克菲勒委员会报告",政府部门意识到情报部门的很多活动超出了国会授权的范围,存在严重的合法性问题。情报机构的自主性和管理的松散性体现出了总统以及国家安全委员会控制的弱化。建立有效的政府监督机制,一方面有利于平息国会以及公众对情报活动的质疑,另一方面也有利于总统对情报机构的直接控制。

国会调查显示出了新的问题:一是情报界各机构职责不清,二是相关情报活动缺乏合法性。福特政府通过行政令首次对情报界各机构的职责及权限进行了阐述。行政令明确规定对外情报机构不得在美国境内进行未经司法部批准的情报收集活动,回应了西摩·赫什对中情局在国内实施监听、私拆信件的控诉。行政令赋予了中情局进行隐蔽行动的合法性,但禁止实施暗杀活动和人体生物实验,回应了丘奇委员会关于暗杀活动的调查。对于电子监视问题,福特政府则推动了国会对外国情报监视法的立法进程。在情报搜集越来越信息化、技术不断发展的背景下,《外国情报监控法》为国家安全局和联邦调查局在美国境内开展电子监控构建了法律框架,使之能够作为重要的情报收集手段继续进行。

福特政府对美国情报体制的改革与重组,在一定程度上也是总统与国会就情报问题展开博弈的结果,是妥协与斗争并存的产物。总体来看,此次改革巩固了中情局在情报界的核心地位和中情局局长的领导地位,提高了情报在国家对外决策中的地位和作用,而国会的实际影响和监督的有效性是有限的。因此,20世纪70年代初,虽然总统在外交事务上受到越来越大的制约,但在情报这一涉及国家安全的特殊领域仍占据主导地位。

美国干涉英属圭亚那的隐蔽行动

刘菁菁

内容提要：冷战期间，美国通过与英国的外交博弈和直接干涉英属圭亚那事务的双重途径，利用种族矛盾和罢工骚乱作为切入点，以修改选举制度为保障，实施了一系列隐蔽政治和宣传行动。在此期间，美国国务院、中央情报局、劳联-产联与当地反对派联手，多种方式并用破坏英属圭亚那的社会稳定，成功说服英国按照美国的意愿，剥夺了人民进步党及领导人贾根的权力，扶植亲美的人民全国大会党领袖伯纳姆上台。美国干涉英属圭亚那的隐蔽行动其实质是大国为了自身利益肆意干涉小国内政的霸权行径，推翻民选的贾根政府并且扶植独裁的伯纳姆政府的做法，也深刻暴露了美国以民主之名行冷战之实的政策本质。

关键词：英属圭亚那危机；隐蔽行动；美国干涉政策；英美关系

作者简介：刘菁菁，南京大学国际关系研究院研究助理、硕士研究生

圭亚那合作共和国位于南美洲北部海岸，1814年至1966年该国处于英国的殖民统治之下，当时称英属圭亚那。在冷战期间，为了遏制共产主义势力的扩张，英国和美国相继且联手对英属圭亚那的政治局势进行了干涉。1961—1964年英属圭亚那危机是美国综合运用公开行动和隐蔽行动推翻反美政府并扶植亲美政权的典型案例，由于危机发生在1966

年英属圭亚那独立之前,此时的英属圭亚那仍然是英国殖民地,因此美国在干涉英属圭亚那政局的同时,也与英国围绕英属圭亚那问题展开长期争论,最终美英两国达成一致,联手推翻了贾根政府,并按照美国的策划促成了英属圭亚那的政权更迭。

国外学术界有关 1961—1964 年间英属圭亚那危机的成果比较丰富,20 世纪 70 年代一些西方学者从政党竞争与种族冲突的角度分析了导致英属圭亚那危机的内部原因,随着 20 世纪 90 年代《美国对外关系文件集》(Foreign Relations of the United States,FRUS)等档案的逐步解密,西方学者从外部势力干涉的角度拓宽了早期研究的范围,关注到美英在英属圭亚那的政治博弈和权力转移,以及美国中央情报局借助工会组织实现英属圭亚那政权更迭的隐蔽行动手段。[1] 借鉴相关研究成果,本文利用最新的美国解密档案,从隐蔽行动的视角出发,探索美国政府、情报机构、工会组织等主体如何相互配合策划和实施隐蔽行动,乃至颠覆英属圭亚那贾根政府的统治,并归纳美国隐蔽行动的特点、规律和手段,以加强美国对英属圭亚那的干涉这一研究理路的逻辑性和系统性。

---

[1] 国外学术界有关 1961—1964 年英属圭亚那危机的研究成果主要包括:C. Paul Bradley, "Party Politics in British Guiana," *The Western Political Quarterly*, Vol. 16, No. 2, 1963; Ralph R. Premdas, "Elections and Political Campaigns in a Racially Bifurcated State:The Case of Guyana," *Journal of Interamerican Studies and World Affairs*, Vol. 14, No. 3, 1972; Ralph R. Premdas, "Competitive Party Organizations and Political Integration in a Racially Fragmented State: The Case of Guyana," *Caribbean Studies*, Vol. 12, No. 4, 1973; Stephen G. Rabe, *U. S. Intervention in British Guiana:A Cold War Story*, Chapel Hill: The University of North Carolina Press, 2005; Cary Fraser, "The 'New Frontier' of Empire in the Caribbean: The Transfer of Power in British Guiana, 1961-1964," *International History Review*, Vol. 22, No. 3, 2000; Robert Waters and Gordon Daniels, "The World's Longest General Strike: The AFL-CIO, the CIA, and British Guiana," *Diplomatic History*, Vol. 29, No. 2, 2005; Ronald Radosh, *American Labor and United States Foreign Policy*, New York: Random House, 1969; Robert Waters and Gordon Daniels, "Cheddi Jagan and the Guianese Sugar Workers' Strike of 1964," *Cold War History*, Vol. 10, No. 4, 2010.

美国干涉英属圭亚那的隐蔽行动

一、英属圭亚那选举规则的变化

英属圭亚那印度裔政治家契迪·贾根（Cheddi Jagan）领导的人民进步党（PPP）在1953年选举中取得胜利后，英国将其视为共产主义威胁，采取了直接出兵干涉的方式推翻贾根自治政府，并使用"分而治之"的手段致使人民进步党分裂。第一次执政失败后，人民进步党凭借广泛的社会支持再次在1957年选举中获胜，由此英国承认1953年的干涉是一个错误，并支持贾根领导英属圭亚那实现独立。但是不同于英国的政策调整，美国出于维护其在西半球霸权的需要，高度重视英属圭亚那的局势发展，并反对疑似共产党人贾根组建自治政府。

为了能在英国的统治下实现推翻英属圭亚那反美政府的目标，1960—1962年美国进行了全面的情报评估和政策规划。一方面，美国围绕英属圭亚那问题与英国进行长期磋商，持续向英国施压以改变英国的态度。另一方面，美国选择绕开英国单独采取行动干涉英属圭亚那事务，通过出资支持反对派制造社会动乱，秘密策划了1962年2月发生的乔治敦骚乱事件。美国试图以此骚乱为契机向英国施加压力，要求其推迟英属圭亚那的独立进程，为颠覆行动创造有利条件。然而英国拒绝对贾根采取干涉行动，并表达了希望尽快摆脱英属圭亚那这一殖民地包袱的愿望。最终，美国政府决定扶植反对派中力量更强的非洲裔政治家福布斯·伯纳姆（Forbes Burnham）作为贾根的替代者，并由伯纳姆领导人民全国大会党（PNC）和联合力量党（UF）组成的联盟参与新的选举，与贾根展开竞争。同时，由于获得了数量庞大的印度裔人口的支持，人民进步党在选举中屡次获胜，美国还致力于推动英属圭亚那的选举制度从"最高票者当选制"改为"比例代表制"，为占投票人口约54%的英属圭亚那反对派通过基层竞选争取更多议席提供机会,进而降低贾根获胜的可能性。①

1962年6月14日,5412特别小组②审议了中情局关于英属圭亚那隐蔽行动计划的一份文件,当天美国国务卿迪安·腊斯克(Dean Rusk)将会议纪要、国务院情报和联邦调查局(FBI)的报告以及行动计划草案交给了肯尼迪,并建议将美国的政策目标设定为扶植一个对西方友好、遵循多种族政策并实施务实经济政策的政府来取代贾根政府。7月12日,腊斯克提出一份更详细的英属圭亚那行动计划,策划了通过新选举推翻贾根的一系列政治行动,包括协调人民全国大会党和联合力量党领袖伯纳姆和彼得·达吉亚尔(Peter D'aguiar)之间的选举安排,以避免选举冲突;支持前人民进步党成员巴尔拉姆·辛格·拉伊(Balram Singh Rai)的独立竞选活动,以分散温和派印度裔选民的选票,削弱人民进步党的优势;在六个摇摆选区加大竞选力度,以防止贾根获得多数席位。腊斯克还提议将讨论英属圭亚那问题的会议地点从伦敦转移到华盛顿,通过受邀前来的英国大使而不是态度强硬的殖民办公室,与英国外交部和首相进行沟通,减少美国推行英属圭亚那政策的阻碍。③

1962年8月6日,美国国家安全顾问麦克乔治·邦迪(McGeorge Bundy)向英国传达了美国迫切希望在英属圭亚那开展隐蔽行动的意愿。随着二战后美英两国间的实力差距不断扩大,英国的战后恢复依赖美国的经济支持,再加上美国的多次强硬施压,英国被迫向美国妥协,在英属

---

① Robert Waters and Gordon Daniels, "Cheddi Jagan and the Guianese Sugar Workers' Strike of 1964," *Cold War History*, Vol. 10, No. 4, 2010, p. 542.

② 5412小组由总统、国务卿和国防部部长的代表组成,负责批准主要的隐蔽行动计划,协调国务院、国防部和中情局的支持。由NSC 5412号文件《国家安全委员会关于隐蔽行动的计划》得名,此类小组后命名为"303委员会""40委员会"等,具体参见高金虎:《中西情报史》,南京:江苏人民出版社,2017年版,第480页。

③ U. S., Department of State, Foreign Relations of the United States (cited as FRUS), 1961 - 1963, Vol. 12, Washington, D. C.: U. S. Government Printing Office, 1996, pp. 575 - 576.

圭亚那事务上开始追随美国的政策。9月19日邦迪回复总统拉丁美洲事务特别助理施莱辛格(Arthur Schlesinger)，表示英国已经同意了美国针对英属圭亚那的隐蔽行动。接下来，原定于1962年5月召开的讨论英属圭亚那独立日期的制宪会议被推迟到10月23日召开，事实上这次会议是美英两国针对贾根的阴谋的一部分。会前麦克米伦首相向英联邦大臣邓肯·桑迪斯(Duncan Sandys)发出指示——英美关系比英属圭亚那的未来更重要。据此，英国政府按照美国的意愿，履行了破坏贾根统治的承诺。

此前中情局已经与伯纳姆和达吉亚尔取得联系，为获取美国的经济援助，二人均同意支持"比例代表制"。在会议上，英属圭亚那国内反对派坚持选举应该实行"比例代表制"，贾根则坚决抵制，并指出英国在以往赋予殖民地独立地位时从未采用过这种选举制度。同时，贾根进一步建议，应将选举权扩大到18岁公民，如果数量众多的印度裔青年在选举中享有投票权，将会抵消可能被批准实施的"比例代表制"对人民进步党造成的不利影响。[①] 桑迪斯放任各党派在"比例代表制"的必要性问题上争论不休，会议陷入僵局，关于未来选举、独立日期、比例代表制以及投票年龄等议题均未做出任何决定。[②] 直到1963年10月，桑迪斯重启制宪会议并做出最终决策，同意英属圭亚那选举实施"比例代表制"。

二、美国发动英属圭亚那大罢工的策划方案

随着1962年10月古巴导弹危机发生，美国对于共产主义威胁的认识和恐惧日益加深。由于美国人普遍感受到苏联在领土附近部署核武器

[①] Ralph R. Premdas, "Guyana: Socialism and Destabilization in the Western Hemisphere," *Caribbean Quarterly*, Vol. 25, No. 3, 1979, p. 31.

[②] Ralph R. Premdas,, "Internationalisation of Ethnie Conflict in the Caribbean: The Case of Guyana," *Caribbean Quarterly*, Vol. 40, No. 3/4, 1994, p. 132.

对本国国家安全造成的直接威胁,这种恐惧推动了美国政府对国内安全措施的加强,以及在国际事务中更加强硬地对待共产主义国家。此前美国一直将拉丁美洲视为"后院",并通过各种手段来维护其在这一地区的霸权地位。然而古巴导弹危机使美国意识到,苏联正在深入拉丁美洲地区,扩大其影响力,这是对美国在拉丁美洲地区利益的严重挑战。为防止共产主义在西半球的扩散,美国加强了在拉丁美洲的反共产主义宣传和干涉。美国大肆渲染国际共产主义对英属圭亚那的影响,警告该国将成为苏联入侵拉丁美洲的重要据点,为铲除英属圭亚那的人民进步党做好舆论铺垫。在此期间,由于贾根政府提出的劳资关系法案挑起了国内的对立情绪,中情局抓住时机精心策划并发动了英属圭亚那国内的新一轮全面罢工,进一步动摇了贾根政府的执政根基。[1]

贾根与英属圭亚那工会之间的纷争由来已久。自1948年恩莫尔(Enmore)罢工事件之后,政治事务委员会(PAC)取得了圭亚那工业工人工会(GIWU)的领导权。[2] 1950年人民进步党成立后,该党高级副主席拉赫曼辛格(Lachhmansingh)担任了圭亚那工业工人工会的主席,人民进步党计划以该工会取代人力公民协会(MPCA),成为当地制糖工人的代表。然而1953年贾根政府下台后,该工会一度陷入沉寂,直至1960年初,贾根重启该工会并更名为圭亚那农业工人工会(GAWU)。[3] 尽管贾根积极呼吁工人们离开人力公民协会并转投他的新工会,但响应者寥寥。这是因为在工厂工人中占据多数的非洲裔圭亚那人坚定地支持人力公民

---

[1] 舒建中:《美国冷战战略与英属圭亚那政权更迭(1961—1964年)》,载《拉丁美洲研究》2022年第3期,第7页。

[2] 1946年贾根与同伴成立了政治事务委员会,这是人民进步党的前身。恩莫尔种植园罢工活动是圭亚那历史上一次重大的反抗事件。在罢工中5名制糖工人遭到英属圭亚那警察枪杀,另有14人受重伤。在贾根的领导下,政治事务委员会和圭亚那工业工人工会组织了一场数千人的和平示威行动——笔者注。

[3] Ralph R. Premdas, "The Rise of the First Mass-Based Multi-racial Party in Guyana," *Caribbean Quarterly*, Vol. 20, No. 3/4, 1974, p. 10.

协会,而糖生产商也倾向于人力公民协会,甚至直接解雇那些选择加入圭亚那农业工人工会的印度裔甘蔗切割工人。面对这一局面,人民进步党指出,现有规则对圭亚那农业工人工会极为不利,并希望通过全行业投票的方式,让工人们自行决定由谁来代表他们。1963年,贾根在圭亚那农业工人工会的会议上宣布,未来英属圭亚那将仅剩下两个工会——圭亚那农业工人工会,以及同样由人民进步党控制的圭亚那公共服务工人工会,他更是承诺将尽快推动一项法律,以实现这一目标。[1]

1963年3月,人民进步党向议会提交了劳资关系法案,该法案基于美国1935年《瓦格纳法案》(Wagner Act),试图通过全行业的民意调查来决定哪个劳工组织将作为工人代表,以此解决工会之间的管辖权纠纷,并扩大工人阶级的权利。[2] 英属圭亚那工会理事会(TUC)和商人协会强烈反对劳资关系法案,他们认为该法案允许劳动部部长批准哪个工会是特定工人群体的代理人,赋予劳动部部长过多的权力,并且执行这项法律的委员会由政府领导人组成,这意味着贾根将获得对工会的控制权。[3] 工会理事会对劳资关系法案的意图产生怀疑,猜测贾根政府将会通过不公正地划分选区影响民意调查的投票结果,并进一步采用强制仲裁、工资操纵机制等方式,介入和控制工会与雇主的谈判过程,以此削弱甚至消灭不受人民进步党控制的工会组织。由于担心自己的未来,英属圭亚那工会理事会决定从1963年4月发动大罢工。

贾根的劳资关系法案点燃了国内政府与工会间的矛盾,表面上看,工会理事会发起罢工是为了抗议劳资关系法案,实际上美国对此早有预谋,

---

[1] Robert Waters and Gordon Daniels, "The World's Longest General Strike: The AFL-CIO, the CIA, and British Guiana," *Diplomatic History*, Vol. 29, No. 2, 2005, pp. 290 - 291.

[2] Ralph R., Premdas, "Internationalisation Of Ethnie Conflict In The Caribbean: The Case of Guyana," p. 133.

[3] Ronald Radosh, *American Labor and United States Foreign Policy*, New York: Random House, 1969, p. 400.

策划通过工会罢工颠覆贾根政府。美国中情局制定了一项被称为"飞越行动"(Operation Flypast)的干预方案,方案内容包括煽动反贾根的英属圭亚那工会发起总罢工,安排中情局特工作为工会组织者在罢工中开展秘密活动,并将美国劳联-产联(AFL-CIO)充当转移中情局资金至英属圭亚那的渠道。美国通过长期在英属圭亚那进行调查和渗透活动,在罢工开始前做了充足的准备工作,美国工会组织更是在其中扮演了重要角色。

实际上,美国工会组织对贾根的政治立场的关注比美英两国政府更早,这也使得美国工会组织对贾根的敌意根深蒂固。由于贾根曾在1948年对人力公民协会代表制糖工人提出质疑,当时的人力公民协会领导人莱昂内尔·拉克霍(Lionel Luckhoo)向美英工会发出警告,称他的组织正受到共产主义者的威胁,并进一步断言,贾根与由共产党控制的世界工会联合会(WFTU)存在联系,这引起了美洲区域工人组织(ORIT)主席塞拉菲诺·罗穆阿尔迪(Seraflino Romualdi)的注意。1951年1月,美国工会首次对人民进步党提出指控,罗穆阿尔迪称其为殖民地共产党,并将贾根视为必须铲除的死敌,这一观点得到了美国劳联和中情局的支持。[1]

20世纪50年代中期,美国对于英国能够引导英属圭亚那走上"正确道路"的信心仍未动摇,尽管美国政府无意直接插手英属殖民地事务,但美国的劳工运动已经迫不及待地开始干预英属圭亚那政局。美国学者罗伯特·J.亚历山大(Robert J. Alexander)受反共分子杰伊·洛夫斯通(Jay Lovestone)派遣前往英属圭亚那进行调查,他在调查后建议美国工会与伯纳姆合作,并为制糖工人工会提供资金和反共材料,这些建议获得了洛夫斯通和罗穆阿尔迪的采纳。在1953年之后,美国劳联-产联与英属圭亚那的劳工组织建立了紧密的合作关系,这种工作层面的交流为中

---

[1] Stephen G. Rabe, *U. S. Intervention in British Guiana: A Cold War Story*, Chapel Hill: The University of North Carolina Press, 2005, p. 37.

情局借助当地工会组织实施隐蔽行动奠定了组织基础。劳联-产联的下属机构美国自由劳工发展研究所(AIFLD)为英属圭亚那的劳工领袖和年轻工人提供组织和谈判技巧等领域的培训,并向他们灌输共产主义的危险性,甚至训练工会成员采取颠覆和暴力行动的技巧。美国自由劳工发展研究所培养的英属圭亚那工会成员的比例高于西半球任何其他国家或殖民地的,这体现了劳联-产联对英属圭亚那工会运动的极高关注度。① 美国工会还向英属圭亚那提供了扬声器和印刷机等设备,并通过美洲区域工人组织和国际自由工会联合会(ICFTU)等劳联-产联的国际分支机构,向英属圭亚那工会提供现金捐款。1959年,美国州、县和市政工人联合会(AFSCME)在其主席阿诺德·赞德(Arnold Zander)的领导下,同意每年接受由中情局资助的慈善基金会提供的6万美元,并将两名中情局雇员列入联合会的工资单,以支持中情局特工在英属圭亚那从事反对贾根政权的隐蔽行动。② 为了向英属圭亚那工会提供隐蔽资金支持,中情局专门设立了一个空壳公司"哥谭基金会"(Gotham Foundation),通过该公司将资金转给美国州、县和市政工人联合会,该联合会再以公共雇员、国际贸易秘书处(ITS)的名义向英属圭亚那工会提供资助,这一秘密资金输送渠道成为英属圭亚那罢工救济基金的主要现金来源。③

就在贾根政府的劳资关系法案引发国内不满之际,美国政府意识到发起罢工的时机已经成熟。在罢工开始的前一天,两名美国劳工领袖飞抵英属圭亚那,与人力公民协会和工会理事会负责人理查德·伊斯梅尔(Richard Ishmael)举行了通宵会议。其中一位美国劳工官员霍华德·麦

---

① Robert Waters and Gordon Daniels, "The World's Longest General Strike," p. 297.
② Stephen G. Rabe, *U. S. Intervention in British Guiana: A Cold War Story*, p. 57.
③ Robert Waters and Gordon Daniels, "The World's Longest General Strike," p. 301.

凯布(Howard McCabe)是国际公共服务组织(PSI)贸易秘书处的代表。国际公共服务组织作为一个全球工会联合会,通过国际贸易秘书处向欠发达国家的独立工会提供直接援助,在拉丁美洲开展了有效的工作。国际贸易秘书处凭借自身的灵活性和独立性成为中立地区反共工具,劳联-产联可以通过其在国际贸易秘书处的附属机构果断而迅速地实施反共政策。①

罢工持续了80天,英属圭亚那的社会秩序荡然无存,暴力事件频繁发生。罢工导致交通和通信设施瘫痪,食物和燃料严重短缺。潜在的外国投资者对这个殖民地失去信心,人均收入从1961年的最高点下降了20%。罢工加剧了该殖民地的经济困境,并加深了英属圭亚那人民之间的种族仇恨。②

三、美国支持英属圭亚那反对派的隐蔽行动

虽然反对派举行了轰轰烈烈的罢工活动,但是贾根预测罢工不会持续超过一个月,因为工会理事会的罢工基金很快就会耗尽,当工人们微薄的资源用完时,就会主动要求返回工作岗位,那时罢工就会结束。③ 在1963年4月24日的秘密文件中,中情局的分析印证了贾根的猜想,他们发现由于缺少足够的资金,总罢工甚至无法持续一周以上。当4月底工会的罢工资金耗尽时,可能会发生暴力事件,然后招致英国政府出手帮助

---

① Ronald Radosh, *American Labor and United States Foreign Policy*, pp. 399-401.
② Stephen G. Rabe, *U. S. Intervention in British Guiana: A Cold War Story*, p. 111.
③ Robert Waters and Gordon Daniels, "The World's Longest General Strike," p. 295.

贾根维持殖民地秩序。① 因此，中情局决定持续通过劳联-产联向罢工人员提供资金和食品支持，以保障罢工得以持续进行。根据麦凯布的数据统计，劳联-产联仅在英属圭亚那的粮食救济上就花费了 80 多万美元，在此次罢工中的总花销更是超过 100 万美元。②

除了提供资金支持外，美国工会还从外部向贾根施加压力，通过组织加勒比海地区各工会共同实施对英属圭亚那的空中和海上封锁，全面中止与其相关的进出口业务，包括石油和粮食的供应，造成了英属圭亚那严重的食品和燃料短缺。随着英属圭亚那社会动荡加剧，中情局和美国工会的安排进一步引发了社会危机。反对派张贴传单煽动罢工者采取暴力行动，罢工者向贾根和其他政府官员投掷石块和瓶子，抢劫、纵火和枪击事件层出不穷，乔治敦的非洲裔罢工者袭击印度裔工人，罢工升级为失控的暴力活动。

在这种情况下，贾根政府不得不向古巴和苏联寻求帮助。一艘载有石油的古巴船只和一艘载有小麦的苏联船只抵达英属圭亚那，打破了交通封锁，但同时在国内引发了共产党接管的谣言，这也是美国隐蔽行动的一环。③ 为配合隐蔽政治行动的开展，中情局针对贾根政府精心策划了一连串隐蔽宣传行动，致力于削弱共产主义在殖民地的影响力。一方面，美国新闻处通过中情局特工向英属圭亚那民众散发各类宣传材料，赞扬美国自由民主的同时诋毁共产主义国家的形象。另一方面，中情局伪造并公开贾根妻子珍妮特（Janet）与共产党联系的信件，以此制造社会舆论压力。美国的隐蔽政治行动与隐蔽宣传行动相呼应，共同加剧了英属圭

---

① "CIA Covert Operations Ⅲ: From Kennedy to Nixon, 1961 - 1974," April 24, 1963, *DNSA*, Washington, D.C.: National Security Archive, 2018, No. CV00759.

② Robert Waters and Gordon Daniels, "The World's Longest General Strike," p. 296.

③ Ralph R. Premdas, "Internationalisation of Ethnie Conflict in The Caribbean: The Case of Guyana," p. 134.

亚那的紧张局势。①

为了落实美国的英属圭亚那政策,美国政府除了支持和援助反对派政党外,还秘密策划并指使英属圭亚那工会发起反对贾根政府的总罢工,这一环节成为美国颠覆策略的核心步骤和必要手段。至此,美国针对性地从英属圭亚那反对派政党和工会两个主体入手,向其暗中输送援助资金和进行策略指导,颠覆贾根政府的隐蔽行动方案已经形成。在隐蔽行动实施过程中,美国以隐蔽政治行动为策略核心,以隐蔽宣传行动为协同手段,多种方式并用破坏英属圭亚那的社会稳定,削弱贾根政府的威望,进而推动英属圭亚那的政权更迭。

1963年6月21日,中情局官员理查德·赫尔姆斯(Richard Helms)在白宫会议上向肯尼迪总统介绍了英属圭亚那的当前局势。赫尔姆斯表示,这次罢工是为了抗议贾根政府提出的劳资关系法案,由于该法案将使政府控制英属圭亚那的劳工运动,因此罢工得到了美国、英国和加勒比海地区劳工组织的支持。赫尔姆斯在表明罢工正当性的同时,也在未提及隐蔽行动的情况下承认美国工会参与了此次罢工。他还指出,英属圭亚那负责安全事务的内政部长珍妮特在6月20日发表了感谢古巴政府援助的声明,并且表示还有更多的古巴援助物资即将到达,这必然意味着贾根领导下的英属圭亚那独立后将与古巴和苏联建立更紧密的联系。此外,中情局对英国在罢工中的表现感到失望,一方面英国采取了支持贾根政府的举动,冷流卫队(Cold Stream Guards)守卫了运送粮食和燃料的古巴和苏联船只。另一方面,殖民大臣桑迪斯于6月18日在下议院表示,罢工不是劳资关系法案引起的,而是两个英属圭亚那政党之间的政治斗争,他敦促殖民地人民共同制定方案、和平解决争端。中情局认为这不仅歪曲了罢工的本质,而且反映出英国对于干预贾根政权的不情愿态度。

---

① "CIA Covert Operations Ⅲ: From Kennedy to Nixon, 1961-1974," October 16, 1963, *DNSA*, Washington, D. C. : National Security Archive, 2018, No. CV00916.

美国干涉英属圭亚那的隐蔽行动

肯尼迪对此强调,英属圭亚那是美英议程中最重要的议题,他指示腊斯克向英国政府传达美国的意见,要求英国调整其政策方向,并付诸实际行动来推翻贾根政府。①

在美国对英属圭亚那的隐蔽干涉行动不断升级的同时,美国积极寻求与英国磋商,计划推迟英属圭亚那独立并采用新的选举方式,通过合法方式使贾根在正规的选举程序中落败。1963年6月30日,肯尼迪和麦克米伦在英国举行会谈,围绕英属圭亚那形势进行讨论。会议巩固了英国基于"比例代表制"举行新选举的决定,但关于英属圭亚那的独立日程未能达成一致。由于英国在英属圭亚那没有战略利益,所以英国希望英属圭亚那能够如期完成独立进程,越早摆脱在英属圭亚那的责任越好。英国还讥讽地提出建议,如果美国希望由伯纳姆-达吉亚尔政府领导英属圭亚那独立,那么美国应该承担相关费用,否则联合政府只会自行垮台。而肯尼迪强烈反对英国急于从英属圭亚那撤出的态度,他认为这会放任英属圭亚那变为共产主义国家,可能会加剧加勒比地区的紧张局势,甚至引发全球冲突。肯尼迪承诺,如果英国恢复对英属圭亚那的直接统治,美国政府将在联合国等场合尽力支持英国,并且他建议英国以"不稳定和有爆发种族冲突的危险"作为拖延独立的理由,避免提及英属圭亚那的共产主义威胁。但是英国对肯尼迪的承诺充满怀疑,指出美国对英国在南罗得西亚等殖民地上的行动并未给予支持。②

虽然两国在会议上没有形成一致政策,但肯尼迪向英国发出了最后通牒,1963年7月2日桑迪斯通知英国殖民办公室,明确表示美国不会接受一个由贾根领导的独立国家,英国政府应立即着手制定一部规定"比例代表制"的新宪法。肯尼迪咄咄逼人的态度使麦克米伦意识到,英国不

---

① *FRUS*, 1961-1963, Vol. 12, pp. 604-606.
② *FRUS*, 1961-1963, Vol. 12, pp. 607-609.

能再拖延实施驱逐贾根的计划。① 7月18日,麦克米伦在致肯尼迪的信中表明了最终决定,将英属圭亚那的独立时间延后至1964年,并且计划在正式独立之前进行新一轮选举,以此作为推动贾根下台的手段。这一决策标志着英国政策的重大转变,英国愿意与美国联手推翻贾根政府,从而为美国的颠覆政策提供更大的活动空间。

1963年9月28日,麦克米伦通知肯尼迪,桑迪斯将在10月召开另一次独立会议。桑迪斯计划在会议上通过强调殖民地的种族紧张局势,为美国的反共意图提供掩护,并在会议讨论无果之后,顺水推舟提出他的基于"比例代表制"的新选举方案,意图强行实施这一方案。美国表示将会在联合国等国际论坛上声援英国的决定,但为了避免暴露两国政府之间事先达成的谅解,在英国政府宣布结果之前,美国政府将对英属圭亚那相关事务保持沉默。② 1963年10月22日至31日在伦敦举行的会议按照桑迪斯的计划进行,贾根、伯纳姆和达吉亚尔出席会议并重申前一年会议上的观点,双方争论不休。如桑迪斯所料,会议再次陷入僵局,于是他说服三位领导人签署一份授权英国政府对会议问题进行仲裁的文件。③ 10月31日桑迪斯宣布最终决定,规定英属圭亚那将举行新的选举,选举后将召开新的会议来决定独立日期,同意选举实施"比例代表制",以及将投票年龄保持在21岁。④ 殖民办公室全盘接受反对派意见而对贾根的建议置之不理,这引发了人民进步党内部对贾根过于信任桑迪斯的批评。

---

① Stephen G. Rabe, *U. S. Intervention in British Guiana: A Cold War Story*, p. 118.

② Stephen G. Rabe, *U. S. Intervention in British Guiana: A Cold War Story*, p. 119.

③ Ralph R. Premdas, "Internationalisation of Ethnie Conflict in the Caribbean: The Case of Guyana," p. 135.

④ "British Guiana Conference," 1963 - 64, *U. K. Parliamentary Papers* (cited as *UKPP*), 20th Century House of Commons Sessional Papers, Vol. 10, X. 711, Cmnd. 2203, pp. 13 - 14.

实际上,在美英密谋共同反对贾根的情况下,无论贾根在会议上做出何种行为,也无法改变桑迪斯强加同样的选举方案的举动,因为这是早已决定的策略。在美英两国的联手干预下,此时的贾根只能充当会议的观众,仅仅负责观看美英政府及英属圭亚那反对派自导自演的情节,并任人摆弄,接受引导自己走向失败的方案。

四、美英联合干涉与英属圭亚那政权更迭

美国将罢工危机作为动摇英国对贾根信心的关键支点,促使英国在妥协之下推迟独立日期,之后美国又成功敦促英国采取行动改变英属圭亚那选举规则,同时美国不断为反对党提供竞选支持,加强反贾根势力以阻止人民进步党在选举中获胜。[①] 1962年11月至1963年6月,特别小组"303委员会"授权隐蔽行动的资金被部分用于改善英属圭亚那反对党的选举前景。总罢工之后,"303委员会"通过中情局继续向伯纳姆和达吉亚尔的联盟提供竞选资金和技能培训,助力其参加即将于1964年举行的选举。[②]

1963年11月,约翰逊接任美国总统后并没有改变美国对英属圭亚那的立场,而是延续肯尼迪政府的政策,继续实施以颠覆贾根政府为目的的干预行动。在1963年12月的北约部长级会议上,美国向英国和加拿大明确表示,不能接受在西半球出现另一个共产主义国家。美国提出,目前贾根面临着严峻的形势,他正在努力寻求各种机会来提升自己的声望,为了避免助长其气焰,美国有意识地回避了贾根提出的与美国高官会面的要求。鉴于这种情况,美国对加拿大高级官员下个月访问英属圭亚那

---

① John Prados and Arturo Jimenez-Bacardi, "The Overthrow of Cheddi Jagan in British Guiana", April 6, 2020. https://nsarchive.gwu.edu/briefing-book/intelligence/2020-04-06.

② *FRUS*, 1964 – 1968, Vol. 32, p. 851.

的行程表示疑虑，尽管加拿大外交部部长是出于对本国铝业利益的关注而选择出行，但美国认为此次访问可能会被贾根利用来提升他在英属圭亚那的影响力。① 除美国在英属圭亚那国内实施的隐蔽行动外，美国还使用外交手段阻止其他国家与贾根政府的正常往来，使得贾根陷入孤立无援的处境，在国际国内失去威信。

贾根并没有对聚集起来反对他的势力视而不见。早在1963年4月，贾根就给肯尼迪总统写了一封详细的信来阐述自己的立场，并请求施莱辛格来访，但遭到了美国政府的忽视。贾根还试图在1963年联合国大会期间会见美国大使阿德莱·史蒂文森（Adlai Stevenson），也没有成功。② 伦敦会议结束后，英属圭亚那的局势日趋紧张，贾根和人民进步党成员谴责桑迪斯的决定，并决定采取行动反对"比例代表制"。1964年2月初，贾根领导下的圭亚那农业工人工会发动大规模罢工，与反对派领导的工会组织形成针锋相对的局面。贾根政府试图营造潜在的恐怖氛围，以吸引国际社会的注意并打击反贾根势力。为此，英属圭亚那的海堤变成了宣传栏，上面充满"杀戮以阻止比例代表制"及"比例代表制或死亡"等标语。③

1964年2月6日，腊斯克建议约翰逊总统向英国传达与肯尼迪总统一致的态度，表明美国政府仍然高度关注英属圭亚那的政局，并且不允许英属圭亚那在贾根政权的统治下独立，因此美国希望英国能够中止宪法

---

① "U. S. position paper on Canadian policy toward the political situation in British Guyana in preparation for the 12/16-12/18/63 NATO Ministerial meetings to be held in Paris, France. Canada may open a diplomatic mission in British Guyana," n. d. , *GALE-US Declassified Documents Online* （cited as *USDDO*）, U. S. Department of State, No. CK2349722403, pp. 1-2.

② John Prados and Arturo Jimenez-Bacardi, "The Overthrow of Cheddi Jagan in British Guiana", April 6, 2020.

③ Stephen G. Rabe, *U. S. Intervention in British Guiana： A Cold War Story*, pp. 125-126.

和重新实施直接统治,以此推动英属圭亚那的政权更迭。美国还建议英国,通过加强警察力量以实现对英属圭亚那的有效监管与秩序维护,以及广泛运用英国在外交事务中保留的权力,以防止古巴对贾根政权的援助,并破坏贾根试图营造的恐怖氛围。① 2月12日,新任英国首相霍姆(Lord Home)与约翰逊在美国举行会谈,双方重申了前一年肯尼迪总统和麦克米伦首相之间达成的协议——美英两国合作反对贾根政权的政策将继续实施下去。

随着事态的发展,圭亚那农业工人工会发起的罢工,已经演变成为一场殴打、爆炸和纵火运动,造成19人死亡,以及价值超过100万美元的财产和甘蔗被烧毁,大量暴力事件严重激化了印度裔和非洲裔之间的种族对立关系。② 与1962年和1963年主要是印度裔遭受非洲裔袭击的恐怖事件不同,此次罢工中两个种族都对彼此实施了暴力。贾根政府的成员公开支持罢工,并举行了从乡村到乔治敦的"自由游行"(Freedom Marches),秘密制造了游行者营地附近住宅和企业的纵火事件。但人民进步党总部"自由之家"(Freedom House)也遭到了炸弹袭击,造成了数名党员伤亡。③ 中情局一直密切关注着英属圭亚那的种族对抗形势,1964年3月18日赫尔姆斯向邦迪发送了关于罢工的详细报告,将英属圭亚那的暴力事件、恐怖主义和种族对立归咎于人民进步党。据中情局估计,古巴在此次暴力升级事件中扮演了重要角色,古巴通过对50名圭亚那人进行游击战术训练,帮助贾根反击伯纳姆的追随者。④ 面对当前的动乱局面,美国认为,由贾根的支持者所发起的罢工行动,实际上是为

---

① *FRUS*, 1964-1968, Vol. 32, p. 852.
② *FRUS*, 1964-1968, Vol. 32, p. 859.
③ Stephen G. Rabe, *U. S. Intervention in British Guiana: A Cold War Story*, p. 126.
④ Robert Waters and Gordon Daniels, "Cheddi Jagan and the Guianese Sugar Workers' Strike of 1964," *Cold War History*, Vol. 10, No. 4, 2010, p. 550.

了巩固贾根的执政地位并迫使反对派妥协而采取的策略,最终目的是干扰即将开始的选举进程。①

为了应对来自贾根支持者的罢工威胁,一方面,中情局向反对派传递关于人民进步党的情报,并对反对派成员进行反恐培训,为此麦凯布组织了一个20人的"警戒委员会"来对抗人民进步党使用的暴力和恐怖手段。另一方面,美国积极推动人民全国大会党和联合力量党形成选举联盟。美国在1964年4月向英属圭亚那派出政治顾问协助选民登记的准备工作,政治顾问于4月24日和28日安排伯纳姆和达吉亚尔举行了两次会议,以便在竞选期间和未来的联合政府中开展合作。伯纳姆和达吉亚尔同意在部分选区共享投票观察员数据并分担成本,合作开展联合宣传活动,及时对选举进展情况进行审查并磋商。② 再一方面,美国鼓励在英属圭亚那成立以宗教为基础的政党,企图分裂印度裔圭亚那人中的印度教教徒和穆斯林。③ 1964年3月8日,圭亚那穆斯林联合党宣布成立,有超过200名穆斯林领导人参与其中。3月15日,非政治团体圭亚那全印度联盟宣布成立,联盟主要由印度教教徒组成,实际是在为最终组建一个反贾根的印度教政党争取支持。这两个组织都是坚定的反贾根派,并且受到了贾根政府的猛烈攻击。④

在隐蔽政治行动之外,美国又采取了新的隐蔽宣传方式。1963年8

---

① 舒建中:《美国冷战战略与英属圭亚那政权更迭(1961—1964年)》,载《拉丁美洲研究》2022年第3期,第9页。

② FRUS, 1964-1968, Vol. 32, p. 858.

③ Stephen G. Rabe, "Was Cheddi Jagan a Latin American? Competing Anglo-American Perceptions of British Guiana," in Thomas C. Mills and Rory M. Miller eds., Britain and the Growth of US Hegemony in Twentieth-Century Latin America: Competition, Cooperation and Coexistence, London: Palgrave, 2020, p. 288.

④ "Memorandum to McGeorge Bundy from Richard Helms, CIA Deputy Director for Plans, regarding the formation of the Guyana United Muslim Party and the Guyana All-Indian League. Both these groups oppose Premier Jagan.," 17 March, 1964, USDDO, Central Intelligence Agency, No. CK2349131247, p. 1.

月,劳联-产联派遣记者吉恩·米金斯(Gene Meekins)前往英属圭亚那,帮助反对派工会通过报纸和广播节目影响公众的思想。1963年至1964年,米金斯在英属圭亚那制作了624个10分钟的"劳工之声"广播节目和52期《劳工辩护者》(Labor Advocate)报纸,他负责通过电台和报纸宣传伯纳姆和人民全国大会党,并分发人民全国大会党的竞选文献。① 与此同时,反对派广泛捏造和散播诋毁贾根和人民进步党的谣言,指责贾根计划消灭非洲裔英属圭亚那人。美国的隐蔽宣传行动导致种族矛盾进一步激化,使得英属圭亚那的局势更加动荡不安。②

在1964年5月22日赫尔姆斯发给邦迪的备忘录中,中情局明确指出美国的主要目标是在即将举行的选举中击败人民进步党,并让人民全国大会党和联合力量党组成的联合政府上台,美国当下的所有工作都是为了实现这一目标。尽管目前英属圭亚那存在暴力浪潮,但选民登记情况和人民进步党日益紧张的情绪,都证明了美国的方案进展顺利。因此,美国应尽力按照目前的日程安排推进将于年底举行的选举,而人民进步党煽动的罢工显然是为了推迟选举进度。同时,美国应避免在这个阶段恢复英国的直接统治,因为这可能导致选举推迟,如果英国工党上台将有可能废除桑迪斯的决定,破坏美国此前围绕选举的布局谋划。③ 这份备忘录展示了美国政府在这一时期的行动思路,美国在英属圭亚那的所有行动都将为选举而服务,不会受到其他事务的干扰。

美国的策略是通过选举扶持反对党联盟上台执政,但在选举之外美国也准备了其他隐蔽行动方案,甚至包括发动军事政变。1964年6月30日,中情局计划在委内瑞拉对100名圭亚那反对党支持者秘密培训30天,以帮助伯纳姆和达吉亚尔组建一个革命政府,在必要时候利用受训者

---

① Robert Waters and Gordon Daniels, "Cheddi Jagan and the Guianese Sugar Workers' Strike of 1964," *Cold War History*, Vol. 10, No. 4, 2010, p. 534.
② *FRUS*, 1964 – 1968, Vol. 32, p. 864.
③ *FRUS*, 1964 – 1968, Vol. 32, p. 862.

发动政变,绑架贾根夫妇并藏匿在委内瑞拉,以此实现政权更迭。①

1964年6月3日,伯纳姆在立法会议上提议,先成立一个三党联合政府来管理英属圭亚那,等到年底再根据"比例代表制"举行选举。伯纳姆建议人民进步党、人民全国大会党和联合力量党三党联合是为了缓解英属圭亚那的紧张形势,并允许警察采取更有力的行动来控制局面。伯纳姆进一步认为,接受临时联合政府将意味着贾根同意"比例代表制",但是这一提议遭到了达吉亚尔的拒绝。与此同时,贾根为了挽救自己的统治,准备了一项人民全国大会党和人民进步党联盟的提案。在6月6日寄给伯纳姆的信中,贾根提出计划,在两党联盟持续两到四年后举行新的选举,并且在"比例代表制"和"最高票者当选制"的结合下进行选举。贾根提议由两党平分各部,贾根担任总理,伯纳姆担任副总理,独立后联盟继续执政,届时内政和国防部由两党平分。此外,贾根还要求在英属圭亚那独立之前引入联合国的存在,并请求联合国和英联邦国家协助英属圭亚那建立安全和国防部队。②

1964年7月初,贾根提议派遣特使访问华盛顿,但遭到美国拒绝。美国认为,接受贾根特使的访问可能会被解读为美国对贾根的支持,并损害美国与英属圭亚那反对党的合作关系。③ 7月16日,美英两国就英属圭亚那问题举行会谈,双方就安全形势评估、选举前景以及年底进行选举的必要性达成了基本共识。根据登记数据显示,贾根最多只能获得48%的选票,很可能不会超过46%。双方一致同意,应尽一切努力帮助贾根的对手争取更多选票。同时,对于贾根提出的组建两党联盟的建议,美国向英国表示反对。美国认为,选举前的两党联盟是贾根向伯纳姆退让以换取执政权的策略,贾根的主要目的其实是尽可能地推迟选举。但是选

---

① "CIA Covert Operations Ⅲ: From Kennedy to Nixon, 1961–1974," July 7, 1964, *DNSA*, Washington, D. C.: National Security Archive, 2018, No. CV01246.
② *FRUS*, 1964–1968, Vol. 32, p. 866.
③ *FRUS*, 1964–1968, Vol. 32, p. 875.

美国干涉英属圭亚那的隐蔽行动

举前的两党联盟将联合力量党排除在外,将会破坏美英所支持的人民全国大会党和联合力量党联盟的合作基础,而英国也在美国的劝说下拒绝了贾根有关组建两党联盟的建议。① 由此可见,美国政府贯彻了所有行动为选举服务的理念,贾根的访问请求和两党联盟提议对美国来说都是推动选举进程的干扰事项,为了防止节外生枝,美国在外交方面周密安排,力求英国与自己保持统一战线。

在1964年7月的美英磋商过去几周后,随着糖业工人罢工的结束和竞选活动的开始,英属圭亚那地区的暴力活动几乎停止了。8月中旬,在美国的支持下,一个新的东印度政党正义党成立,它将在选举中抢夺支持人民进步党的印度裔选民选票。随着10月26日选举名单的交存,竞选活动全面展开。一方面,美国向英属圭亚那提供了20台无线电收发机和10辆吉普车,以维持竞选安全。另一方面,美国开始规划对独立后的伯纳姆政府的援助计划,该项目将包括道路修复、海堤维护、开放新阿姆斯特丹地区,以及建设一条从阿特金森机场(Atkinson field)到内陆的道路。②

1964年12月7日,英属圭亚那选举顺利举行。贾根和人民进步党赢得了45.8%的选票,比1961年的42.6%有所上升。但是在单一国家选区的"比例代表制"下,人民进步党只获得53个议会席位中的24个。人民全国大会党获得40.5%的选票和22个议会席位,联合力量党获得12.4%的选票和7个议会席位。根据英国的宪法传统,只有赢得一半以上席位的政党才拥有组建政府的资格。在美国的压力下,英国总督吕伊特(Luyt)要求伯纳姆与达吉亚尔联合组阁,并将总理职位授予伯纳姆,达吉亚尔担任财政部部长。伯纳姆-达吉亚尔联盟于1964年12月15日

---

① *FRUS*, 1964-1968, Vol. 32, pp. 876-877.
② *FRUS*, 1964-1968, Vol. 32, p. 886.

在英属圭亚那上台执政。① 至此,美国综合运用公开和隐蔽手段,实现了推翻贾根政府、扶持伯纳姆政权上台执政的政策目标。

综上所述,1961—1964年,美国通过一系列隐蔽行动最终达成了推翻贾根政府、扶持亲美政权的政策目标,实现了其在西半球的霸权利益。这一过程中,美国利用英属圭亚那的内部矛盾,在国内种族冲突的基础上叠加国际意识形态之争,加剧了英属圭亚那的种族分裂,严重破坏了英属圭亚那的社会秩序。② 同时,美国凭借二战后强大的实力迫使英国改变态度,转而配合美国的计划,共同推动了英国殖民地的政权更迭。两个世界大国对英属圭亚那的联合干预颠覆了英属圭亚那的民选政府,而伯纳姆政府上台后长期在圭亚那实施独裁统治,滥用权力排除异己,致使贪污腐败和种族歧视严重,经济社会发展和民主化进程陷入停滞,给圭亚那人民带来的只有长期的暴力和贫困。这一过程不仅揭示了圭亚那社会发展的曲折性,也深刻暴露了美国外交政策中所谓的"民主"口号与其实施的冷战战略之间的矛盾,揭示了美国霸权主义和强权政治的本质。

---

① Stephen G. Rabe, *U. S. Intervention in British Guiana: A Cold War Story*, p. 137.

② Ralph R. Premdas,, "Internationalisation of Ethnie Conflict in the Caribbean: The Case of Guyana," p. 125.

《国际战略与安全研究》征稿启事及体例要求

《国际战略与安全研究》以战略与安全为主线,聚焦国际史、国际战略、国际关系与区域国别、情报与安全等学术领域,欢迎严谨扎实的原创性研究成果。稿件请发送到电子邮箱:gjzlnju@163.com

一、一般要求

1. 论文要件:标题名、中文内容提要及关键词、作者名及简介、英文内容提要及关键词、正文。中文摘要200—300字,关键词3—5个。作者简介请标明工作单位、职务、职称、通信地址、电话、电子信箱、所在城市和邮政编码。如系有关部门的基金项目,请注明项目的正式名称和编号。

2. 标题层级:至多采用三级标题,即"一、(一)1"格式。

3. 数字格式:整数一至十一般用汉字表示,十位以上数字百分比、分数或日期等则由阿拉伯数字表示。

二、注释体例

本刊采用页下注(脚注),连续编号;一般情况下,引用外文文献的注释一般无须翻译成中文；文章正文后不另附"参考文献"。

1. 专著

王绳祖、何春超：《国际关系史》（上册），北京：法律出版社1986年版，第15页。

James Cannon, *Gerald R. Ford: An Honorable Life*, University of Michigan Press, 2013. 王逸舟主编：《国际政治理论与战略前沿问题》，北京：社会科学文献出版社2007年版，第58－59页。

Stephen Gill ed., *Gramsci, Historical materialism and International Relations*, Cambridge University Press, 1993, p. 130.

2. 期刊论文

郑安光：《20世纪80年代美苏关于艾滋病溯源问题的认知战》，载《世界历史》2023年第2期。

Frederic F. Manget, "Intelligence and the Rise of Judicial Intervention," *Studies in Intelligence*, 1996, vol. 39, pp. 43－50.

3. 析出文献

张世鹏：《历史比较中的欧洲"第三条道路"》，载陈林、林德山主编：《第三条道路：世纪之交的西方政治变革》，北京：当代世界出版社2000年版，第288页。

Robert W. Cox, "Social forces, states and world orders: Beyond international relations theory", in Robert Keohane ed., *Neoliberalism and Its Critics*, Columbia

University Press，1986，p. 218.

4. 报刊文章

毛泽东:《全世界人民团结起来,打败美国侵略者及其一切走狗!》,《人民日报》1970年5月20日,第1版。

Thomas O'Toole,"CIA's Schlesinger Begins Streamlining Operations," *Washington Post*，March 4，1973，p. A1.

5. 学位论文及其他未刊文献

苏长和:《全球公共问题与国际合作：一种制度的分析》,复旦大学国际政治系博士论文,1999年。

梁志:《美国中央情报局的由来及其职能的演变(1947—1991)》,华东师范大学博士后研究报告,2008年。

Henry Kissinger, *A World Restored：Metternich, Castlereagh, and the Problems of Peace 1812-22*，Ph. D. dissertation Harvard，1954.

6. 档案文献

应注明文献责任者、名称、性质、页码、出版或收藏单位、文件编号,网络地址等。

示例:

《驻美大使顾维钧致蒋介石总统李宗仁代总统电》(1949年5月6日),哥伦比亚大学手稿与珍本图书馆藏,Wellington Koo Papers,Box170-Q9-0008.

"Memorandum From President Nixon to His Assistant for National Security Affairs（Kissinger）," February 1，1969, in *FRUS*, 1969-1976, Vol. 17, China, 1969-1972, Washington D. C.：United States Government Printing

Office, 2006, p. 51.

7. 网络文献

应注明作者(文献责任者)、篇名、网址、访问日期。

示例：

余福海:《"双代表制"无法破解西方民主困局》, http://orig.cssn.cn/sf/201903/t20190322_4851537.shtml, 访问时间:2019年4月1日。

8. 重复引用

连续引用为"同上,第 x 页"或"Ibid., p. x"。非连续引用则只需注明作者(责任者)、文献名和页码。

9. 其他未尽事宜以学界权威刊物通行体例格式为准。